中央财经大学中央高校基本科研业务费专项资金资助
Supported by the Fundamental Research Fund for the Central University, CUFE

| 中国特色社会主义理论体系研究 |

非公有制企业党组织与公司治理

郑登津 著

The Party Organizations of the Communist Party
of China in Non-state-owned Enterprises and Corporate Governance

中国财经出版传媒集团
经济科学出版社
Economic Science Press

图书在版编目（CIP）数据

非公有制企业党组织与公司治理/郑登津著. ——北京：经济科学出版社，2021.11
（中国特色社会主义理论体系研究）
ISBN 978-7-5218-3159-7

Ⅰ.①非… Ⅱ.①郑… Ⅲ.①中国共产党-私营企业-基层组织-党的建设-研究②私营企业-企业管理-研究-中国 Ⅳ.①D267.1②F279.245

中国版本图书馆 CIP 数据核字（2021）第 248753 号

责任编辑：王　娟　徐汇宽
责任校对：刘　昕
责任印制：张佳裕

非公有制企业党组织与公司治理
郑登津　著
经济科学出版社出版、发行　新华书店经销
社址：北京市海淀区阜成路甲 28 号　邮编：100142
总编部电话：010-88191217　发行部电话：010-88191522
网址：www.esp.com.cn
电子邮箱：esp@esp.com.cn
天猫网店：经济科学出版社旗舰店
网址：http://jjkxcbs.tmall.com
北京季蜂印刷有限公司印装
710×1000　16 开　14.25 印张　280000 字
2022 年 8 月第 1 版　2022 年 8 月第 1 次印刷
ISBN 978-7-5218-3159-7　定价：58.00 元
（图书出现印装问题，本社负责调换。电话：010-88191510）
（版权所有　侵权必究　打击盗版　举报热线：010-88191661
QQ：2242791300　营销中心电话：010-88191537
电子邮箱：dbts@esp.com.cn）

国家自然科学基金青年基金项目（71802206）；教育部人文社会科学研究青年基金项目（18YJC630262）；中央财经大学"青年英才"培育支持计划（QYP202102）；中央财经大学科研创新团队支持计划。

序

改革开放以来，非公有制经济发展势头良好，已成为我国社会主义市场经济的重要组成部分。中国共产党党组织进入非公有制企业之中已成为我国一种普遍的政治经济现象，据中组部统计，"截至2015年底，309.3万个非公有制企业中，160.2万个已建立党组织，占非公有制企业总数的51.8%，非公企业党组织应建已建率达99.9%"，这也催生了一些关于非公有制企业党组织影响力经济后果的实证研究。但是，现有的大多数研究仅从是否设立党组织的角度衡量党组织的公司治理效应，较少考虑在非公有制企业党组织应建已建率近乎100%的背景下，党组织在不同企业里发挥作用的差异性，忽略了党组织嵌入程度差异所带来的治理效应差异。为此，党组织在非公有制企业中的治理效应差异，是一个十分值得研究的问题。

在中国的制度背景之下，中国特色的现代企业制度的"特"就特在把党的领导融入公司治理各环节，把企业党组织内嵌到公司治理结构之中。2012年5月24日，中共中央办公厅印发了《关于加强和改进非公有制企业党的建设工作的意见（试行）》，进一步明确了对非公有制企业党组织的功能定位，要求"党组织在职工群众中发挥政治核心作用、在企业发展中发挥政治引领作用"，非公有制企业里建立党组织和开展党的活动已经成为一种"新常态"，这也进一步突出了从非公有制企业的角度对党组织的治理作用进行实证研究的重要性。

郑登津博士的博士学位论文选题新颖，创新性地提出并检验了以往公司治理领域里尚未研究的关于党组织参与非公有制企业公司治理的问题。该博士论文以非公有制上市企业为样本，通过引入嵌入理论很好地解释了党组织与非公有制企业的双向嵌入对公司治理的影响，进一步收集长达13年的非公有制上市企业的党组织活动及受上级表彰的数据，巧妙地设计党组织影响力的衡量指标，从实证研究上严谨地检验了其研究假说。该博士论文基于客观数据的研究结论有力驳斥了学术界和实务界的关于非公有制企业党组织只是"形式主义"存在的观点，对党组织参与公司治理相关问题进行了全面、系统和细致的论述，这不仅对党组织与公司治理的理论研究具有启示意义，也对完善党组织在非公有制企业之中的制度安排具有现实的借鉴价值。

综而观之，本书具有以下特点：(1)清晰梳理了非公有制企业党组织的相关制度变迁和实践发展，理论演绎和实证分析兼顾。(2)利用手工收集的党组织活动的数据，设计党组织影响力的衡量指标，并进行充分的描述性统计，全面展示了党组织影响力的情况，体现了企业之间党组织影响力的差异。(3)现有关于公司治理的研究主要是遵从国外的研究框架和学术理路，局限于董事会、股权结构等公司治理机制之上，往往忽略了中国的国情，该博士论文则基于中国的政党制度和中国特色的公司治理制度，研究了以往学者所忽略的非公有制企业里的党组织的治理效果，这为传统公司治理研究开辟了新视角。

最后，希望郑登津博士能够继续保持学者的初心，脚踏实地，砥砺前行，做既能"顶天"也能"立地"的高质量学术研究。

是为序。

谢德仁
2021年10月21日于清华园

前　言

目前，符合党组织建立条件的非公有制企业已基本建立了党组织。但与公有制企业党组织受到较多关注不同，由于观念认知缺位和数据的可获得性问题，非公有制企业党组织是否具有战斗力及真正发挥影响力是同样重要但却一直被学术界忽略的话题。具有不同影响力的非公有制企业党组织是否产生了不同的经济后果？本书结合中国独特的政党制度的背景，基于嵌入理论、社会网络理论、利益相关者理论和政党理论等，以企业社会责任为切入点，系统地研究党组织影响力对非公有制企业公司治理决策的影响。

现阶段我国企业的治理结构中，党组织的参与一直贯穿始终，党组织（中国共产党）是我国企业中主要的利益相关者之一。根据中共中央的要求，特别强调非公有制企业党组织的社会功能，这意味着非公有制企业党组织在非公有制企业中以维护职工权益、增加社会就业、支持社会公益事业等企业社会责任为主要内容。基于文献综述、制度背景和理论分析，本书以2004年到2015年的A股非公有制上市企业为样本，同时采用OLS回归模型和两阶段回归模型（2SLS），分别检验了非公有制企业党组织对企业高管—职工薪酬差距、超额雇员和企业捐赠等治理决策的影响。本书主要的实证结果如下：（1）非公有制企业党组织的影响力越大，非公有制企业的高管—职工薪酬差距越低、超额雇员和企业捐赠越多。（2）与同行业或者同地区企业相比，党组织影响力越大的非公有制企业的高管—职工薪酬差距也越低、超额雇员和企业捐赠也越多。（3）当非公有制企业党组织基础更加稳固、管理层对党组织重视程度更高、政治敏感度更强时，党组织的影响力和更低的薪酬差距、更多的超额雇员、更多的企业捐赠之关联更加显著。（4）进一步的研究还发现，本书的结果不受当地上市的非公有制企业数量多少、企业规模大小的影响，排除了政府干预这一替代性解释。（5）此外，本书基于省级层面的失业数据和捐赠数据进行分析，发现该省非公有制企业党组织影响力越大，其省级层面的失业规模显著更小和失业率显著更低、捐赠规模显著更大。在控制内生性问题及经过各种稳健性检验之后，本书的结论依然不变。

本书的研究不仅丰富了党组织影响力的相关理论和实证研究，也为中国近年来越来越多非公有制企业履行社会责任的原因提供了新的解释。在丰富了中国特色的公司治理制度的研究的同时，也有助于正确认识非公有制企业党组织的作用，为非公有制企业治理结构改革中党组织的正确定位提供有益的实践启示。

目　　录

第1章　引言 ·· 1
　　1.1　研究动机和研究意义 ·· 1
　　1.2　研究思路和研究方法 ·· 6
　　1.3　研究内容和结构安排 ·· 7

第2章　文献综述 ·· 9
　　2.1　嵌入理论及社会网络理论文献综述 ·· 9
　　2.2　公司治理及企业社会责任文献综述 ·· 13
　　2.3　政府干预及政治关联文献综述 ··· 19
　　2.4　政党及党组织文献综述 ·· 22

第3章　制度背景和理论分析 ··· 31
　　3.1　非公有制企业党组织与公司治理：制度背景分析 ······················· 31
　　3.2　非公有制企业党组织与公司治理：核心理论基础 ······················· 39
　　3.3　非公有制企业党组织与公司治理：核心分析框架与作用机理分析 ··· 45
　　3.4　非公有制企业党组织与公司治理：实证分析框架 ······················· 50

第4章　研究方法与数据来源 ··· 52
　　4.1　非公有制企业党组织影响力的衡量方式 ···································· 52
　　4.2　数据来源 ··· 53
　　4.3　描述性统计 ·· 53

第5章　非公有制企业党组织的影响力与高管—职工薪酬差距 ·············· 62
　　5.1　概述 ·· 62
　　5.2　文献综述和研究假说 ··· 62

5.3　研究设计 ……………………………………………………… 65
　　5.4　实证结果 ……………………………………………………… 68
　　5.5　本章小结 ……………………………………………………… 97

第 6 章　非公有制企业党组织的影响力与超额雇员 ……………… 99
　　6.1　概述 …………………………………………………………… 99
　　6.2　文献综述和研究假说 ………………………………………… 100
　　6.3　研究设计 ……………………………………………………… 102
　　6.4　实证结果 ……………………………………………………… 104
　　6.5　本章小结 ……………………………………………………… 138

第 7 章　非公有制企业党组织的影响力与企业捐赠 ……………… 139
　　7.1　概述 …………………………………………………………… 139
　　7.2　文献综述和研究假说 ………………………………………… 140
　　7.3　研究设计 ……………………………………………………… 142
　　7.4　实证结果 ……………………………………………………… 145
　　7.5　本章小结 ……………………………………………………… 181

第 8 章　研究结论 …………………………………………………… 183
　　8.1　主要结论 ……………………………………………………… 183
　　8.2　主要贡献和政策建议 ………………………………………… 185
　　8.3　研究不足与后续研究方向 …………………………………… 186

参考文献 ………………………………………………………………… 188
附录 A　非公有制企业党组织活动举例 ……………………………… 203
附录 B　2SLS 模型第一阶段的回归结果 …………………………… 208
附录 C　估计超额雇员模型的回归结果 ……………………………… 211
附录 D　PSM 配对模型的回归结果 ………………………………… 213
后记 ……………………………………………………………………… 215

第 1 章

引　言

1.1　研究动机和研究意义

1.1.1　研究动机

习近平总书记在 2016 年 10 月 10 日召开的全国国有企业党的建设工作会议上指出，"中国特色现代国有企业制度，'特'就特在把党的领导融入公司治理各环节，把企业党组织内嵌到公司治理结构之中"，[①] 可见党中央对加强企业基层党组织建设的重视程度。而在公有制企业的党组织受到学术界和政策界持续关注的同时，非公有制企业的党组织及其影响力研究却是被学术界长期忽略但非常重要的问题。改革开放以来，我国非公有制企业成长之路较为艰辛，[②] 比如有关非公有制经济的属性、地位、效用的问题，姓"社"姓"资"的问题，是否存

[①] 王志刚、董贵成：《中国特色现代国有企业制度"特"在哪里》，中国共产党新闻网，2017 年 8 月 28 日，http://theory.people.com.cn/n1/2017/0828/c40531-29497726.html。

[②] 按所有制形式划分，我国经济形式分为公有制经济和非公有制经济。公有制经济包括国有经济、集体经济，以及混合经济中的国有成分和集体成分。一般讲，公有制企业仅包括：国有企业；集体企业；联营企业中的国有联营企业、集体联营企业、国有和集体联营企业；有限责任公司中的国有独资公司；股份有限公司中的国有控股公司。从这个意义上讲，除上述五类企业之外的其他企业都应归为非公有制企业。非公有制经济包括个体经济、私营经济、港澳台投资经济、外商投资经济以及混合经济中的非国有成分和非集体成分。非公有制企业是非公有制经济组织的主要组成部分，[①] 是指归我国内地公民私人所有或归外商、港澳台商所有的经济成分占主导或相对主导地位的企业。所谓占相对主导地位，是指其占股份虽不足 50%，但其股份所占比例最大，相对于其他股东对企业起到控股作用。本书主要的研究对象是非公有制经济里主要组成部分非公有制企业，鉴于数据的可得性，在实证部分本书以非公有制上市企业为样本，具体指实际控制人为自然人的上市企业（私人控股上市企业）。所以，本书涉及的主要三个概念的范围如下：私人控股上市企业∈非公有制企业∈非公有制经济。如无特别说明，本书均以非公有制企业作为行文表述。之所以采用非公有制企业的概念，还因为党建相关文件中一直采用非公有制企业的概念。

在"剥削"的问题，非公有制企业主是否可以加入中国共产党的问题等，党和政府对非公有制企业政策的变化深刻影响非公有制企业的发展以及非公有制企业与党和政府之间的关系（张厚义，1994）。近年来中国非公有制企业的地位和作用迅速提升，对非公有制企业的经济发展限制等问题基本消除，更重要的是中国共产党也逐步放开对非公有制企业的政治限制，逐步允许非公有制企业建立党组织等。2000年9月13日，中组部下发《关于在个体和私营等非公有制经济组织中加强党的建设工作的意见（试行）》，这是党首次提出的全面系统地在非公有制企业里加强党建工作的文件，该意见对非公有制企业中如何建立党组织制定了详细的要求，并要求各级党委进行政治督促，第一次明确了非公有制企业党组织的地位和职责任务——党组织"在广大职工中发挥政治核心作用"。2012年5月24日，中共中央办公厅印发了《关于加强和改进非公有制企业党的建设工作的意见（试行）》，进一步明确了对非公有制企业党组织的功能定位，要求"党组织在职工群众中发挥政治核心作用、在企业发展中发挥政治引领作用"，进一步凸显了党组织在非公有制企业中的经济社会功能，为非公有制企业党组织建设之蓬勃开展提供了清晰的方向。万达集团是非公有制企业党组织建设的典型例子，其党组织架构十分完善，具有先进的党建理念和创新的党建模式，充分激发了党组织的活力和影响力。据中组部统计，截至2015年底，309.3万个非公有制企业中，160.2万个已建立党组织，占非公有制企业总数的51.8%，非公企业党组织应建已建率达99.9%。① 此外，有关非公有制企业党建的网络平台也迅速发展，比如人民网的非公企业党建专页，② 中国非公有制企业党建网等，③ 积极宣传非公有制企业党建的发展情况以及重要性，这都说明非公有制企业建立党组织和开展党的活动已经成为一种新常态。但遗憾的是，学术界对非公有制企业中党组织活动情况及其发挥作用的定量研究却几乎是空白。

目前，学者们有关党组织的实证研究较少，而且主要集中于国有企业党组织双向进入、交叉任职对国有企业的公司治理和企业绩效的影响（田志龙等，2003；Chang and Wong，2004；Campbell，2007；雷海民等，2012；马连福等，2012，2013；陈仕华等，2014），大部分的研究表明国有企业党组织能起到积极的作用。仅有少数学者研究了非公有制企业党组织参与公司治理对企业行为和绩效的影响，且在研究非公有制企业党组织的治理效应方面主要是从政治学的角度进行分析（弓联兵，2012；蒋铁柱等，2013）。李（Li）等（2008）指出如果民

---

① 中共中央组织部：《2015年中国共产党党内统计公报》，共产党员网，2016年6月30日，https://news.12371.cn/2016/06/30/ARTI1467253408964468.shtml?from=singlemessage。
② 参见中国共产党新闻网—人民网，http://dangjian.people.com.cn/fg/。
③ 参见非公企业党建网，http://www.fgdjw.gov.cn/。

营企业主是党员将有利于获取更多的银行贷款和司法信任，进而影响企业绩效。梁建等（2010）发现成立党组织的民营企业会进行更多的慈善捐赠。龙小宁等（2014）发现成立党组织的民营企业的员工福利水平更高，但与企业绩效无关。但他们的研究仅仅只是停留在非公有制企业是否成立党组织的层面，很多企业的党组织"形同虚设"，并没有发挥实质性的作用，这就迫切需要从更加深入的理论和实证层面去研究党组织在非公有制企业中的治理效应，以更好地促进我国非公有制经济的发展。

此外，在公司治理研究领域，学者们发现正式制度（如政治、法律和金融制度）的完善有利于加强对投资者的保护，从而促进资本市场的发展和公司治理水平的提高（Demirg and Maksimovic，1998；Allen et al.，2005），但发展中国家的正式制度的完善并非朝夕可就。由于文化、宗教和语言的差异、执法效率低下、信息披露不透明、社会关系网络根深蒂固等原因，用法律金融等正式制度来完全替代非正式制度需要一个很长的过程（钱颖一，1995；Pistor and Xu，2005）。艾伦等（Allen et al.，2005）的研究表明虽然中国的法律和金融体系都十分落后，但中国仅用短短的三十年取得了举世瞩目的增长，传统的法律和金融制度对经济增长影响的理论无法解释这一事实。艾伦等（2005）发现在中国非正式部门的增长依赖于非正式的融资途径（声誉和关系）和公司治理机制，并成为正式途径和机制的替代。因此，在中国的制度环境之下，不能忽视法律金融外的非正式制度安排（价值观、关系、文化等）对经济增长和公司治理的影响（Coffee，2001；Stultz and Williamson，2003；郑志刚，2007；Hilary and Hui，2009），研究非公有制企业党组织的治理效应具有较大的理论和现实意义。

在公有制企业中，党组织和公有制企业在本质上是"同根同源"，自然契合在一起的。公有制企业和非公有制企业中的党组织最大的区别在于前者既是政治核心又能直接参与到企业的经营决策之中，公有制企业中党组织对公司治理行为可以直接进行干预，关于公有制党组织的治理作用已有不少的研究（田志龙等，2003；Chang and Wong，2004；雷海民等，2012；马连福等，2012，2013；陈仕华等，2014）。但在非公有制企业中，虽然党章规定非公有制企业党组织在"广大职工中起政治核心的作用"，但党组织并不直接参与非公有制企业的经营决策。而且，由于产权性质的差异，党组织在非公有制企业中也可能只是形式主义的存在，没有行动抓手甚至"水土不服"。因此，中共中央在2000年和2012年发布的前述两个文件中都特别强调党组织在非公有制企业中的政治核心和政治引领作用。按照现有党章和《公司法》等的制度安排，党组织一旦在非公有制企业中建立和运行，其就是作为一种正式的组织机构显性地嵌入非公有制企业内部治理当中，从而一定程度上会改变非公有制企业的内部利益关系结构。从嵌入理论和社会网络理论的角度来看,党组织与非公有制企业的双向嵌入特征能够让非公有制企业对中国共产党产生身份认同及加强价值内化特征,进而影响到企业的决策。随着符合党建条件的非公有制企业基本建立了党组织,我们不由会问,非公有制企业党组织是否具有战斗力和影响力?具有不同战斗力和影响力的非公有制企业党组织是否产生了不同的经济后果?本书结合中国独特的政党制度的背景,基于嵌入理论、社会网络理论、利益相关者理论和政党理论等,以企业社会责任的视角为切入点,将系统地研究党组织嵌入非公有制企业对非公有制企业公司治理决策的影响。

1.1.2　研究问题

本书的总体研究问题是,以嵌入理论、社会网络理论、利益相关者理论和政党理论等为基础,从微观和宏观的视角分析非公有制企业党组织嵌入的治理机制,并以党组织在非公有制企业中的功能和定位(企业社会责任)为切入点,以2004~2015年非公有制上市企业为样本,全面系统地研究非公有制企业党组织对非公有制企业社会责任行为的影响。这不仅丰富了公司治理和企业社会责任等领域的研究,也为社会学、政治学、管理学和经济学的交叉研究提供理论和经验证据,对国内逐渐展开的政党(特别是党组织)对企业经济行为的影响的相关研究也有很好的借鉴作用,此外对非公有制企业治理结构改革中党组织的正确定位提供了有益的实践启示。具体研究问题主要有以下四点。

首先,根据相关文献和史料,本书整理了相关的文献、非公有制企业党组织发展的历史进程,并分析整理了非公有制企业党组织的功能与作用之规范。本书认为,党组织在非公有制企业中以发挥政治核心为主要治理内容,采取政治引领的治理方式,强调党组织在非公有制企业中发挥社会功能和增强非公有制企业的企业社会责任意识的作用。

其次,以嵌入理论、社会网络理论、利益相关者理论和政党理论等为基础,特别是基于新经济社会学的嵌入理论及社会网络理论,从理论上分析了党组织的正式制度嵌入(政治法律嵌入)和非正式制度嵌入(关系、结构和文化嵌入),从微观和宏观的视角构建了本书的分析框架,并详细阐述了非公有制企业党组织的作用机理,从而构建本书的核心理论框架、分析框架和作用机理分析。

再其次,为了更好地衡量党组织嵌入及其治理效应,本书不是以非公有制企业是否建立党组织为标准,因为党组织发挥作用的关键主要是看党组织在非公有制企业中是否具有活力和组织动员能力,党组织的活动次数及是否受到上级党委表彰等则更能表明党组织的影响力。鉴于数据的可获得性,本书以2004~2015年非公有制上市企业为样本,并手工整理了非公有制企业党组织活动的次数和是否受到上级党委表彰的数据,以此衡量非公有制企业党组织的影响力。

最后,在文献综述、制度背景和理论分析的基础之上,本书认为非公有制企业的党组织对非公有制企业公司治理的影响更可能是基于职工权益、社会就业、企业捐赠等企业社会责任的层面上。为此,本书以2004~2015年非公有制上市企业为样本,实证检验了企业社会责任视角下非公有制企业党组织对非公有制企业的高管职工—薪酬差距、超额雇员和企业捐赠等公司治理决策的影响。

1.1.3 研究意义

具体而言,本书的研究意义体现在以下四个方面。

研究问题的前沿性。党组织的嵌入治理的研究属于社会学、政治学、管理学和经济学的交叉领域。政府干预和政治关联是国际上近几年的关注热点之一,但是对于政府和政党的区分并不是那么明确,在中国特色的政党制度的背景之下,政府和政党的行为紧密交织在一起,但二者却有所不同,政府是政党的执行机关,是政党意志的具体体现,政党的作用不容忽视。本书则从政党的角度进行研究,进一步补充了政党视角下的党组织影响力的相关理论和实证研究,丰富了中国特色的治理制度的研究。

研究视角的新颖性。在中国的所有制形式下,党组织与公有制企业是"同根同源"的,党组织通过"双向进入、交叉任职"能够直接参与和干预公有制企业的治理决策,很多学者也从政府干预的视角研究了国有企业党组织对国有企业的公司治理和企业绩效的影响。但是,党组织对于非公有制企业来说是一种外生的制度,非公有制企业党组织的定位和作用不是通过直接干预的形式发挥,中共中央强调的是党组织在非公有制企业之中的政治核心和政治引领的社会功能,以增强非公有制企业的企业社会责任意识。以往的研究主要是从政治学的角度分析非公有制企业党组织的作用,较少对党组织与公司治理进行实证研究。因此本书以非公有制上市企业为样本,基于企业社会责任的视角,在理论和实证层面研究了非公有制企业党组织的治理行为。

研究结论的现实意义。关于党组织作用,人们在实践中普遍持有的观点是偏消极或负面的,要么认为党组织只是承担思想政治角色,不起什么实质作用,要么认为党组织不应该参与企业治理或管理,避免"党企不分"。现有关于党组织作用的学术研究确实也发现党组织的负面影响(Chang and Wong, 2004),但也发现了党组织的正面影响(马连福等, 2012, 2013)。本书考察非公有制企业党组织对企业社会责任的影响时,发现党组织参与治理有助于缩小薪酬差距、增加雇员和慈善捐赠。因此,从实践角度来看,本书的研究结论有助于正确认识非公有制企业党组织的作用，为非公有制企业治理结构改革中党组织的正确定位提供有益的实践启示。

研究方法的先进性。为了更好地衡量党组织嵌入及其治理效应，本书不以非公有制企业是否建立党组织为标准，而是以党组织在非公有制企业中的影响力作为衡量指标。在检验非公有制企业党组织与企业社会责任行为时，本书不仅使用了 OLS 回归模型、两阶段回归模型（2SLS）、倾向匹配得分配对模型（PSM）、双重差分模型（DID）和动态 GMM 模型等方法，也从公司层面和省级层面进行了多层次的研究，使得本书的结论更加稳健可靠。

1.2　研究思路和研究方法

本书的主要研究路线包括，文献分析→制度背景分析→理论分析→实证分析→结论分析。本书从理论分析和实证检验的层面研究了非公有制企业党组织对企业社会责任行为的影响。具体来说，本书主要基于嵌入理论和社会网络理论，分析非公有制企业党组织的历史进程，并结合非公有制企业党组织的治理内容和治理方式，对非公有制企业党组织参与公司治理的理论基础、分析框架和作用机理进行分析，并基于此提出本书的实证分析框架。最后，本书实证检验了非公有制企业党组织对高管—职工薪酬差距、超额雇员、企业捐赠等具体公司治理决策的影响，实证探讨了非公有制企业党组织对企业社会责任的影响。

本书以严格的理论逻辑推演和规范的实证研究方法，深入研究了非公有制企业党组织的战斗力和影响力对企业社会责任的影响。在对非公有制企业党组织进行量化衡量及对非公有制企业党组织参与公司治理的作用机理的分析基础之上，通过描述性统计、单变量检验、相关性分析、多元回归分析等实证研究方法进行实证检验，并通过 2SLS 回归模型、PSM 配对、双重差分检验和动态 GMM 回归等方法对研究可能存在的内生性问题进行控制，同时在模型中为减少多重共线性、异方差和序列相关，本书将运用怀特异方差和聚类（Cluster）分析等方法。为了对非公有制党组织影响力进行量化衡量，本书手工收集了非公有制上市企业党组织活动和上级党委表彰的相关数据。

2002 年以来，非公有制企业党组织建设的制度安排已经演进为"党章国法俱全"，体系化程度更高，非公有制企业党组织和党组织建设活动具有了完备的合法性基础，我国非公有制企业的党组织建设才能实现蓬勃发展。而且我国几个主要的数据库里关于公司治理的相关数据从 2004 年起才披露得比较完整，因而本书选取 2004~2015 年所有 A 股非公有制上市企业为初始研究样本。除了党组织活动的数据为手工整理之外，其他初始数据均来源于 CSMAR 数据库和 Wind 数据库。本书在实证分析时使用了 SAS、STATA 和 EXCEL 等软件。

1.3 研究内容和结构安排

本书将基于嵌入理论和社会网络理论等，以企业社会责任为研究视角，全面地研究非公有制企业的党组织参与公司治理对企业社会责任的影响。全书研究框架见图 1–1。

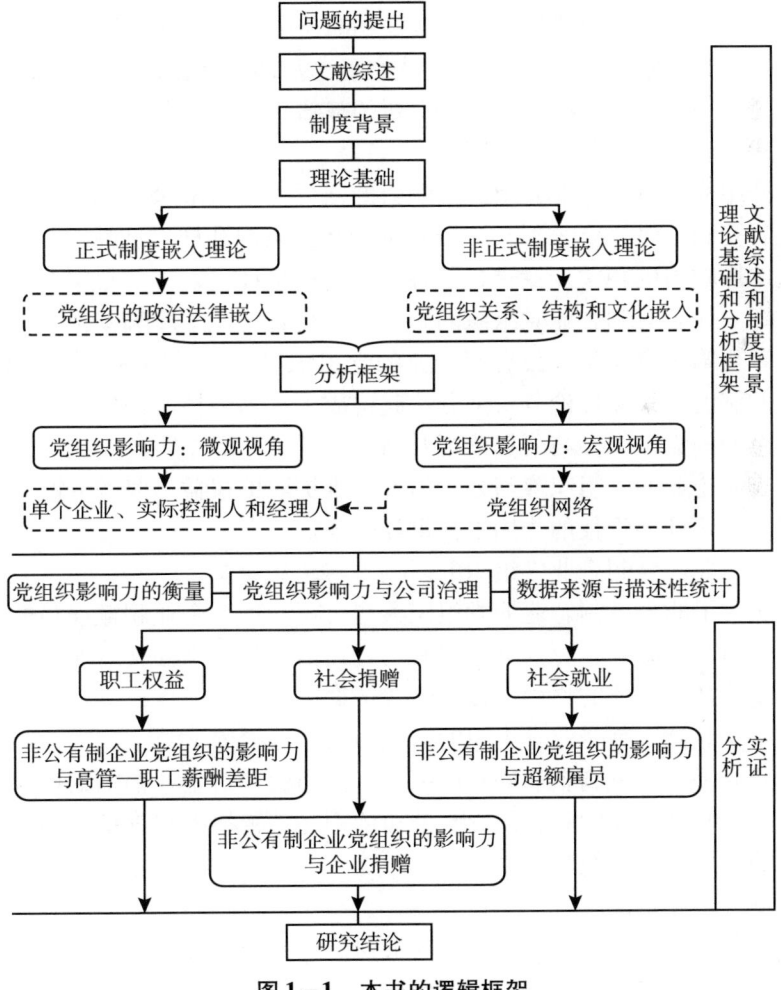

图 1–1 本书的逻辑框架

第1章　引言。

本章主要介绍研究动机、研究问题、研究意义、研究思路和方法以及研究内容和结构安排。

第2章　文献综述。

本章主要综述了和非公有制企业党组织制度嵌入相关的理论研究和实证研究，包括嵌入理论及社会网络、公司治理及企业社会责任理论、政府干预及政治关联理论和政党理论及党组织理论。本章的文献综述为后文的非公有制企业党组织参与公司治理的理论分析和实证检验提供了文献支撑。

第3章　制度背景和理论分析。

本章是本书的重点之一，本章先根据相关文献和史料，整理了非公有制企业党组织发展的历史进程、非公有制企业党组织的功能与作用规范。在此之后，本章提出了关于非公有制企业党组织与公司治理的核心理论基础、核心分析框架和作用机理分析。本章在文献综述、制度背景和理论分析的基础上，提出了本书的实证分析框架。

第4章　研究方法与数据来源。

本章介绍非公有制企业党组织影响力的衡量方法（非公有制企业党组织活动次数、是否受到上级党委表彰）以及本书的数据来源和样本选择，并对非公有制企业党组织影响力的相关变量进行了各类描述性统计。

第5章　非公有制企业党组织的影响力与高管—职工薪酬差距。

第5章至第7章均是非公有制企业的党组织参与公司治理的实证检验部分，与第3章的制度背景和理论分析部分一起构成了本书的核心内容。第5章研究了非公有制企业的党组织参与公司治理对高管—职工薪酬差距的影响。本章的结论能为非公有制企业的党组织参与公司治理在维护职工权益、兼顾分配公平和维护社会稳定等企业社会责任的作用上提供经验证据。

第6章　非公有制企业党组织的影响力与超额雇员。

本章研究了非公有制企业的党组织参与公司治理对企业超额雇员的影响。本章的结论能为非公有制企业的党组织参与公司治理在承担社会就业责任和维护社会稳定等企业社会责任的作用上提供经验证据。

第7章　非公有制企业党组织的影响力与企业捐赠。

本章研究了非公有制企业的党组织参与公司治理对企业捐赠的影响。本章的结论能为非公有制企业的党组织参与公司治理在慈善捐赠和维护社会稳定等企业社会责任的作用上提供经验证据。

第8章　研究结论。

本章对非公有制企业的党组织参与公司治理的理论分析和实证检验进行了总结，并指出了本书的主要贡献和政策建议、研究不足以及后续的研究方向。

第 2 章

文献综述

2.1 嵌入理论及社会网络理论文献综述

2.1.1 嵌入理论

20世纪40年代,英国的社会经济学家卡尔·波兰尼(Karl Polanyi)首次提出了"嵌入性"的观点,在其代表作《大转型:我们时代的政治与经济起源》中指出经济社会中的嵌入性是普遍存在的现象[①],经济制度和非经济制度(如宗教、文化、政府、政党、社区等)都是互相嵌入的,卡尔·波兰尼的思想是嵌入理论(embeddedness)的萌芽。

但是这一新的思想在一开始并没有受到重视,直至20世纪80年代,格兰诺维特(Granovetter, 1985)对"嵌入性"重新进行了论述,他指出,对人类各种行为需要进行客观完整的分析,经济活动的参与者既不会独立于社会环境之外,也不会陷入既定的社会环境中。经济活动的参与者的目标和企图是与整个社会关系和社会结构紧密相联的,即经济行为既不是低度社会化的,也不是过度社会化的,而是介于二者之间的,所有的经济行为都会受到所处的社会关系和社会结构的制约,而这就是嵌入理论的主要观点。格兰诺维特(1985,1992)还区分了两种类型的嵌入,即"关系嵌入"(relational embeddedness)和"结构嵌入"(structural embeddedness)。"关系嵌入"是指经济行为嵌入个体的社会关系之中,关系嵌入存在强弱之分,而"结构嵌入"是指经济行为还嵌入更加庞大的社会关系网络之中。在嵌入的过程中,嵌入的主体包括各种主体的经济行为,社会关系

---

① [英]卡尔·波兰尼:《大转型:我们时代的政治与经济起源》,冯钢,刘阳译,浙江人民出版社2007年版。

或者社会结构是其嵌入的客体,这些嵌入的客体会影响嵌入主体的行为和活动。此外,格兰诺维特(1985)还进一步指出,经济行为除了嵌入于社会关系和社会结构之中,还嵌入于宗教、文化、政府、政党、社区等非经济因素之中。佐京和迪马乔(Zukin and Dimaggio)(1990)将嵌入类型分为四类,进一步完善了格兰诺维特的嵌入理论。他们提出了嵌入理论框架的四个组成部分:认知嵌入、关系和结构嵌入、政治嵌入和文化嵌入。认知嵌入是指主体的经济行为会受到主体自身认知范围的约束,它解答了个体或企业行为者的认知来源及其后果等问题,将嵌入理论与企业管理等问题联系起来。关系和结构嵌入与格兰诺维特(1985)的关系嵌入和结构嵌入的观点一致。政治嵌入是指主体的经济行为受到政治(政府和政党)、法律制度的限制。文化嵌入是指主体的经济行为还会受到组织或者社会的意识形态和价值观念的影响。

格兰诺维特、佐京和迪马乔的研究形成了新经济社会学的基本理论范式,为之后的理论和实证研究提供了重要的分析工具(兰建平和苗文斌,2009)。在格兰诺维特的结构嵌入的基础上,博特(Burt,1992)提出了"结构洞"(structural hole)观点。博特(1992)认为企业在网络中拥有的结构洞的数量越多,则其在信息传递效率和效用上存在更大的优势。哈利宁和塔罗斯(Halinen and Tornroos,1998)进一步将嵌入分为五种类型,包括"空间嵌入、社会嵌入、市场嵌入、政治嵌入和技术嵌入"。安德森,福斯格伦和霍尔姆(Andersson, Forsgren and Holm,2002)则从企业内部的角度,将其分为"业务嵌入和技术嵌入",特别是在跨国公司,其海外子公司不仅嵌入集团公司的内部网络之中,还嵌入所在国家的社会关系和社会网络之中,形成内部、外部的业务和技术嵌入模式。赫斯(Hess,2004)基于经济地理学、全球化等理论提出了"社会嵌入、网络嵌入和空间地理嵌入"的分析框架。哈吉多恩(Hagedoorn,2006)则拓展了佐京和迪马乔(1990)的分析框架,认为经济行为的主体受到环境嵌入(宏观和中观环境)、组织空间嵌入(网络环境)和双边嵌入(不断重复的关系)的影响。国内学者黄中伟和王宇露(2007)认为行为主体嵌入的社会网络一方面有利于为主体提供更多的资源,但另一方面也使得主体的行为受到网络的限制。易法敏和文晓巍(2009)指出实践中嵌入形态是不断推陈出新的,他们在社会嵌入的基础上,提出了由于互联网技术发展带来的"虚拟"嵌入的观点。李怀斌和马文成(2012)从农户、政府这两个核心为切入点,认为文化嵌入可以促进农村合作社的长远发展,增强农户加入合作社的意识。刘茜(2013)通过借鉴管理科学、新经济社会学及行为科学的概念框架,从中小企业的实际情况出发,将中小企业创新行为的嵌入层次划分为"环境嵌入、组织间嵌入和双边关系嵌入",并相应建立起影响中小企业创新的模型。

在界定了嵌入理论的内涵和分类之后，学者们又进一步研究了嵌入对经济行为的作用机制（黄中伟和王宇露，2007）。格兰诺维特（1973）和乌西（Uzzi，1997，1999）指出嵌入的作用机制主要体现在以下三个方面。第一，乌西（1997，1999）认为嵌入有利于获取和学习更多的知识，包括显性知识（可通过市场交易获得）和隐性知识（具有黏性、难以模仿性的特征）。如果企业与其他企业存在嵌入关系，则更容易学习和获得隐性知识，在互补的基础上获取超出自身企业边界的知识。第二，嵌入有利于信息传递，存在治理效应。乌西（1997，1999）指出强嵌入关系的企业在信息获取效率和数量上存在更大的优势，有利于提高企业的决策效率和质量。特别是处于网络中心点的企业，强嵌入关系不但有利于降低其与市场的信息不对称程度，而且使其获得了更高的声誉和信任。格兰诺维特（1973）和博特（1992）还指出弱嵌入关系也存在治理效应，弱嵌入关系往往是处于关系的节点之上，这种"弱连带优势"有利于获取非冗余的信息，而强的嵌入关系虽然能获得更高的信任，但其获取的信息却存在重复和冗余。第三，在交易中除了契约关系之外，还包含着信任等关系，嵌入关系则有利于降低企业的交易成本和监督成本。

嵌入关系对经济行为影响的实证研究主要集中在嵌入行为对企业绩效和治理（包括会计业绩、企业创新、企业融资及资本成本等）的作用和机理。首先，嵌入关系对企业绩效和创新上，很多学者认为，嵌入关系有利于提升企业的绩效和创新水平，但是嵌入存在一个最优的水平，一旦"嵌入过度"，反而有损企业绩效和降低企业的创新能力（Larson，1992；Uzzi，1997；许冠南，2008；戴维奇，2011）。罗利等（Rowley et al.，2000）和潘松挺（2009）还发现强嵌入关系有利于渐进式的技术创新，而弱嵌入关系则有利于突破性的技术创新。丹瑞亚和帕克（Dhanaraj and Parkhe，2006）和韦影（2007）则发现不稳定的嵌入关系反而损害了公司的创新，只有稳定的嵌入关系才能使企业获得隐性知识，最终提高创新水平。许冠南（2008）以关系嵌入性如何影响技术创新绩效为主线，发现关系嵌入性对其技术创新绩效有正向影响，有助于企业技术创新绩效的提升。此外，许冠南（2008）还发现，关系嵌入性的作用是基于企业间信任的探索型学习的传递而产生，促进新知识获取和新知识应用。其次，在嵌入关系对企业的融资和资本成本的影响上，乌西（1997，1999）发现银行宁愿选择要求贷款利率更低的、银行比较熟悉和信任的长期客户，也不愿意选择愿意承担高利率的陌生客户，其进一步的研究发现嵌入关系能够有效降低企业的债务资本成本。乌西（1997，1999）指出这就是嵌入关系对经济行为的影响，他从双边关系嵌入的角度解释了人情和信任对企业债务资本成本的影响。詹森等（Jenssen et al.，2002）通过田野调查的方式，发现企业家自身的网络强度对其信息获取与融资数量有着显著的影响。而且詹森（2002）还进一步发现强嵌入关系更有利于获取信息和知识，而弱嵌入关系则更有利于企业进行资金筹集。

2.1.2 社会网络理论

嵌入理论在董事网络和政治关联等社会网络的实证研究上已经被广泛应用。社会网络是由"点"和"线"构成①，现有关于公司社会网络实证研究可以依据"线"所产生的途径分为以下几类。（1）董事/高管的网络关系。公司之间的网络关系联结由董事/高管之间的个人校友关系、同事关系（如董事会兼任、专业机构、社团、俱乐部等）、籍贯/婚宴/血缘关系所带来（任兵等，2001，2007；Larcker et al.，2013；陈运森和谢德仁，2011，2012）。（2）公司互相的股权联结关系，如企业集团及家族企业、持股关系（陈栋和陈运森，2012）等。（3）企业与政府的网络关系，主要是企业董事长或者总经理的政治关联带来的，他们曾经或者现在是否在政府、军队、政协等政府机构任职（Fisman，2001；Fan et al.，2007；余明桂等，2008；罗党论等，2008，2009；Francis et al.，2009；雷光勇等，2009；刘慧龙等，2010）。（4）不同关系的种类综合。如卡娜和托马斯（Khanna and Thomas，2009）把交叉持股、共同控制及连锁董事作为社会网络关系。黄和金（Hwang and Kim，2009）把相同学校、军队服役、地区及专业机构作为社会网络关系，而弗拉卡西和泰特（Fracassi and Tate，2012）将董事的职业（现在和过去）、教育（现在和过去）以及董事的其他活动统一为综合的社会网络关系。

具体来讲，首先在董事网络的研究上，任兵等（2001）以沪市上市公司为样本，对其连锁董事等数据进行了相关的统计，他们发现，中国的连锁董事已经是一个比较普遍的现象。拉克儿等（Larcker et al.，2013）以公司间的共享董事来衡量董事网络关系，他们发现公司董事网络关系越强，公司未来的资产回报率和真实盈余超过分析师的预期也越多。但任兵等（2007）却发现了相反的结论，他们认为董事网络越强的公司，其企业业绩越差。黄和金（2009）发现董事网络和经理层的薪酬、业绩薪酬敏感性及管理层更替显著相关。陈运森和谢德仁（2012）则通过综合的网络中心度指标更加准确地衡量了董事网络的嵌入程度，并检验了独立董事的网络发挥作用的机理在于促进高管激励的有效性。陈运森和谢德仁（2011）还检验了独立董事的网络位置特征与公司投资效率的关系，结果

---

① 社会网络的概念是从图形理论（Graph Theory，以下简称图论）借鉴而来。图论关注一系列要素构成的集合及这些要素之间的关系，要素被称为"点"，关系叫作"线"。这样，一个用来描述群体成员之间关系的矩阵就可以转换成一个由点和线连成的图。

发现网络中心度高的独立董事既有助于缓解公司的投资不足，也有助于抑制投资过度。卡娜和托马斯（2009）发现董事网络增强了两两公司之间的股价同步性，有利于公司之间信息传递，但弗拉卡西和泰特（2012）发现CEO网络关系越多的公司会进行更多损害公司价值的并购，CEO的社会联系会损害董事会监督。

其次，在政治关联的研究上，弗拉卡西等（2009）和罗党论等（2008）发现政治关联使得企业的融资约束降低，减少企业进入壁垒（罗党论等，2009）。政治关联可以增加企业的价值（Fisman，2001）以及政治关联有利于保护企业的产权。但是，也有另一部分研究表明政治关联会在公司治理效率、业绩以及IPO业绩等方面损害企业价值（Fan et al.，2007）。在中国目前的环境下，企业的政治关联是其获取竞争优势的关键，但同时必须与政府保持一定的距离，政治关联可以在一定程度上作为市场机制的有益补充。倪昌红（2011）认为，整体而言，政治关系对短期绩效的正向直接作用大于其通过战略导向和组织学习的中介作用对短期绩效产生的负向影响，这说明了短期内政治关系对短期绩效的积极影响更为突出。付海燕（2013）借助社会嵌入与信息经济学理论发现公司的业绩和网络关注度会显著提高企业的信息披露质量和信息透明度，而政治关联水平则使得企业的信息披露质量和公司的信息透明度显著降低。雷海民等（2012）基于嵌入政治行为的公司治理和非参数方法发现国有企业党委书记、董事长和总经理三职合一运营效率最低。

2.2 公司治理及企业社会责任文献综述

2.2.1 公司治理

公司治理（Corporate Governance）的理论研究可以从亚当·斯密的著作《国民财富的性质和原因的研究》开始追溯。亚当·斯密指出了公司治理的核心问题①，即随着经营权和控制权分离的现代股份制公司的出现，公司治理的核心在于设计剩余控制权与剩余索取权的分配机制和对管理层的约束和激励机制等解决股东和管理层之间、股东和中小股东之间的委托代理问题，以实现企业价值最大化（Jensen and Meckling，1976；Fama and Jensen，1983；Shleifer and Vishy，

---

① 亚当·斯密指出："股份公司的经营由董事会处理……要想股份公司董事们监视钱财用途，像私人合伙公司伙员那样用意周到，那是很难做到的"。

1997；Becht and Roel，2002；姜国华等，2006）。公司治理的理论基础十分广阔，涉及新古典经济学和新制度经济学关于企业性质的企业理论、产权理论、信息经济学的信息不对称理论等，形成了以股东利益最大化为核心的治理理论和以利益相关者利益最大化为核心的治理理论（Freeman，1983，1984；Jensen，2000；石劲磊，2003；冯根福，2006）。

　　首先，公司治理的理论基础包括以下四个角度。第一，新古典经济学在经济人是完全理性和完全信息、市场处于完全竞争的假定下，认为企业和消费者一样都在追求效应最大化，企业只是价格的接受者，企业是由技术决定的投入与产出之间的生产函数，企业之所以存在的原因是其可以通过分工合作进而产生规模经济。但新古典经济学的理论无法解释复杂的现代股份公司的各种冲突和问题。第二，新制度经济学认为企业是"一系列契约的联结"（nexus of contracts）。科斯（Coase，1937）的论文《企业的性质》开创了新制度经济学，他认为企业和市场一样是一种契约安排，市场依赖于价格机制进行资源配置，而企业则通过行政权威，企业之所以存在是因为其可以节约交易成本。威廉姆森（Williamson，1985）承袭科斯的观点，认为企业存在的目的在于节约交易成本，并在此基础上提出了有限理性、机会主义和资产专用性的假定。在这三个假定下，市场的交易成本是很高的，而企业则正是对市场的替代。但是科斯（1937）和威廉姆森（1985）都指出，企业是一种不完备的契约，那么如何解决因经济人有限理性和机会主义行为产生的"道德风险"和"逆向选择"的问题，如何通过一系列制度或机制安排提高契约的效率，这就是公司治理的核心所在。第三，新古典经济学将产权视为外生的制度安排，忽略了产权对经济效率的影响，但科斯（1960）和威廉姆森（1985）等认为由于交易成本不为零，产权安排在企业契约的不完备下是很重要的。这是因为产权赋予了产权所有者使用资源的权利，只要产权明晰，交易各方就会努力降低交易成本从而达到资源的最优配置，产权所有者有较强的动机去提高效率。此外，阿尔奇安和德姆塞茨（Alchian and Demsetz，1972）从团队生产的视角指出企业的生产关系是各种要素的合作关系，但是企业的团队生产具有内部相关性和成员贡献的不可分辨性。那么如何通过产权安排解决团队生产中的道德风险问题，如何通过一定的契约和治理手段合理配置剩余索取权和控制权，以形成科学的自我约束和相互制衡机制，这也正是公司治理的核心问题。第四，信息不对称是博弈论里一个重要的概念，代理人可以通过隐藏信息或者隐藏行动实现自身效用最大化，前者称作"逆向选择"问题，后者称作"道德风险"问题（Akerlof，1970；Holmstrom，1982；张维迎，1996）。在代理人存在信息不对称的问题之下，如何设计一个约束和激励机制，使得代理人和委托人的利益一致，这也是公司治理的核心问题。

其次，公司治理的基本理论可以分为以下三种。第一，管家理论基于社会人的角度认为委托人和代理人之间的利益是相互一致的，存在合作的关系。代理人在"社会人"的约束下会依附于组织，此时公司治理就是通过非物质的激励使得代理人产生组织认同感，对代理人进行充分授权，董事会应全身心服务于代理人（Donaldson and Davis, 1989, 1991; Davis et al., 1997）。第二，委托代理理论和管家理论的观点正好相反，在控制权和所有权相分离的现代股份公司之中，委托人和代理人存在信息不对称的状态下，代理人存在自利等机会主义行为，进而产生了代理成本。代理成本包括监督成本（the monitoring expenditures by the principal）、约束成本（the bonding expenditures by the agent）和剩余损失（the residual loss）。此时，公司治理的核心就是如何通过设定一系列的约束和激励机制，降低代理成本以实现股东价值最大化。在公司内部，既可以通过薪酬、奖金和股票期权等对代理人进行物质激励，也可以通过所有权安排、激励机制、股东大会、董事会、监事会和独立董事等制度对代理人进行激励约束。在公司外部，既可以通过经理人市场的优胜劣汰的机制和控制权市场的价格机制，也可以通过政府、中介机构等对代理人进行激励约束（Jensen and Meckling, 1976; Fama and Jensen, 1983; Shleifer and Vishy, 1997; Becht and Roel, 2002; 姜国华等, 2006）。第三，利益相关者理论与委托代理理论不同的是，它认为公司是由"不同的要素提供者组成的一个有机的系统"，这些要素的提供者都是公司的利益相关者，包括股东、经营者、债权人、员工、供应商、客户、政府、政党和社区居民等。弗里曼（Freeman, 1983, 1984）指出，利益相关者是能够影响一个组织目标的实现或者受到一个组织实现目标过程影响的人，没有利益相关者的支持，组织就不可能生存。利益相关者也需要通过组织实现其个人目标。公司代理人不应该只是以股东利益最大化，而是为利益相关者的价值最大化服务，公司治理也转变为保护各利益主体的一种"共同治理"的制度安排（弗里曼, 1983, 1984; Jensen, 2000; 石劲磊, 2003; 冯根福, 2006）。杨瑞龙和周业安（1998）也认为企业所谓"权威"不过是契约选择的结果，将企业作为利益相关者的契约集合是现代企业理论最为重要的发现之一，而且利益相关者的共同治理合约更适合复杂交易，股东利益最大化不是企业的唯一标准，而应满足和协调利益相关者的利益。李维安（1999）则将利益相关者作为公司治理的一种治理机制，并首次提出了"经济型的治理模式"，相关者治理提升了企业的价值和盈余绩效（李维安和唐跃军, 2005）。这些关于利益相关者理论的研究为利益相关者参与公司治理奠定了坚实的理论基础。

2.2.2 企业社会责任

关于企业社会责任（Corporate Social Responsibility, CSR）的理论研究，首先是企业社会责任的定义。企业社会责任的研究主体最初是商人，现代企业社会责任理论始于1953年霍华德·鲍恩出版《商人的社会责任》，他认为商人的社会责任是一种义务，具体表现为以社会目标和价值取向进行决策和行动。戴维斯（Davis，1960）补充了该定义，他指出商人在决策和行动时，要考虑企业经济和技术以外的因素，并在此基础上提出责任铁律（Iron Law of Responsibility），强调商人承担社会责任应该符合其社会能力。此后，戴维斯（1967）进一步指出，商人出于道德要求和外人看法履行社会责任。20世纪70年代以后，学者将社会责任承担从企业家身上移开，不再简单认为企业社会责任是企业家个人的道德伦理。1971年，Committee for Economic Development① 出版《商业组织的社会责任》，提出企业社会责任同心圆模型。该模型由里到外依次是企业履行经济功能的基本责任、经济责任与变化中的社会价值观结合、促进社会进步的其他无形责任。卡罗尔（Carrol，1979）提出了企业社会绩效三维模型，将企业社会责任的内容分为经济、法律和企业自由决定三部分。此后，卡罗尔（1991）进一步构建了企业社会责任金字塔模型，认为企业社会责任的构成方面从底部到塔尖依次是经济、法律、道德和慈善。国内学者朱慈蕴（1998）指出，公司除了对股东之外，对其他利益相关方和政府代表的公共利益也负有责任。刘俊海（1999）认为，企业社会责任是指公司不能单一地追求股东价值最大化，而应当同时承担提高社会其他主体利益的义务。张兆国（2012）认为，企业社会责任是指企业除了对股东承担经济责任以外，对其他利益相关者所必尽法律责任或应尽的道德责任。而在相关政策方面，深交所与上交所发布的相关指引或通知异曲同工，概括来讲，上市公司的社会责任对象分为三个大类：一是国家和社会的全面发展；二是自然环境及资源；三是股东、债权人、职工、客户、消费者、供应商、政府、社区等利益相关方②。具体来说，公司除了追求经济利益、最大化股东价值之外，还需要谨遵公平自愿、等价有偿、诚实守信的商业原则，不得侵犯他人合法权益，不得进行不正当竞争，不得谋取不正当利益，关注员工利益，注重环境保护，维护社会稳定，积极参与公益活动。企业应当提高社会责任意识，将自身的经营发展与社会整体的全面均衡发展相结合，从而超越利润最大化的自我商业目标。

---

① Committee for Economic Development：美国经济发展协会。
② 源于《深圳证券交易所上市公司社会责任指引》。本书的社会责任也采用此种定义。

企业社会责任的实证研究主要集中在企业社会责任对企业信息透明度和绩效影响等角度。首先，从企业社会责任和公司信息透明度的视角来看，企业自愿履行和披露社会责任可以间接反映企业社会责任的管理水平和投入水平，反映企业的可持续发展能力和责任风险，企业社会责任承担情况往往反映了公司具有较高的道德水平和风险意识，能够使企业与利益相关者之间的信息不对称得到有效降低。梅叶斯和梅吉拉夫（Myers and Majluf，1984）指出企业管理者与投资者之间存在信息不对称，这会导致企业承担更高的融资成本，因此管理层有动机通过自愿披露信息来解决这个问题。盖尔布和斯卓尔斯（Gelb and Strawser，2001）发现企业社会责任有利于提高公司的信息披露质量。韦雷基亚（Verrecchia，2001）指出企业社会责任信息披露的作用可能与财务信息公开相似，也能降低信息不对称。洛和巴塔查里亚（Luo and Bhattacharya，2006）在研究企业社会责任、顾客满意度和公司价值时发现，企业承担社会责任可以促进利益相关者对公司的了解，降低企业与利益相关者之间的信息不对称。林等（Lin et al.，2008）用跨国数据也发现企业社会责任有利于降低企业的盈余平滑度和激进程度。企业社会责任可以通过提高对企业的道德约束，提高企业的信息透明度，来抑制企业的财务舞弊行为。戈斯（Goss，2011）发现，披露社会责任信息的企业能以更低的利率、更长的期限获得银行贷款。达利瓦等（Dhaliwal et al.，2012）发现，披露企业社会责任信息的上市公司的分析师盈余预测误差更小，企业的资本成本也随之降低。朱松（2011）发现企业社会责任会影响企业的市场绩效，企业社会责任与市场绩效及会计信息含量显著正相关。王霞等（2014）通过实证发现，企业披露企业社会责任信息能够帮助监管部门和投资者甄别财务报告质量，可以作为财务报告质量和衡量标准之一。此外，监管部门和投资者往往肯定和赞许自愿披露企业社会责任信息的企业并给予支持，激励财务报告质量高的企业通过自愿披露企业社会责任信息向公众传递财务信息质量较高的信号，形成良性循环。但在中国资本市场的环境和制度背景下，企业社会责任存在较高的非对称风险。权小锋等（2015）认为企业社会责任加剧了我国的股价崩盘风险，企业社会责任具有明显的"工具特征"而不具有维护利益相关者的"创值特征"。企业社会责任是企业进行伪装的"面纱"，企业的信息透明度反而更低。宋献中（2007）分析认为中国上市公司披露的企业社会责任信息质量较低，提供的决策价值有限，而披露了企业社会责任的公司也不一定代表较高的道德水平，公司甚至通过披露企业社会责任给市场造成一个好的假象。孟晓俊等（2010）认为企业自愿披露企业社会责任信息，能够增强信息透明度，减少信息不对称，但前提是企业披露的企业社会责任信息必须真实、适当，而这就需要统一健全、内容完善的企业社会责任披露规范和有效监管。此外，履行和自愿披露企业社会责任增加了企业运营成本，是一种利益消耗降低企业绩效和价值的行为，增加了公司管理层或控股股东进行盈余管理的行为。

其次，从企业社会责任和公司业绩的视角来看，根据利益相关者与社会资本理论，优良的财务表现可为企业自愿披露社会责任提供物质条件，不仅长期来看企业社会责任并不会降低企业价值，企业履行社会责任对其长期财务绩效具有正向影响作用，而且企业社会责任对短期财务绩效也具有显著正向影响（Griffin and Mahon，1997；李正等，2013；温素彬等，2008；张兆国等，2013）。企业可以通过提升企业自愿披露社会责任承担表现来提高毛利，因为一些消费者愿意为主动承担社会责任的企业生产或提供的商品与服务支付溢价，增加企业社会责任投资可以提高销售收入（Johnson，2003）。温素彬等（2008）研究也表明，虽然从短期上看企业社会责任不利于短期绩效，但是企业社会责任有利于企业获得更好的长期绩效。徐光华等（2007，2008）分析证明当期好的企业社会责任表现会导致未来财务绩效表现较好。此外，在企业制度安排中，享受利润意味着承担责任，市场经济和利润机制能够引导资源的充分利用，促进技术进步与可持续发展，当市场制度较为完善时，企业承担社会责任与追求利润增长在本质上基本一致（张维迎，2007）。奥莱利斯基和本杰明（Orlitzky and Benjamin，2001）和吴（Wu，2006）发现，企业履行企业社会责任与财务风险存在显著负相关性。

2.2.3　公司治理与企业社会责任

随着社会责任理论与实践的发展，社会责任已经是公司治理中不可忽视的事实，而委托代理理论是以股东利益最大化和代理人的约束激励机制为核心的，社会责任无法融入这一理论体系之中，导致实践中表现为公司治理对社会责任的"被动回应"，只有在面临的外界压力大时才会承担社会责任，企业社会责任仅仅流于形式（高汉祥，2012）。在公司治理的基本理论中，利益相关者理论和企业社会责任的联系最受学者们的关注，戴维斯和布罗思托姆（Davis and Blomstrom，1966）在探讨企业社会责任的时候已经将利益相关者摆在重要的位置上，并且应将社会责任落实到公司治理的"责权利"分配机制、决策机制、管理制度等方面。自20世纪90年代以来，利益相关者理论和企业社会责任呈现全面融合的趋势（Carrol，1991；Clarkson，1991；Wood，1991）。伍德（Wood，1991）指出，弗里曼（1983，1984）的利益相关者理论可以解决企业为谁提供社会责任的问题，利益相关者理论为企业社会责任提供了理论依据。克拉克森（Clarkson，1991）认为利益相关者理论为企业社会责任提供了一个明确的分析框架，企业社会责任是对不同利益相关者的责任，是利益相关者的利益需求的表现。李维安

(2003) 基于利益相关者理论认为公司治理机构本质上体现了公司不同利益相关者间的权利与责任。高汉祥和郑济孝 (2010) 认为利益相关者理论和企业社会责任在"责任"上存在"同源"的关系，二者的融合具有必然的理论依据。

在利益相关者理论和企业社会责任相互融合的理论基础之上，学者们也对利益相关者如何影响企业社会责任展开了许多实证研究。第一，企业管理层对企业社会责任的影响。扎赫拉等 (Zahra et al., 1993) 发现企业管理层的持股比例与企业社会责任显著正相关。约翰逊等 (Johnson et al., 1999) 构建了公司治理与企业社会责任的结构方程，他们发现对管理层激励和约束越有效，企业的社会责任履行得越好，企业也表现出更好的业绩。伍德沃德等 (Woodward et al., 2001) 以英国8家大企业为样本，发现这些企业管理层对企业社会责任的经济效用十分重视，而且他们认为企业社会责任有助于提升其企业的形象和声誉。国内学者陈智和徐广成 (2011) 也发现高管薪酬水平与企业社会责任正相关，但谭宏琳等 (2009) 发现高管持股比例与企业社会责任没有显著相关性。第二，董事对企业社会责任的影响。扎赫拉等 (1993) 还发现独立董事比例与企业社会责任正相关，特别是独立董事有助于企业的员工来源多元化，降低员工招聘中的性别和种族歧视。国内学者王建琼等 (2009) 也发现独立董事比例与企业社会责任正相关，但谭宏琳等 (2009) 发现，独立董事比例与企业社会责任没有显著相关性，董事会规模与企业社会责任负相关 (陈智和徐广成，2011)。第三，产权安排（股东）对企业社会责任的影响。陈智和徐广成 (2011)、林晓华等 (2012) 发现国有股比例和流通股比例均与企业社会责任正相关。但谭宏琳等 (2009) 发现国有持股比例与企业社会责任负相关，王建琼等 (2009) 也发现相对于民营企业，国有企业的企业社会责任履行程度更差。第四，其他利益相关者对企业社会责任的影响。曾小青等 (2009) 发现审计师有利于公司更好地履行社会责任。王建琼等 (2009) 发现供应商所得贡献率与企业社会责任负相关。陈智和徐广成 (2011) 还发现政府干预和企业社会责任负相关。总之，公司治理与企业社会责任这两种机制已经逐步融入企业的经营和治理决策之中，有效的公司治理机制将有利于促进社会责任的履行，同时将社会责任转化为企业的战略优势，强化企业各利益相关者之间的利益一致性，促进社会福利的最大化 (Aguilera et al., 2007)。

2.3 政府干预及政治关联文献综述

首先，政府干预源于凯恩斯主义的"政府干预理论"，凯恩斯认为由于市场并不是完备的,在市场存在外部性、垄断等"失灵"的时候,政府作为"有形的手"是对市场这一"无形之手"的有益补充。政府对市场经济活动有一些限制条款的现象在各国都是普遍的(Krueger,1974)。施莱弗和魏施尼(Shleifer and Vishny,1994,2002)提出政府对企业干预的"扶持之手"和"掠夺之手"概念。在市场失灵的时候,政府对资源配置的干预扮演的就是"扶持之手",有利于提升社会的福利水平。但是政府干预的"掠夺之手"也带来了许多成本。伯克等(Boycko et al., 1996)指出政府为满足自身的政治目标,会让企业承担更多的社会就业,但也会给企业更多的补贴形成预算软约束。林等(1998)及林毅夫等(2004)在伯克等(1996)的基础上进一步指出,企业的"政策性负担"是预算软约束产生的根本原因,企业的产权性质并不会影响预算软约束。施莱弗和魏施尼(1994,2002)指出,政治目标的存在使得政府会对企业进行各种施压,比如官员需要获得更多的政治支持,政府会要求企业提供更多的就业数量和工资水平,政治目标的存在使得企业的运行效率低下。林等(1998)指出,随着中国政府的财政分权改革,地方政府存在 GDP 增长和社会稳定的政治目标,地方政府对企业的控制和干预的动机和能力也随之加强。林毅夫等(2004)指出,战略性负担和社会性负担是政策性负担的两个组成部分,战略性负担是指政府依据自身的目标和战略,让企业选择政府所需要的行业进行投资,但企业在该行业可能不具有竞争优势,进而给企业带来了负担;社会性负担是指政府要求企业承担更多的社会就业任务和社会福利。而政策性负担对企业所产生的成本或者亏损,需要政府通过补贴等进行弥补。但是政府是很难分清楚到底企业的成本或者亏损是因为其政策性负担带来的,还是由于企业管理层经营不佳或者道德风险所产生的。此时,政府在分不清亏损原因的情况下依然对企业进行补贴,从而导致预算软约束的产生。而正是由于预算软约束的存在,扭曲了债务融资等的治理效用(田利辉,2005),也增加了管理层的道德风险和代理问题,从而导致企业效率低下(林毅夫等,2004)。中国改革开放 40 多年以来取得了举世瞩目的改革成果,中国政府的积极干预和扶持功不可没(Blanchard and Shleifer,2001)。中国政府的财政分权改革和"晋升锦标制"模式,既增强了地方政府为其所在地企业谋福利的动机和能力,同时企业也成为了政府干预的主体(周业安,2000;周黎安,2007)。

其次,政府为实现自身的政治目标对企业进行干预的途径主要有以下五种。第一,政府可以通过对信贷体系的干预,影响企业的银行贷款。而国有企业具有天然的"政治优势"和"预算软约束"(林毅夫和李志赟,2004;田利辉,2005;祝继高和陆正飞,2011),政府对国有控股上市公司存有"父爱效应"(谢德仁和陈运森,2009),使得国有企业在银行贷款上存在优势。第二,政府可以通过对股票市场的干预，限制企业的 IPO 行为。我国 IPO 市场经历了从审批制到核准制再到现在向注册制过渡的阶段，政府无疑控制着企业上市融资的渠道。第三，政府可以通过政府补贴和税收优惠进行干预。我国财政分权改革之后，地方政府可以自由决定是否向企业进行补贴和制定税收优惠政策。第四，政府可以干预企业并购和多元化经营。政府的干预可以帮助企业打破区域壁垒和市场分割的问题，有助于企业进行并购和多元化经营。李增泉等（2005）的研究发现，政府干预在企业收购和兼并中同时发挥扶持之手和掠夺之手的作用。陈信元和黄俊（2007）则发现政府干预与企业多元化经营显著正相关，以满足政府的政治目标。第五，政府可以干预企业的投资行为。政治目标会使政府对企业的投资行为进行干预，对企业带来战略性负担（林毅夫等，2004），政府干预会使得企业的投资效率下降，特别是为增加就业等会使得企业进行过度投资（程仲鸣等，2008）。

再其次，关于政府干预经济后果，不管政府干预是"扶持之手"还是"掠夺之手"，最终会反映到企业的业绩之上。第一，政府出于社会就业的目的，政府干预使得企业冗员情况加剧（Boycko et al.，1996；林毅夫等，2004；薛云奎等，2008），投资过度（程仲鸣等，2008），多元化经营效率低下（陈信元和黄俊，2007），企业的绩效显著降低（Faccio et al.，2006；Fan et al.，2007）。第二，政府干预也发挥"扶持之手"的作用，政府干预也给企业带来了融资渠道、补贴、税收优惠等资源。菲斯曼（Fisman，2001）和约翰逊等（2003）均发现政府干预有利于提升公司业绩和市场价值。潘红波等（2008）还发现政府干预对亏损企业的并购绩效有正向的影响。第三，也有学者认为，政府干预对企业绩效的影响应视情况而定。田利辉（2005）发现国有股比例与企业业绩呈现 U 型的关系，当国有股比例较低时"掠夺之手"占据主导，当国有股比例较高时"扶持之手"起主要作用。李增泉等（2005）也发现政府干预在企业遇到难处时会起到扶持之效，企业在正常经营时反而会进行掠夺。

最后，政治关联的产生也正是由于政府干预的存在（Krueger，1974）。政府对市场经济活动有一些限制条款的现象在各国都是普遍的，政府的干预活动扮演着"掠夺之手"或者"扶持之手"（Shleifer and Vishny，1994，2002）。特别是在外部正式制度（法律制度）不完善的情况之下，企业就会寻找替代性的机制维护自身的利益。克鲁格（Krueger，1974）就指出企业家花费时间和金钱与政府官员建立关系，以寻求政治庇护、减少产权侵害和获取资源收益。政治关联在世界各国的企业中普遍存在，尤其是在经济落后地区以及市场不发达地区，政治关联甚至可以作为一种非正式的替代机制（余明桂等，2008）。以往的实证研究表明，政治关联能给企业带来各种好处，比如更多的银行贷款或者更长的贷款期限

（Sapienza，2004；Khwaja et al.，2005；Leuz et al.，2006）、更少的融资约束（Francis et al.，2009，罗党论等，2008）、更多的政府救援（Faccio et al.，2006）、更多的政府补贴（潘越等，2009）以及进入高壁垒行业的可能性（罗党论等，2009；胡旭阳，2006）。而政治关联对企业价值的影响目前并没有得出统一的结论，一部分学者研究了不同国家的政治关联情况，认为政治关联可以增加企业的价值（Fisman，2001；Johnson et al.，2003；Claessens et al.，2008）以及政治关联可以保护产权并作为法律制度的一种替代（潘红波等，2008）。但是，也有另一部分研究表明，政治关联会在公司治理效率、业绩以及 IPO 业绩等方面损害企业价值（Dewenter et al.，2001；Chang et al.，2004；Fan et al.，2007；Boubakri et al.，2008），还有研究表明高度的政治关联，会加剧投资者与管理层之间的信息不对称，分析师的盈余预测准确度会受到影响（Chen et al.，2010）。田利辉和张伟（2013）则从整体上研究了政治关联影响我国上市公司长期绩效的三大效应，即社会负担效应、产权保护效应和政府偏袒效应，政治关联对民营控股企业有显著正向的影响，但对国有控股企业并无显著影响。在国有控股企业中，政治关联既带来政府偏袒，又带来社会负担。在民营控股企业中，政治关联不但有助于产权保护，而且有助于获得政府的关照。

2.4 政党及党组织文献综述

2.4.1 政党

现代政治也被称为政党政治，政党是最普遍和活跃的政治现象，国内外学者也对政党理论进行了系统的研究（吴惕安和俞可平，1994；王浦劬，1995；王惠岩，2006）。首先，在政党理论中，政党的定义是一个最核心的概念，主要存在以下几种观点：（1）政党是个人或者团体建立起来的具有政治权力的组织机构①；（2）政党是选举或者革命的工具②；（3）政党是为了谋求官职和权力而建

---

① 《美国百科全书》（1980 年版）给政党下的定义是："政党是由个人或团体为了在某种政治制度内，通过控制政府或影响政府政策以期行使政治权力而建立起来的组织"。美国政治学家索拉福在 *Political Parties in the American System* 中提出："政党可以说是政治权力的组织机构，其特征是独占政治功能、稳定的结构、排他性的党员以及支配竞争的能力"。

② 《大英百科全书》（第 15 版）认为："政党是在某个政治制度内，通过民主选举或革命手段，以取得和行使政治权力为目的而建立的组织"。《新时代百科全书》的定义是："政党是为争取选民投票支持它所提名的候选人而高度组织起来的集中统一的团体"。

立的政治组织①；（4）政党是挑选公职人员的工具②。以上的这些定义只是抓住了政党的某些特征或者表现进行描述，并没有从本质上对政党进行定义，按照政治学和政治经济学的理论观点，政党（Party）应该是一定的社会利益集团通过控制国家政权来表达和实现该利益团体的愿望和要求的政治组织。马克思主义认为，政党本质上是阶级矛盾和斗争发展到一定阶段的产物，是特定阶级利益的集中代表者，是特定阶级政治力量中的领导力量，并具有共同的政治纲领和主义倾向，是由各阶级的政治中坚分子为了参与、夺取或巩固国家政治权力而组成的政治组织。马克思、恩格斯在《共产党宣言》中指出："共产党人是各国工人政党中最坚决的、始终推动运动前进的部分"。列宁就政党的本质进一步指出："在通常情况下，在多数场合，至少在现代的文明国家内，阶级是由政党来领导的"，"党是阶级的先进觉悟阶层，是阶级的先锋队"，而"各阶级政治斗争的最严整、最完全和最明显的表现就是各政党的斗争"。③ 毛泽东指出："没有一个按照马克思列宁主义的革命理论和革命风格建立起来的革命政党，就不可能领导工人阶级和广大人民群众战胜帝国主义及其走狗"，"政党就是一种社会，是一种政治的社会。政治社会的第一类就是党派。党是阶级的组织"。④

其次，关于政党的组织结构和功能上，迪韦尔热（Duverger，1964）关于政党结构的论述上提出了精英政党（cadre parties）和群众政党（mass parties）的概念。群众政党的关键在于吸收大多数的党员，有着严格的纪律。而精英政党的关键在于由重要人物为了选举而组成的精英团体，这类精英性的组织一般是有弹性的、灵活的，纪律不严的，精英们的个人魅力、影响超过了党的组织的作用。戴维·米勒等认为政党功能包括社会反应和社会控制两方面，"政党是超阶级和全民的组织"。但马克思主义认为，"正因为政党是阶级斗争的产物，它自产生以来就是阶级斗争的工具和领导力量，政党永远不是超阶级和全民的组织，而是一种阶级的政治组织"。政党的根本功能在于组织和领导本阶级成员参与、取得或巩固政权，提出政纲、参加选举、组织政府、党组织建设和组织宣传等都是由政党的基本功能衍生出来的。

---

① 《国际社会科学百科全书》的论述是："我们选定党是为了谋求官职而建立的这样一个定义，就把党与其他政治组织区别开来"。《日本大百科辞典》认为："政党是以取得国家权力为目标而基于共同的政策组织和动员国民、开展一切政治活动的持久性的政治团体"。
② 《哥伦比亚百科全书》的解释是："政党是这样一种组织，它通常是通过它所提出的候选人担当公职，以达到控制政府机构之目的。政党有很多形式，但它们的主要职能都是相同的，这便是，提供担任政府职务的人员；组织这些人员制定和执行国家政策；以及在个人与政府之间起桥梁作用"。美国政治学家戴维·杜鲁门也指出："政党被认为是一种机制，通过它可以在追求公职的人们中挑选合适者"。
③ 列宁：《共产主义运动中的"左派"幼稚病》，中共中央马克思恩格斯列宁斯大林著作编译局编译，人民出版社 2016 年版。
④ 《毛泽东选集》第四卷，人民出版社 1991 年版。

再其次，关于政党制度上，学者们认为政党制度是政党间竞争性的互动模式，政党制度的分类包括一党制、两党制和多党制。萨托利依据各党的得票率和统治潜力、内部差别和意识形态的标准，将现代政党制度划分为七种类型，包括"一党制、一党独占制、一党居优制、两党制、适度多元制、极化多元制、原子化的多党制"，而两党制、适度多元制、极化多元制是西方国家最常见的政党制度。塞缪尔·亨廷顿（1968）考察了一党制、一党居优制、两党制和多党制等对政治发展的适应性，他指出，一党制是发展中国家最好的政党制度，"今天，在亚洲、非洲和拉丁美洲的许多国家里，政治体系同时面临着集中权力、分化结构和扩大参与的问题。不足为奇，同时实现这些目标最好的体系似乎便是一党制"。① 这是因为在发展中国家里，一党制能够集中权力实现改革目标，但也可能导致政党独裁而失去群众参与，波及政治稳定。马克思主义认为政党制度的分类也应该以阶级性质来分类，即资本主义政党制度和社会主义政党制度两类，而不是以政党数量等非本质的因素进行区分。在资本主义政党制度下，不论是一党制、两党制还是多党制，本质上都是维护资产阶级的利益和统治。列宁在评价美国的两党竞选时指出："两个资产阶级政党利用它们之间的虚张声势的毫无内容的决斗来欺骗人民，转移人民对切身利益的注意"。② 而社会主义政党制度下应采取的形式应以是否有利于社会主义政治和经济建设为依据。

最后，关于政党的实证研究上主要集中于以下两个方面。第一，政党对于宏观经济的影响。阿克曼（Ackerman，1947）发现政党的选举周期显著影响经济周期和经济政策的走向。诺德豪斯（Nordhaus，1975）提出了政治性经济周期的模型，他发现政党为了连任会在下一任选举前采取先衰退后繁荣的经济策略，以造成其执政能力强的假象。巴罗（Barro，1990）和阿绍尔（Aschauer，1989）还发现政治支出所产生的公共资源有利于经济增长，政治因素是影响经济增长的重要的内生因素。第二，政党对于微观经济的影响。刘（Liu，2010）、扬斯（Yonce，2010）和朱利奥和育克（Julio and Yook，2012）均发现政党选举显著影响企业的投资行为。由于政党选举会影响执政党的更替，给企业带来了很大的政治不确定性和经济政策的不确定性，从而导致在政党选取期间企业投资出现显著的减少的现象。戈德曼等（Goldman et al.，2006）和博巴利等（Boubakri et al.，2008）发现执政党会与在选举期间支持其选举或与其有关联的企业签订更多的政府采购合同，而且更容易获得政府的优惠政策。伯特兰德等（Bertrand et al.，2006）发现政党会在选举前让企业承担更多的社会就业的任务，并要求企业努力提升自身

---

① ［美］塞缪尔·P. 亨廷顿：《变化社会中的政治秩序》，王冠华、刘为等译，上海人民出版社2008年版。

② 《列宁全集》第十八卷，人民出版社2007年版。

的绩效,政党候选人的地位越高,这一现象越明显。米克等(Micco et al.,2006)均发现国有银行在政党选举年份的贷款金额显著增加,以支持政党的选举。萨皮恩扎(Sapienza,2004)和科尔(Cole,2009)还发现国有银行也承担了政党的战略性负担,特别是当政党的影响力越大时,国有银行越可能被要求向经济发展水平低的地区提供更多的贷款。戈德曼等(2006)还发现政党的政治权力越大,其对与其关系密切的公司的股票超额收益的影响越大。贾亚昌德兰(Jayachandran,2006)、奈特(Knight,2007)、克莱森斯等(Claessens et al.,2008)和弗格森和沃斯(Ferguson and Voth,2008)也都发现执政党的变更会显著影响相关企业的股票收益率。尼森和鲁恩兹(Niessen and Ruenzi,2010)还发现政党对于与其相关联企业的会计绩效和市场绩效都存在显著的正向作用。此外,中国是实行中国共产党领导的多党合作和政治协商制度的国家①,中国共产党是法定的唯一的执政党②,因此在中国共产党全国代表大会和政府换届的时候也存在政治性周期的现象,在这些时期银行的信贷明显宽松,固定资产投资增长率显著提升(Tao,2004),主要经济指标也恰好处于波峰的状态(徐清海等,2006;刘瑞明等,2007),中国共产党和政府对中国改革和经济增长有着无法取代的作用,中国共产党的核心领导是中国经济增长的重要内生因素(张军等,2007;马丽等,2011)。

2.4.2 党组织

马克思主义经典作家们创立和发展了一系列科学的政党理论,他们明确了政党的本质和在社会发展中的作用,形成了一套最完整的党组织建设的学说。首先,马克思主义提出了关于基层党组织建设的理论,认为党的基层党组织建设是无产阶级政党的基础,党的力量源泉在于组织建设,党的基层组织应该成为工人阶级和群众的中心。马克思恩格斯指出:"应该使自己的每一个支部都变成工人协会的中心和核心"。③列宁在《俄国社会民主党人的任务》中也指出:"在城市工厂工人中间建立坚固的革命组织,是社会民主党首要的迫切任务"。毛泽东同志很早就意识到基础党组织建设的重要性,加强党的组织建设是实现党的领导和

---

① 多党合作的主要制度安排是政治协商制度。中国人民政治协商会议(简称人民政协)是中国人民爱国统一战线组织,是中国共产党领导的多党合作和政治协商的重要机构,也是各民主党派、各人民团体、社会各界的参政议政机构。
② 中国政党制度不同于一党专制的模式,一党制不允许其他党派的存在,更不允许反对派存在。中国共产党处于领导地位和执政地位,各民主党派、无党派人士自觉接受中国共产党的领导,拥护中国共产党的领导地位和执政地位。各民主党派是中国特色社会主义参政党,中国共产党与各民主党派是亲密友党、互相监督。
③ 《马克思恩格斯选集》第一卷,人民出版社2012年版。

取得革命胜利的关键。毛泽东在1929年4月给党中央的信中指出："党的无产阶级基础之建立，大区域产业支部之创造，正是目前党在组织方面的最大任务"。革命战争时期，古田会议明确提出了"支部建在连上"的思想，"支部建在连上"使得中国共产党在革命时期形成了一个非常严密、具有十分牢固的基层基础的政党。新中国成立以来，党的历代领导人始终继承这一思想，在历届党代会上不断强调党组织建设的重要性，以不断扩大党的基层领导力和战斗力。邓小平在党的八大上指出："党的基层组织是党联系广大群众的基本纽带，经常检查和改进党的基层组织工作，是党的领导机关的重要政治任务"。1980年，邓小平又强调："工厂、公司、院校、所的各级党组织，要管好所有的党员，做好群众工作，使党员在各自的岗位上发挥先锋模范作用，使党的组织真正成为各个企业事业的骨干，真正成为教育和监督所有党员的组织，保证党的政治路线的执行和各项任务的完成"。[①] 江泽民在党的十四届四中全会上讲话时指出："我们加强和改进党的基层组织建设，目的就在于健全和发展党的每个细胞，紧密联系广大人民群众，把党的方针政策落到实处，使党提出的各项任务的实现具备更加巩固的基础"。党的十四大报告强调："党的基层组织是党的全部工作和战斗力的基础，各级党委要采取得力措施，努力把党的基层组织建设成为团结和带领群众进行改革和建设的战斗堡垒"。党的十五大报告非常明确地规定："企业、农村、机关、学校、科研院所、街道、人民解放军连队和其他基层单位，凡有正式党员3人以上的，都应当成立党的基层组织"。马克思主义学说在关于党的先进性上指出，基层党组织的建设是坚持全面从严治党、保持党的先进性的第一要务。邓小平同志曾指出："提这样口号，那样口号，这样方针，那样方针，只有有了基层工作，有了经常工作，才有希望落实"。[②]

其次，在基层党组织建设中，公有制企业的产权性质决定了公有制企业党组织建设的必然性。1956年中共中央就已经形成了"党委领导下的厂长负责制"。1993年党的第十四届三中全会关于《中共中央关于建立社会主义市场经济体制若干问题的决定》意味着国有企业的党委会不再是"党管一切"，但党委会仍然具有参与国有企业重大决策的权力。1999年党的十五届四中全会决定指出："国有独资和国有控股公司的党委负责人可以通过法定程序进入董事会、监事会，董事会和监事会都要有职工代表参加"，"坚持党的领导，发挥国有企业党组织的政治核心作用，是一个重大原则，任何时候都不能动摇"。1997年1月中共中央印发的《关于进一步加强和改进国有企业党的建设工作的通知》中，最早涉及国有

---

① 于均波：《深入学习邓小平理论》，载《光明日报》1998年10月16日。
② 《邓小平文选》第一卷，人民出版社1994年版，第314页。

企业党组织"双向进入、交叉任职"的工作思路。"双向进入"是指:"一方面充分利用国有资产控股的优势,使符合条件的企业党委会成员通过法定的程序进入企业董事会、经理层和监事会;另一方面,使符合条件的董事会、经理层和监事会成员,按照党章及有关规定进入党委会"。所谓"交叉任职"是指由一人同时担任企业党委书记和董事长,或党员董事长担任党委副书记,党委书记担任副董事长(宗河,1999)。2002年党的十六大修订后的党章规定:"国有企业和集体企业中党的基层组织,发挥政治核心作用,围绕企业生产经营开展工作。保证监督党和国家的方针、政策在本企业的贯彻执行;支持股东会、董事会、监事会和经理(厂长)依法行使职权;全心全意依靠职工群众,支持职工代表大会开展工作;参与企业重大问题的决策;加强党组织的自身建设,领导思想政治工作、精神文明建设和工会、共青团等群众组织"。2007年党的第十七次全国代表大会修订的党章指出:"国有企业和集体企业中党的基层组织,发挥政治核心作用,围绕企业生产经营开展工作;保证监督党和国家的方针、政策在本企业的贯彻执行;支持股东会、董事会、监事会和经理依法行使职权;参与企业重大问题的决策"。蒋铁柱等(2006)和蒋铁柱(2007)认为国有企业党建和公司治理的融合不仅必要而且具有可行性,并分析了几种制度融合模式,其中融合的关键在于形成"领导即服务"的新观念,改变以往党组织的领导模式,进一步完善公司治理的运行机制,对国有企业资源进行有效的配置。

再其次,改革开放以来,非公有制经济得到飞快地发展,非公有制企业党组织建设的理论才正式得到关注。本书通过党历届领导人的思想为脉络来理清非公有制企业党组织建设的理论。第一,早在1952年3月23日,毛泽东同志就已经提出关于非公有制企业党组织建设的思想:"在一切大的和中等的私营企业的工人、店员中建立党的支部,加强党的工作",[①] 在非公有制企业中开展党组织建设工作,确保了资本主义工商业社会主义改造的胜利完成。第二,在邓小平同志关于企业党建理论的基础上,1994年9月28日党的十四届四中全会通过的《中共中央关于加强党的建设几个重大问题的决定》指出:"在其他各种所有制的企业中,都要加强党的工作。没有党组织的,要积极创造条件建立党的组织,采取适应各自特点的工作方法和活动方式,开展党的活动"。第三,江泽民同志在2000年主持召开江苏、浙江、上海党建工作座谈会的讲话中系统阐述了非公有制企业党建工作的重要意义:"抓紧在非公有制经济组织开展党的工作,加强党的建设。这是我们党确立和巩固社会主义初级阶段基本经济制度,引导非公有制经济健康发展的需要,也是加强党同在非公有制企业劳动的广大职工群众的联

---

① 《毛泽东文集》第六卷,人民出版社1999年版。

系，巩固党在新形势下执政的阶级基础、群众基础的需要"。① 江泽民同志还对非公有制企业党建工作提出了具体的任务和要求，明确了党建目标和指导方针，其主要包括以下五点：（1）科学界定非公有制企业党组织的地位②；（2）明确了非公有制企业党组织的功能与职责③；（3）明确提出了非公有制企业党建工作的方针④；（4）强调建立非公有制企业党建工作规章制度⑤；（5）强调做好非公有制企业主的思想政治工作是非公有制企业党建工作的一项重要内容⑥。第四，胡锦涛同志在1998年12月11日全国省区市党委组织部长工作会议上的讲话首次明确了党组织在非公有制企业中的地位："各类新经济组织迅速发展，党在这些企业中的工作亟须在探索中加强。外商独资或控股企业中的党组织，应在中方员工中发挥政治核心作用。私营企业中的党组织，应在职工中发挥政治核心作用"。2000年9月13日，中组部印发了《关于在个体和私营等非公有制经济组织中加强党的建设工作的意见（试行）的通知》，这一文件指出："非公有制经济组织中的党组织执行党章规定的党的基层组织的基本任务，在广大职工中发挥政治核心作用"。2004年9月，党的十六届四中全会审议通过了《中共中央关于加强党的执政能力建设的决定》，该决定明确提出："加大在新经济组织、新社会组织中建立党组织的工作力度，探索党组织和党员发挥作用的方法和途径"。第五，习近平同志于2012年3月21日全国非公有制企业党的建设工作会议上指出：加强和改进非公有制企业党建工作，抓好"两个覆盖"、发挥好党组织"两个作用"、加强"两支队伍"建设很重要。抓好"两个覆盖"，就是要抓好党组织覆盖和党的工作覆盖，加大党员发展力度，做好流动党员管理服务和引进党员职工工作，不具备建立党组织条件的要采取多种方式积极开展党的工作，增强党的影响力。发挥好党组织"两个作用"，就是党组织要在职工群众中发挥政治核心作用，在企业发展中发挥政治引领作用，把贯彻党的路线方针政策、维护职工群众合法权益、引领建设先进企业文化、创先争优推动企业发展贯穿党组织活动始终。加强

---

① 中共中央文献研究室编：《十五大以来重要文献选编》中，人民出版社2001年版，第436页。

② 江泽民强调："凡是已具备条件的非公有制经济组织，都应建立党组织，都要在企业职工中发挥政治核心作用"。选自中共中央文献研究室编：《十五大以来重要文献选编》中，人民出版社2001年版，第436页。

③ 2002年10月，江泽民同志在党的十六大报告中提出："加强非公有制企业党的建设，企业党组织要贯彻党的方针政策，引导和监督企业遵守国家的法律法规，领导工会和共青团等群众组织，团结凝聚职工群众，维护各方的合法权益，促进企业健康发展"。

④ 江泽民认为："在非公有制企业开展党建工作，要理直气壮，当然工作要耐心细致"。选自《江泽民文选》第三卷，人民出版社2006年版，第18页。

⑤ 江泽民在中国共产党第十四次全国代表大会上的报告要求："在其他各种经济组织中，也要从实际出发，抓紧建立健全党的组织和工作制度"。选自中共中央文献研究室：《十四大以来重要文献选编》上，人民出版社1992年版，第43页。

⑥ 江泽民进一步指出："抓党的建设，首先要抓好党的思想政治建设，因为解决思想政治问题是做好其他各项工作的前提和基础"。选自《江泽民文选》第三卷，人民出版社2006年版，第94页。

"两支队伍"建设,就是要加强党组织书记和党建工作指导员队伍建设,为开展非公有制企业党建工作提供组织保障。① 党的十八大以来,以习近平同志为核心的党中央作出"四个全面"的战略部署——全面建设社会主义现代化国家、全面深化改革、全面依法治国、全面从严治党,党进一步加强了管党治党工作,全面从严治党已经成为党的建设的新常态。做好非公有制企业党的建设工作,必须贯彻落实全面从严治党的新要求,需要准确把握非公有制企业党组织的功能定位,发挥好企业党组织的政治核心和政治引领作用。非公有制企业党组织是党在企业中的战斗堡垒,在企业职工群众中发挥政治核心作用,在企业发展中发挥政治引领作用,具有鲜明的政治属性。这就要求非公有制企业党组织要强化政治功能、注重政治引领,严格组织生活、严明组织纪律。

此外,关于党组织的实证研究上主要集中在公有制企业党组织的治理效用上。在国有企业中,存在"新三会"和"老三会"并存的现象②(卢昌崇,1994)。钱颖一(1995)指出,中国共产党仍然控制着企业管理层的任命和激励,党组织在企业当中对管理层形成了有效的制衡。刘振华(1997)指出,国有企业对中央精神理解、国有企业改制等是影响国有企业党建的重要因素。田志龙等(2003)指出,企业党建是企业的政治资源基础,党建作为国有企业的政治行为策略,将有利于其获得政府资源和政治优势、提升市场绩效和财务绩效。常和王(Chang and Wong,2004)指出,国有企业党组织对管理层的控制过大,党组织对公司决策的干预使得政治成本显著增加从而降低国有企业的绩效,但是党组织也同时有利于抑制大股东的掏空而显著提高国有企业的绩效。坎贝尔(Campbell,2007)指出,党组织作为一种制度,有利于抑制企业的非社会责任行为,是对市场和政府调控的有效补充,促进社会福利最大化。马连福等(2012)发现在国有企业,党委会的"双向进入"与公司治理水平呈倒"U"型关系,党委会的治理与董事会效率呈正相关的关系,但是董事长和党委书记两职合一不利于公司治理水平的提高。马连福等(2013)还发现国有企业党委会的治理会显著影响

---

① 《习近平会见全国非公有制企业党建工作会议代表》,中国政府网,2012年3月21日,http://www.gov.cn/ldhd/2012-03/21/content_2096653.htm。

② 卢昌崇(1994)指出:"老三会"是指国有企业和集体企业中的党委会、职代表大会和工会。"新三会"是指股东会、董事会、监事会。"老三会"是在国企改革前(党委负责制及党委领导下的厂长经理负责制时期)企业中发挥重要作用的领导部门。国企进行改革后,"老三会"的行政领导作用逐步向"新三会"转移。国企改革后,"老三会"需要有机地渗透到"新三会"中发挥作用。在同一个企业里,这六个会不能互相替代,各自按自己的章程办事,但六个会的目标是一致的,就是把企业的各项工作干得更好。处理好新老三会关系的一个重要思路是"老三会"要按现代企业制度的要求转变工作职能和领导方式。党组织、职代会、工会选派代表通过法定程序进入董事会、监事会,在董事会、监事会中参与重大问题决策。同时,董事会在对重大问题做出决策前,涉及重要干部问题,事先要听取党委的意见,公司党委对董事会要聘任的经理人员人选进行考查,提出建议,然后分别由董事会和总经理聘任。涉及职工切身利益的问题,总经理事先要征求职代会、工会的意见,这些都体现了"新三会"和"老三会"的结合。

公司的薪酬契约和雇员契约，党委会的治理不仅降低了管理层的超额薪酬和高管职工之间的薪酬差距，也增加了国有企业的超额雇员。王元芳和马连福（2014）还发现党委会治理显著影响公司的代理成本，进而提升公司价值。雷海民等（2012）发现党委书记与董事长或总经理分开任命有利于提高企业的经营效率，一旦党委书记、董事长和总经理三职合一，企业的经营效率最低。陈仕华等（2014）认为，国有企业党组织参与公司治理有利于提高企业的并购绩效，而且纪委的治理有利于抑制管理层的自利行为，降低管理层的非货币性私有收益，并且党委会和纪委在不同的治理情景下也具有不同的治理效用。

最后，也有少数学者从非公有制企业党组织的角度进行了研究，李等（Li et al.，2008）指出民营企业主的党员身份有利于获取更多的银行贷款和司法信任，进而影响企业绩效。梁建等（2010）通过对中国民营企业的抽样调查发现成立党组织的民营企业会进行更多的慈善捐赠。龙小宁等（2014）也基于民营企业抽样调查数据，利用党章和相关文件对于民营企业应该建立党组织的党员人数规定，采用断点回归方法估计了民营企业中党组织对职工福利的影响以及对企业绩效所产生的影响。他们发现党组织的建立能够显著提高企业职工工资以外的福利。但是以非公有制企业是否建立党组织作为党组织参与公司治理的衡量指标是不准确的。因为按照规定，只要员工中党员人数达到3人及以上的就应该建立党组织，非公有制企业党组织应建已建率近乎100%，而且党组织在非公有制企业中也可能"形同虚设"，仅仅从是否设立党组织的角度衡量党组织参与公司治理的作用是有偏的。此外，建立了党组织的非公有制企业和没有建立党组织的非公有制企业可能存在除党组织因素之外的重大特征差异（如企业规模和员工人数），这些特征因素很可能会造成非公有制企业社会责任行为的差异，仅仅从是否设立党组织的角度来衡量党组织参与公司治理的作用是远远不够的。本书关于党组织影响力对非公有制企业社会责任行为的影响将限于已建立了党组织的非公有制企业之中，着重观察不同非公有制企业党组织战斗力和影响力差异对非公有制企业履行社会责任的影响。

第 3 章

制度背景和理论分析

3.1 非公有制企业党组织与公司治理：制度背景分析

在回顾中国非公有制企业党组织的历史进程之前，很有必要先理清中国共产党在革命时期形成的特色的党组织建设模式。这主要体现在三个方面。第一，党组织与军事组织结合。1927 年，中国共产党第一次在各级军事单位中建立党组织，并逐步在全军推广开来。中国共产党将党的组织建制与军事组织建制相互结合，确立"党指挥枪"的政治原则和"支部建在连上"的党组织建设原则。党组织成功地嵌入于军事组织之中，既保证了军事组织的政治方向，也加强了党的领导力量和军事力量[①]。第二，党组织与各级政权的结合。中国共产党建立的组织系统包括中央、省委、市委、县委、街道和村镇的基层党组织。党组织嵌入各级政权，为党组织的发展壮大打下牢固的根基。第三，党组织与各类群众团体的结合，使得中国共产党充分融入整个社会当中。党的六大通过的党章就已经规定："在非党组织（如职工会、农会、社会团体及文化组织等）之各种代表大会和会议上及机关中，凡有党员三人以上者均成立党团，其任务在于非党的组织中加强党的影响，实行党的政策，并监督党员在非党组织中之工作"。中国共产党在社会组织中设立党团组织，虽然不直接指挥非党组织的具体活动，但是一定程度上传递了党的政治思想、加强了对非党组织的影响和领导。综上所述，中国共产党在军事、政权和社会各级上均建立了基层党组织，保证了中国共产党的绝对领导，也就是后来所谓的"支部建在连上"。这个创新是中国共产党党建历史上的重要转折点，形成了党的基层党组织嵌入军事组织、政权组织以及非党组织等

---

① 刘征：《坚持党指挥枪的根本原则和制度》，共产党员网，2021 年 6 月 28 日，https://www.12371.cn/2021/06/28/ARTI1624846268463200.shtml。

极具特色的制度安排,并影响着现今在非公有制经济中的党建。

我国非公有制企业经历了从新中国成立后的社会主义改造到改革开放后的允许发展和蓬勃发展等阶段,以及从"非法"到"合法"再到国民经济重要组成部分的变动过程。与此同时,非公有制企业的组织结构也根据时代环境的变化,从"借红帽子"的"挂户经营"到"挂红帽子"的"股份合作"再到"建立党组织"的有限公司或者股份公司的转变。① 为探寻非公有制企业党组织的治理作用,本书首先整理改革开放以来非公有制企业党组织建设的制度演进,然后厘清现有相关制度安排对非公有制企业党组织发挥什么作用的规范,最后用数据来简要描述一下过去十余年非公有制企业党组织建设的成绩。

3.1.1 关于非公有制企业党组织建设的制度演进(1978年至今)

总体上看,非公有制企业党组织建设的相关制度变迁和党对非公有制经济性质的认知发展及非公有制经济的发展壮大过程是相契合的。

3.1.1.1 1978~1991年,非公有制企业党组织建设的观念萌芽阶段

追根溯源,非公有制企业党组织建设的观念萌芽自个体经济劳动者入党。1981年党的第十一届六中全会通过的《关于建国以来党的若干历史问题的决议》承认一定范围内的劳动者个体经济是公有制经济的必要补充,个体劳动者是社会主义的劳动者。同年《中共中央 国务院关于广开门路,搞活经济,解决城镇就业问题的若干决定》指出:"对于他们的社会和政治地位,应与国营、集体企业职工一视同仁。其中的先进分子,符合党员、团员条件的,同样可以按照党章、团章规定,吸收入党入团"。1982年12月,个体经济的合法地位得到国家宪法的认可。② 但是这一政策没有涵盖非公有制企业主,仅针对个体劳动者。直至1987年10月,才明确指出非公有制企业是公有制经济的有益补充,允许非公有

---

① 私营企业组织变迁大体经历了几个阶段:(1)1978~1988年,以家庭作坊为主组建"乡镇企业",众多的家庭作坊则以乡镇企业为主体,采用"挂户经营"的方式进行生产与经营,俗称借红帽子;(2)1989~1992年,以家庭作坊为基础组建合伙企业,当叫"股份合作企业",采用按股分红和按劳分红相结合的方式组织生产与经营,俗称戴红帽子;(3)1993~1997年,股份合作企业相继亮明私营企业身份而变更为有限责任公司或股份公司;(4)1998年后,私营企业内部相继建立党的组织。选自曹正汉:《国家与市场关系的政治逻辑:当代中国国家与市场关系的演变(1949—2008)》,中国社会科学出版社2014年版。

② 五届全国人大五次会议通过的《中华人民共和国宪法》第十一条规定:"在法律规定范围内的城乡劳动者个体经济,是社会主义公有制经济的补充。国家保护个体经济的合法的权利和利益。国家通过行政管理,指导、帮助和监督个体经济"。

制企业主入党。① 1988年4月，第七届全国人民代表大会第一次会议通过了宪法修正案并在第十一条中增加规定："国家允许私营经济在法律规定的范围内存在和发展。私营经济是社会主义公有制经济的补充。国家保护私营经济的合法的权利和利益，对私营经济实行引导、监督和管理"。

3.1.1.2 1992～1996年，非公有制企业党组织建设的党内制度初启阶段

邓小平在1992年的南方谈话中明确提出了判断工作是非得失的"三个有利于"标准。"三个有利于"的标准初步消除了非公有制企业在意识形态上的发展瓶颈。根据革命时期"支部建在连上"的基层党组织建设的基本原则，非公有制企业也允许建立党组织，甚至包括外资企业。② 1994年9月中国共产党第十四届中央委员会第四次全体会议通过了《中共中央关于加强党的建设几个重大问题的决定》，明确指出："各种新建立的经济组织和社会组织日益增多，需要从实际出发建立党的组织，开展党的活动"，并要求在非公有制企业里积极发展党员，将共产党员更好地融入非公有制企业之中，积极宣传党的路线、方针和政策，进而引导非公有制企业的认同并进一步加强党的领导。1994年10月26日，胡锦涛在《把农村基层组织建设提高到新水平》中指出："今后所有新建立的企业和其他经济组织，包括外资企业，凡有一定数量党员的都要同时建立党的组织，这要作为政策确定来"。③ 同年11月，《中共中央关于加强农村基层组织建设的通知》指出："各种所有制的经济组织，凡是有党员三人以上的，都应建立党组织"。

3.1.1.3 1997～2001年，非公有制企业党组织建设的党内制度规范化阶段

1997年9月，中国共产党第十五次全国代表大会指出："公有制为主体、多种所有制经济共同发展，是我国社会主义初级阶段的一项基本经济制度"，这是中国共产党对经济体制认识上的里程碑，基本消除了意识形态上对非公有制企业的限制。1999年3月，第九届全国人民代表大会第二次会议修改了《宪法》第十一条："在法律规定范围内的个体经济、私营经济等非公有制经济，是社会主义市场经济的重要组成部分"，而且"国家保护个体经济、私营经济的合法的权利和利益。国家对个体经济、私营经济实行引导、监督和管理"。2000年9月13日，中组部下发《关于在个体和私营等非公有制经济组织中加强党的建设工作的意见（试行）》，这是党首次提出的全面系统地在非公有制企业里加强党建工作

---

① 中国共产党第十三次全国代表大会明确指出："实践证明，私营经济一定程度的发展，有利于促进生产、活跃市场、扩大就业，更好地满足人民多方面的生活需求，是公有制经济必要的和有益的补充"。
② 中共中央在私营企业筹备党建工作的第一份正规文件是针对外资企业，中组部于1993年发布了《关于在外商投资企业中加强党的建设的意见》。
③ 《胡锦涛文选》第一卷，人民出版社2016年版。

的文件，这也为非公有制企业党组织的发展提供了最基础的制度支撑。该意见指出："非公有制经济组织是党的建设工作的一个重要领域。在非公有制经济组织中建立党的组织，开展党的工作，加强党的建设，充分发挥党的思想政治优势、组织优势和密切联系群众的优势，是坚持和完善社会主义初级阶段的基本经济制度，保证监督党和国家的方针政策、法律法规贯彻实施，引导非公有制经济健康发展的需要；是加强党同非公有制企业广大职工的联系，巩固和扩大党的群众基础的需要；从根本上说，是保证我们党始终代表中国先进社会生产力的发展要求、中国先进文化的前进方向、中国最广大人民的根本利益的需要"。该意见要求："非公有制经济组织中的党组织执行党章规定的党的基层组织的基本任务，在广大职工中发挥政治核心作用""非公有制经济组织中党组织的活动经费，可通过多种渠道解决。党员交纳的党费可大部分或全部返还给企业党组织，作为活动经费。活动经费确有困难的，上级党组织应从分管的党费中适当拨补一部分"。该意见对非公有制企业中如何建立党组织制定了详细的要求，① 并要求各级党委进行政治督促，② 第一次明确了非公有制企业党组织的地位和职责任务，即"党组织在广大职工中发挥政治核心作用"。但是，非公有制企业党组织建设并未完全向非公有制企业主开放，直到2001年7月1日，江泽民同志在庆祝中国共产党成立八十周年大会上的讲话明确肯定非公有制经济人士也是中国特色社会主义事业的建设者后，③ 许多非公有制企业主加入中国共产党，非公有制企业党组织建设得以全面铺开。

3.1.1.4　2002年至今，非公有制企业党组织建设的制度体系化和法治化阶段

2002年11月，中国共产党第十六次全国代表大会进一步肯定非公有制企业等非公有制经济是社会主义市场经济的重要组成部分之后，还更加明确地指出："要把承认党的纲领和章程、自觉为党的路线和纲领而奋斗、经过长期考验、符合党员条件的其他社会阶层的先进分子吸收到党内来，增强党在全社会的影响力和凝聚力。适应新形势，探索党员管理工作的新机制新方法"。党的十六大修订

---

① "凡是有正式党员3名以上的非公有制经济组织，都应当建立党的基层组织。党员人数在3名以上、50名以下的，应建立党支部；党员人数不足3名的，可就近与其他组织中的党员建立联合党支部；党员人数超过或接近50名、100名的，可分别建立党的总支部委员会、党的基层委员会。党员人数少、暂不具备建立党组织条件的，应抓紧把工会、共青团组织先建立起来，为建立党组织创造条件。在个体工商户党员相对集中的地方，可就近、就地建立党组织"。

② "要从巩固党的执政地位、保证党的基本路线全面贯彻执行的战略高度，充分认识加强非公有制经济组织党建工作的重要性和紧迫性，增强政治责任感，采取得力措施，切实加强非公有制经济组织党建工作"。

③ 江泽民：《在庆祝中国共产党成立八十周年大会上的讲话》，人民出版社2001年版，第31页。

的党章也进一步明确了非公有制企业主入党的问题。① 2003年8月,中组部召开全国非公有制企业党建工作经验交流会,明确指出提高党组织在非公有制企业的设立的比率。2005年修订的《公司法》首次把对党组织活动的要求写入法律条文:"在公司中,根据中国共产党章程的规定,设立中国共产党的组织,开展党的活动。公司应当为党的活动提供必要条件",这为非公有制企业党建工作和党组织活动提供了最基础的法律依据,非公有制企业党组织建设不再只是党内制度安排。2007年10月,中国共产党第十七次全国代表大会修改的党章中也对非公有制企业党组织建设和作用发挥做出了原则性规定。2012年5月24日,中共中央办公厅印发了《关于加强和改进非公有制企业党的建设工作的意见(试行)》,进一步明确了对非公有制企业党组织的功能定位和具体建设方针。

总而言之,如表3-1所示,非公有制企业党组织经历了萌芽阶段、党内制度初启和规范化阶段以及制度体系化和法治化阶段。总体上看,非公有制企业党组织建设的相关制度变迁和党对非公有制经济性质的认知发展及非公有制经济的发展壮大过程是相契合的。2002年以来,非公有制企业党组织建设的制度安排已经演进为"党章国法俱全",体系化程度更高,非公有制企业党组织和党组织建设活动具有了完备的合法性基础。同时,相关制度安排中对非公有制企业党组织发挥作用的要求更全面,要求党组织在职工中发挥政治核心作用、在企业发展中发挥政治引领作用之外进一步凸显党组织在非公有制企业中的经济社会功能。

3.1.2 现有制度安排关于非公有制企业党组织的功能与作用之规范

公司治理是一个制度形成和演进的过程,是在特定法律和特定交易环境中形成的,并受社会发展、文化习惯、政治制度等的影响。党组织融入公司治理,是建立中国特色现代企业制度的根本前提,是与西方现代企业制度最本质的区别。中国特色的现代企业制度必须结合国情,既坚持和保证党的领导,又按照市场经济的要求进行制度创新。在此背景下,探索完善党组织发挥政治核心作用的制度安排具有重大意义。现阶段,党组织有利于贯彻党的路线方针政策,有利于防范企业决策风险,有利于把党的"政治优势、组织优势和群众工作优势转化为企业的竞争优势、创新优势和科学发展优势"。中共中央组织部和中共中央办公厅在2000年和2012分别颁布了《关于在个体和私营等非公有制经济组织中加强党的建设工作的意见(试行)》和《关于加强和改进非公有制企业党的建设工作

---

① "年满十八岁的中国工人、农民、军人、知识分子和其他社会阶层的先进分子,承认党的纲领和章程,愿意参加党的一个组织并在其中积极工作、执行党的决议和按期交纳党费的,可以申请加入中国共产党"。

表 3-1 关于非公有制企业党组织建设的制度演进（1978年至今）

阶段	时间	事件	政策	进展
非公有制企业党组织建设的观念萌芽阶段（1978~1991年）	1981	中国共产党第十一届中央委员会第六次全体会议	通过了《关于建国以来党的若干历史问题的决议》，承认一定范围内的劳动者个体经济是公有制经济的必要补充	允许个体劳动者入党
	1982	第五届全国人民代表大会第五次会议	通过的《中华人民共和国宪法》第十一条指出在法律规定范围内的城乡个体劳动者经济，是社会主义公有制经济的补充	
	1987	中国共产党第十三次全国代表大会	明确指出非公有制企业是公有制经济的有益补充	允许非公有制企业人入党
	1988	第七届全国人民代表大会第一次会议	通过宪法修正案并在第十一条中增加规定，指出私营经济是社会主义公有制经济的补充，国家保护私营经济的合法的权利和利益	
非公有制企业党组织建设的党内制度初启阶段（1992~1996年）	1992	邓小平同志南方谈话	"三个有利于"的标准	初步消除了意识形态上对非公有制企业的限制
	1993	中共中央组织部发布了《关于在外商投资企业中加强党的建设的意见》		
	1994	中国共产党第十四届中央委员会第四次全体会议	该会议通过了《中共中央关于加强农村基层组织建设的通知》明确允许各新建立的经济组织社会组织都应建立党组织	
	1994	中国共产党第十四届中央委员会第四次全体会议	《中共中央关于加强农村基层组织建设的通知》经济组织，凡是有党员三人以上的，都应建立党组织	
非公有制企业党组织建设的党内制度规范化阶段（1997~2001年）	1997	中国共产党第十五次全国代表大会	指出公有制经济为主体，多种所有制经济共同发展，是我国社会主义初级阶段的一项基本经济制度	基本消除了意识形态上对非公有制企业的限制，是中国共产党对非公有制经济体制认识上的里程碑
	1999	第九届全国人民代表大会第二次会议	修改了宪法第十一条，指出在社会主义市场经济范围内的个体经济、私营经济是社会主义市场经济的重要组成部分；国家保护个体经济、私营经济的合法的权利和利益，引导、监督和管理	
	2000	中国共产党首次提出的全面系统地在非公有制企业里加强党建工作的文件	中共中央组织部发布的《关于在个体和私营等非公有制经济组织中加强党的建设工作的意见（试行）》，该意见指出非公有制经济组织中党组织的建设的基本任务，即党组织在广大职工中发挥政治核心作用；对非公有制党委进行政治督促	为非公有制企业党组织的发展提供了最基础的制度支撑

第 3 章 制度背景和理论分析

续表

阶段	时间	事件	政策	进展
非公有制企业党组织的党内制度规范化阶段（1997~2001年）	2001	庆祝中国共产党成立八十周年大会	明确肯定非公有制经济人士也是中国特色社会主义事业的建设者	非公有制企业主加入中国共产党，非公有制企业党组织建设得以全面铺开
非公有制企业党组织的制度体系化和法治化阶段（2002年至今）	2002	中国共产党第十六次全国代表大会	进一步肯定非公有制企业等非公有制经济是社会主义市场经济的重要组成部分之后，更明确指出要把社会其他阶层的先进分子吸收到党内来，增强党在全社会的影响力和凝聚力，适应新形势下的新机制管理工作的新方法	进一步明确了非公有制企业主入党的问题
	2003	全国非公有制企业党建工作经验交流会	明确提出提高党组织在非公有制企业的设立的比率	进一步明确了非公有制企业组织的问题
	2005	《公司法》修订	首次将对党组织活动的要求写入法律条文，指出在公司中，根据中国共产党章程的规定，设立中国共产党的组织，开展党的活动；公司应当为党组织的活动提供必要的条件	为非公有制企业党建工作和党组织活动提供了最基础的法律依据
	2007	中国共产党第十七次全国代表大会	会议修改的《党章》中对非公有制党组织建设和作用发挥做出了原则性规定	非公有制企业党组织不再只是党内制度安排
	2012	中国共产党第十八次全国代表大会；全国非公有制企业党的建设工作会议	根据党章和《公司法》等有关法律法规，中共中央办公厅印发了《关于加强和改进非公有制企业党的建设工作的意见（试行）》，该意见包括明确非公有制企业党组织的功能定位和工作机制，努力推进党组织和工作覆盖，建立健全领导体制和发挥作用的有效途径，加强党组织书记发挥作用的有效途径，探索党务工作者队伍建设，加强以党组织书记为重点的教育引导，强化非公有制企业党建工作保障等7部分	进一步明确了对非公有制企业党组织的功能定位和具体党建设方针

的意见（试行）》两个重要的文件，上述两个重要的文件均指出："非公有制企业党组织是党在企业中的战斗堡垒，在企业职工群众中发挥政治核心作用，在企业发展中发挥政治引领作用"，党组织在非公有制企业中参与公司治理的主要体现为围绕企业生产经营开展党组织活动以发挥政治核心作用，形成政治引领为主导的治理机制。

2000年9月13日，中组部下发《关于在个体和私营等非公有制经济组织中加强党的建设工作的意见（试行）》，这是党首次提出的全面系统地在非公有制企业里加强党建工作的文件，该意见对非公有制企业中如何建立党组织制定了详细的要求，并要求各级党委进行政治督促，第一次明确了非公有制企业党组织的地位和职责任务——党组织在"广大职工中发挥政治核心作用"。2007年10月修订的《中国共产党章程》中对党组织在非公有制企业中的功能和作用规定为："非公有制经济组织中党的基层组织，贯彻党的方针政策，引导和监督企业遵守国家的法律法规，领导工会、共青团等群众组织，团结凝聚职工群众，维护各方的合法权益，促进企业健康发展"。2009年党的十七届四中全会上通过的《中共中央关于加强和改进新形势下党的建设若干重大问题的决定》明确："非公有制经济组织、新社会组织中的党组织要围绕贯彻党的方针政策、引导和监督遵守国家法律法规、团结凝聚职工群众、维护各方合法权益、促进健康发展等职能探索发挥作用的途径和方法"。基于党章和中央精神，中共中央组织部对非公有制企业党组织的功能和作用做出八项规定：一是宣传贯彻党和国家的路线方针政策，引导和监督企业遵守国家的法律、法规，依法经营，照章纳税。二是关心企业生产经营的重大问题，提出意见和建议，支持和促进企业发展。三是加强党员的教育管理，做好发展党员工作，发挥党员的先锋模范作用。四是做好职工思想政治工作，团结和依靠职工群众，关心和维护职工的合法权益。五是加强社会主义精神文明建设，建设有理想、有道德、有文化、有纪律的职工队伍。六是协调企业内部各方面的关系，坚持原则，化解矛盾，维护企业和社会的稳定。七是领导工会、共青团等群众组织，支持他们依照法律和各自章程独立自主地开展工作。八是完成上级组织交办的任务。

2012年3月21日，习近平同志在全国非公有制企业党的建设工作会议上指出，加强和改进非公有制企业党建工作，要抓好党组织覆盖和党的工作覆盖，加强党员发展工作，采取多种方式积极开展党的工作，增强党的影响力。2012年5月24日，中共中央办公厅印发了《关于加强和改进非公有制企业党的建设工作的意见（试行）》，进一步明确了对非公有制企业党组织的功能定位和作用。党的十八大以来，习近平总书记还提出全面从严治党的战略部署，这就要求非公有制企业党组织强化政治功能、注重政治引领，严格组织生活、严明组织纪律。在具体工作中，不能忘记从思想上政治上组织上引导教育党员和职工群众。在强化政治属性的同时，非公有制企业党组织要按照建设基层服务型党组织的要求，强化服务理念，完善服务体系，提高服务能力，更好地服务企业改革发展、服务职工合法权益维护、服务党员作用发挥。

综上，可以看出，在非公有制企业中，党组织的功能和作用不仅包括政治方面的功能和作用，还包括维护职工群众合法权益、增加就业维护社会稳定、支持社会公益事业等经济社会功能与作用。

3.1.3 非公有制企业党组织建设的成绩

非公有制企业党组织建设近年来取得了一定的成绩，据中组部统计，截至2015年底，在309.3万个非公有制企业中，160.2万个已建立党组织，占非公有制企业总数的51.8%，非公企业党组织应建已建率达99.9%。截至2016年底，非公有制企业已建立党组织的数量达到185.5万个，占非公有制企业总数的67.9%，相对于2015年提高了16.1个百分点。截至2017年底，非公有制企业已建立党组织的数量达到187.7万个，占非公有制企业总数的73.1%。截至2018年底，全国有158.5万家非公有制企业法人单位建立党组织。根据中组部在2022年发布的《中国共产党党内统计公报》，截至2021年底，企业基层党组织153.2万个，基本实现应建尽建。①

3.2 非公有制企业党组织与公司治理：核心理论基础

在公司治理领域，委托代理理论（Fama, 1980; Fama and Jensen, 1983; Jensen and Meckling, 1976）是研究具体治理问题的基础理论（Shleifer and Vishny, 1997）。这一理论认为，公司内部参与者的行为是受其自利特性影响的。根据该理论，不论是内部参与者的行为还是其自利特性，都独立于他们所处的具体制度环境。拉贾戈帕兰和张（Rajagopalan and Zhang, 2008）指出，传统的公司治理领域的研究并没有考虑到具体的制度环境及其对公司治理结构和效果的影响。戴维斯（2005）也认为公司治理与制度环境的关系是公司治理领域最重要的未来发展方向之一。

诺斯（North, 1990）认为，制度是由正式的制度（政治、法律等）、非正式

---

① 《中国共产党党内统计公报》，中国政府网，2022年6月29日，http://www.gov.cn/xinwen/2022-06/29/content_5698404.htm。

的制度（行为规范、惯例、自我限定的行事准则、关系、网络和文化等），以及它们的实施特征三部分组成。制度嵌入指的是经济交易行为会受到国家政治法律系统、阶级政治与习俗文化等制度因素的制约（Zukin and DiMaggio，1990；许冠南，2008）。制度可以改变个体或企业面临的具体情境，通过与情境的交互影响着个体和企业的决策行为（Dacin et al.，1999），并影响着企业的机会、绩效（Nee and Ingraim，1998）。制度嵌入不仅会影响经济行为，同时也能促进个体或企业间的决策行为的传播和趋同（Dacin et al.，1999）。国内外学者对制度环境及其对公司治理结构和效果的影响也开展了不少的研究。拉普拉塔等（La Porta et al.，1998）基于49个国家或地区数据考察法律制度（投资者保护水平）对公司股权集中度的影响时，发现二者显著负相关。雅各布森等（Jacobson et al.，1993）指出政治嵌入经济行为的概念，政治显著影响着企业的交易成本。斯塔尔兹和威廉姆森（Stulz and Williamson，2003）研究发现天主教国家对债权人权利的保护程度显著低于新教国家。巴克和舍西姆（Buck and Shahrim，2005）采用德国企业作为研究对象也发现，不同文化环境中的公司治理形式存在差异。阿奎莱拉等（Aguilera et al.，2008）则发现在不同的环境中，公司治理对企业财务绩效影响程度也不同。

党组织作为一种制度嵌入非公有制企业当中，继承和发展了中国共产党在革命时期形成的"支部建在连上"的传统，不仅有效地传递了党的领导意志，保证了党的领导，加强了基层单位战斗力，而且还为党组织生存发展找到了最好的栖身之所。而制度嵌入之所以能够产生重要影响是因为制度始终是经济行为主体的行动规则，任何企业的行为都受到制度框架的约束（Granovetter，1985；North，1990）。塞缪尔·亨廷顿（1968）在对发展中国家的政党力量进行衡量时，十分强调政党组织的复杂性和深度。他认为"强大的政党组织往往与工会、农协等社会、经济组织的联系十分紧密，因此具有较强的动员和领导能力"。本书首先从制度嵌入理论的角度，分析非公有制企业党组织参与公司治理的理论基础。

3.2.1 正式制度嵌入理论

党组织的嵌入首先是一种正式的政治法律制度的嵌入，是一种显性的约束（行为规则）机制。在市场经济下，非公有制企业是以营利为目的的经济主体，而党组织是政治制度的产物，对于非公有制企业来说党组织是外生的。因此，党组织嵌入非公有制企业之中，首先是一种强制性的制度变迁，即通过国家政权的力量，借助正式的法律规定等，使得党组织首先在满足条件的非公有制企业中建立起来，形成政党与企业之间的"规则型关系"。我国《公司法》和中国共产党党章的规定使得党组织在非公有制企业的行为合法化,这为非公有制企业党组织的治理提供了法律支撑。

当社会的政治制度、法律制度成为被人们广泛接受的事实时,正式制度将成为规范人们行为的强大的约束力量,同时也诱使或迫使在此环境下的企业具有趋同性的组织结构和行为。党组织这一强制性的制度变迁,将党的执政理念、路线、方针和政策,将党内运行规则和机制,通过一定的载体和方法直接嵌入到非公有制企业中,成为非公有制企业成员的行动准则。在与现代企业制度融合过程中,党组织通过组织体系构建、执政理念转化等直接来影响非公有制企业,有利于弥补现代企业制度某些方面的不足,发挥党的先进性为企业创造价值,最终获取企业主和员工的主动认同,这使得外生的党组织制度逐步转化为企业内生的正式制度。而且,随着非公有制企业党建工作日常化地展开,非公有制企业党组织既是企业不可或缺的有机组成部分,也是全国党组织的一个分支,这为党组织发挥社会功能、影响企业的治理决策提供了正式的制度基石。

3.2.2 非正式制度嵌入理论

党组织在非公有制企业中也是一种非正式的关系、结构和文化制度的嵌入,这种隐性的治理机制不仅改变了非公有制企业的社会关系和社会结构,也将党的意识形态带入非公有制企业之中,进而影响企业的公司治理决策。

3.2.2.1 党组织非正式的关系嵌入、结构嵌入与公司治理

对某一企业而言,西尔特和马奇(Cyert and March, 1963)认为管理层是有限理性的,其决策受其认知框架的限制,在其拥有的信息下进行决策。因此,企业内部参与者(委托人和代理人)在决策时,在很大程度上会依赖于他们已有的信息渠道和其他参照物(March, 1994)。同理,企业的公司治理决策也会受到政党行为和其他相似企业行为的影响。

从关系嵌入的角度来看,党组织的关系嵌入指的是党组织成为中国共产党与非公有制企业之间直接的"纽带",中国共产党与非公有制企业形成直接的联结,二者的关系因党组织的嵌入而更加密切。政党与非公有制企业联结便是企业重要的信息渠道,政党的行为也成为非公有制企业决策时的理想参照物。企业的行为会受到政党行为的两方面影响。一是信息影响。即通过党组织联结获取政党行为的信息,作为非公有制企业治理决策的参照物(Haunschild, 1993)。尽管非公有制企业可以通过其他渠道获得决策的参照物,但党组织和非公有制企业之间的直接联结有利于其获取更加及时、准确且和政党密切相关的信息。二是社会影响。

41

政党与非公有制企业联结有助于政党的目标、方针和政策在相互联结的非公有制企业间传播，社会相互影响使非公有制企业之间的行为具有同质性。党组织关系嵌入的信息和社会影响表明，非公有制企业的治理决策既会将政党所倡导的行为作为直接的参照物，也会将其他具有党组织的非公有制企业的治理决策作为参照物。

而党组织结构嵌入则进一步关注非公有制企业在党组织网络中的位置。非公有制企业占据党组织网络中的位置不同，其行为受党组织网络的影响也不同。党组织结构嵌入的影响也可以从信息和社会影响两方面进行分析，具体如下。一是信息影响。党组织关系嵌入的信息影响强调通过党组织和非公有制企业之间的直接联结获取有关政党信息。而党组织结构嵌入的信息影响是非公有制企业从整个党组织网络中获取有关政党信息。其中，越靠近党组织网络中心位置的企业，受到的党组织行为的影响也会越大。二是社会影响。在党组织网络中，每个企业的党组织都在倡导某项行为时，那么这项行为将会具有很大的社会影响力，并且由于"集体惩罚机制"（Powell et al.，1996；Westphal and Khanna，2003）的存在，一旦处于党组织网络之中的某一企业不采取这一具有较大社会影响力的行为，这一企业将会收到处罚。也就是说，党组织网络的社会影响有利于促进企业间党组织参与公司治理行为的趋同，与位于网络边缘位置的相比，那些位于党组织网络中心位置的非公有制企业，受到党组织结构嵌入的社会影响的力度会更大。党组织结构嵌入的信息和社会影响表明，非公有制企业党组织越处于党组织网络的中心，其企业治理决策受到党组织的影响也越大。

3.2.2.2 党组织非正式的文化嵌入与公司治理

所谓文化嵌入是指经济主体的行为受到"集体共享认知"的影响，是共同的信念、价值观等影响个体、组织行为、结构及过程的形式（Zukin and DiMaggio，1990）。党组织的文化嵌入对非公有制企业党组织的公司治理的影响也是潜移默化（DiMaggio and Powell，1983），处在其中的非公有制企业决策人也会受到集体知识或信念的影响，使得其承担更多的社会责任。

在公司治理领域，不同国家间的治理机制的差异很大程度上是由于各个国家存在不同的文化制度（Stulz and Williamson，2003；Buck and Shahrim，2005）。比如，欧洲、日本和美国采取的公司治理机制是存在明显的差异的，股票资本市场的活跃程度也存在显著的差别，这本质上是由于他们对福利社会、民主精神的追求不同所导致的（Stulz and Williamson，2003；Buck and Shahrim，2005；姚伟等，2003；陈仕华和郑文全，2010）。斯塔尔兹和威廉姆森（2003）使用跨国的数据发现文化对债权人权利的保护存在显著的影响，天主教国家对债权人权利的保护程度显著低于新教国家；在一项针对德国企业的研究中，巴克和舍西姆

（2005）也发现，不同文化环境中的公司治理形式存在差异。总之，文化作为社会的共同知识既是一种约束，也影响着组织政策和决策制定者的价值观，可以促进和鼓励与它的价值观相容的行为（Licht et al., 2005）。

党组织在非公有制企业中，其作用发挥不仅存在依靠强制性制度安排下形成的正式的"规则型关系"，也存在基于价值与文化认同基础上形成的非正式的"规范型关系"。非公有制企业党组织的文化嵌入的本质是组织文化的融合，即政党意识形态的嵌入，通过文化（政党意识形态）的辐射和渗透作用，使得党组织与企业的文化相互融合，通过文化建设带动企业的发展，通过文化影响企业的治理决策行为，实现政党和企业共赢的局面。党组织的文化嵌入影响了非公有制企业决策者在意识形态上的认知，降低了党组织参与公司治理的成本，缓解了党组织和非公有制企业利益的冲突，促进了二者在政治目标上的趋同，非公有制企业党组织对企业公司治理决策的影响也将更加突出。

综上所述，不论是正式制度的显性约束（政治法律嵌入），还是非正式制度的隐性约束（关系、网络和文化嵌入），党组织的嵌入都会影响非公有制企业决策者的认知框架，进而最终影响着非公有制企业的公司治理决策。党组织嵌入对非公有制企业决策者的认知框架的影响体现在，党组织的认知嵌入会在社会化或者再社会化的过程中内化到非公有制企业决策者的心理结构中，并构成非公有制企业决策者习惯性的行动纲领，从内部支配非公有制企业决策者的行为。具体来说：（1）党组织的正式的政治法律嵌入保证了党组织在非公有制企业中的合法性和政治性，嵌入了中国共产党的政治目标，影响了非公有制企业决策者的政治认知。党组织的政治法律嵌入促使非公有制企业进一步坚持党的领导和承担实现中华民族伟大复兴的任务，维护社会稳定和促进社会和谐，实现企业利益和国家利益的统一，在此环境下的非公有制企业内部参与人在政治目标上的认知也和中国共产党的政治目标具有同质性。非公有制企业党组织在公司治理中以增强经营引导和监督、维护职工权益、促进社会稳定、加强文化建设和提高企业社会责任为主要内容，这与党的政治目标是一致的。（2）党组织的非正式的关系和结构嵌入进一步为非公有制企业决策者的认知提供信息渠道和参照物。非公有制企业决策者是有限理性的，受其认知框架的限制，并依赖于已有的信息渠道和其他参照物（Cyert and March, 1963）。党组织联结（关系嵌入）和党组织网络（结构嵌入）便是企业重要的信息渠道，政党所倡导的行为或其他存在党组织的非公有制企业的治理行为均能成为非公有制企业内部参与者的理想参照物。党组织联结和党组织网络进一步向非公有制企业决策者传递了政党的政治目标，推动企业、党组织、业主、党员、普通员工等组织和个人之间的信任与互动，进而产生信任、信誉等社会资本，使得党组织能充分发挥社会功能。此外，党组织联结和党组织网络使得非公有制企业党组织的治理行为在非公有制企业间传播，促进了非公有制企业参与者在治理行为上同质性。（3）党组织的文化嵌入是政党意识形态的嵌入，通过文化（政党意识形态）的辐射和渗透作用，让党组织工作带动企业先进文化建设，影响着非公有制企业决策者对人生观、价值观和世界观的认知，进一步促进了党组织与非公有制企业在政治目标上的趋同，进而提高了非公有制企业党组织的社会功能，加强了企业的社会责任意识。

如图3-1所示，在制度嵌入理论的角度下，党组织在非公有制企业中首先是一种正式的政治法律制度的嵌入，从非公有制企业组织变革的角度，党组织作为一种正式制度嵌入非公有制企业内部治理当中，是一种组织的变革，这是一种显性的治理机制。其次，随着党组织的成功嵌入，党组织在非公有制企业中也是一种非正式的关系、结构和文化制度的嵌入，这种隐性的治理机制不仅改变了非公有制企业的社会关系和社会结构，也将党的意识形态带入了非公有制企业之中。最后，不论是正式制度嵌入还是非正式制度的嵌入，党组织嵌入都会影响非公有制企业决策者的认知框架，使得党组织在非公有制企业中的社会功能能够得以充分发挥，进而影响非公有制企业在维护职工权益、社会就业和社会捐赠等维护社会稳定的治理决策。

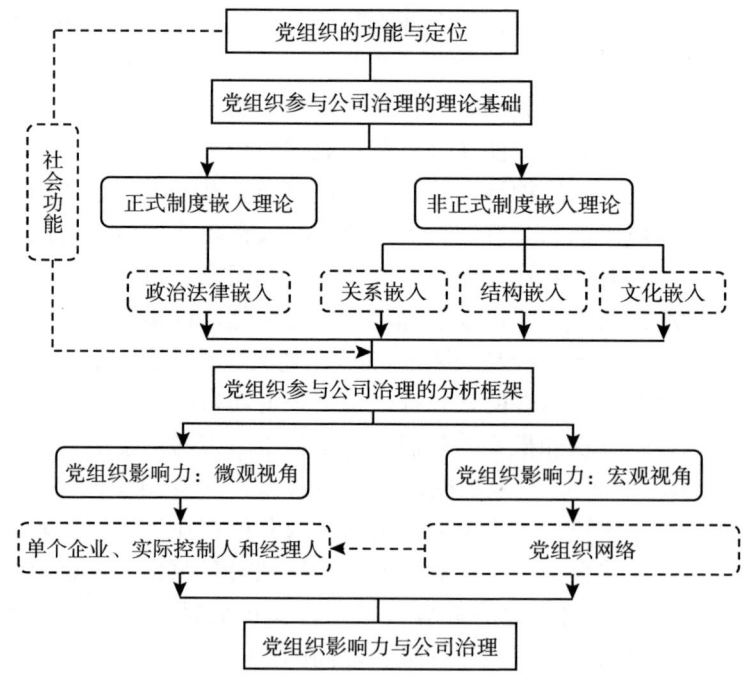

图3-1 非公有制企业党组织与公司治理：核心理论基础和分析框架

3.3 非公有制企业党组织与公司治理：核心分析框架与作用机理分析

3.3.1 核心分析框架

社会网络理论中的"嵌入理论"认为经济行为总是嵌入于非经济行为之中（Granovetter，1985），并且受到各种非经济行为的影响，嵌入是非经济行为影响经济行为的过程，并且带入了非经济行为的治理作用（Uzzi，1997）。政党的非经济行为对企业的影响是无处不在的，作为执政党的中国共产党也不例外。

微观上看，对于单个非公有制企业而言，成立党组织，是党的基层组织嵌入了非公有制企业，党组织的非经济行为会被嵌入到企业的经济行为之中并发挥作用。需指出的是，党组织是作为一种正式制度安排嵌入到非公有制企业的，这不仅体现在中国共产党章程之中，更体现在《公司法》等国家法律之中，且受到共产党作为我国的执政党所形成的权威力量和强势文化之支撑。作为一种正式制度安排，非公有制企业党组织不是类似于因老乡或者同学等社交网络关系而建立起来的那种企业内非正式组织，而是作为正式的组织机构存在，不但有着正式的组织机构和成员，还有着办公场所和办公经费等必要活动条件，然后可以合法地开展工作与活动，包括开展组织生活、召开组织会议、和企业管理层进行必要的沟通交流，进行慰问和表彰活动等。非公有制企业的党组织一旦成立，必然要接受上级党组织的领导，完成上级党组织布置的工作任务，开展中央和上级党组织安排的活动，并向上级党组织定期汇报工作和接受上级党组织的检查监督。可以说，党组织一旦建立起来，就自动融入了全国党组织的网络体系，并且有着一定程度上相对独立于企业的"自组织"特征。党组织网络在非公有制企业的嵌入就强化了社会网络中价值内化（value introjection）特征的体现（Portes，1998），非公有制企业会自觉或者不自觉地把中国共产党的价值和理念内化到企业活动中，从而使得党组织活动与公司的行为活动进行融合与互相影响。

虽然从单个企业微观上观察，党组织是作为一种正式组织被嵌入了非公有制企业之中，党组织的非经济行为被嵌入企业的经济行为之中。但是从全国一盘棋这一更高更宏观的视野来看,是有一定规模的非公有制企业(从而党员人数可能达到3人或超过3人并建立了党组织)都被嵌入了全国高度统一发达的党组织网络之中,从而和党组织发挥着更大决定性影响力的公有制企业在党组织网络中实现了融合,共同构成我国社会经济发展的企业网络,实现了市场网络、企业网络和党与政府网络的多重网络叠加、共振与融合。从社会网络理论来看,单个非公有制企业只是企业网络中的一个结点(node),而微观非公有制企业的党组织则是全国党组织网络中的一个结点。比如,四川省成都市大邑县成立了全国首家县级非公企业党建联盟,其在服务促进企业发展、加强非公企业党的建设方面取得了明显成效,受到了企业业主、员工的大力欢迎。四川省成都市武侯新城非公企业党建联盟使得党组织的影响力增强,其党建联盟成员的社会责任意识和行动得以显著提升。① 因此,单个的非公有制企业其实是被嵌入了全国性的党组织网络和基于此的企业网络之中,非公有制企业的经济行为自然会被嵌入党组织的非经济行为之中,从根本上深受党的宗旨和使命之影响。这种党组织网络的嵌入性能够给非公有制企业带来社会信用证明(social credentials)以及身份强化的认同等(Lin,2002),而认同感和社会信用证明恰恰是非公有制企业一直所缺乏和所致力于追求的目标,自然的,企业也有动力通过党组织的影响力来获取这种信用、关系和身份的认同。

3.3.2 作用机理分析

如图3-1所示,虽然从宏观上看,建立党组织的非公有制企业是被嵌入党组织网络,从而会受到党的宗旨与使命的根本影响,但是,党的宗旨和使命及其组织网络的宏观影响主要还是通过网络中的各个微观结点来贯穿下去和发挥作用。换言之,党组织网络的宏观诉求是通过各级党组织和微观非公有制企业中的党组织来实现的。本书不妨先分析党的宗旨和企业履行社会责任等治理决策行为之间的关系,由此来发现党组织网络在社会责任方面的宏观诉求是什么。

中国共产党的宗旨是全心全意为人民服务,发展社会主义市场经济的最终目标是实现人民的共同富裕。为此,在非公有制企业中嵌入党组织,并发挥党组织的作用,最终必然表现为,在企业内部通过维护职工群众合法权益来推动企业在股东、管理层和普通职工群众之间的利益平衡。在企业和外部利益相关

---

① 成都市委组织部:《武侯新城倾力打造"智慧党建"促进党员联管凝聚合力》,中国共产党新闻网,2016年10月13日,http://dangjian.people.com.cn/n1/2016/1013/c406416-28775534.html。

者之间，必然要去督促企业合法经营和推动企业履行社会责任来实现企业内部人和外部关联人及其他社群间的利益平衡。广义来看，企业履行社会责任包括维护和增进职工权益、合法纳税、社会捐赠、增加就业、维护社会稳定和坚持绿色发展等方面。故企业很好地履行社会责任有助于实现利益相关者之间的利益平衡，而只有利益的平衡才有助于提升人民群众的幸福感，促进社会稳定，进而实现党的宗旨与执政理念。因此，党组织网络在履行社会责任方面的宏观诉求就是鼓励企业力所能及地承担社会责任。为此，促进非公有制企业履行社会责任既是发挥非公有制企业党组织作用的目标之一，也是其发挥作用的手段和表现。如前述，按照党章和党的相关文件精神，党要求：非公有制企业党组织要在职工群众中发挥政治核心作用，在企业发展中发挥政治引领作用，把贯彻党的路线方针政策、维护职工群众合法权益、引领建设先进企业文化、创先争优推动企业发展贯穿党组织活动始终，树立正确的理想信念，实践党的根本宗旨。①

那么，嵌入到单个非公有制企业中的党组织作为党组织网络的一个结点，是如何来促进企业履行社会责任的呢？从一方面来看，如果非公有制企业的实际控制人（及大股东）和经理人本身是共产党员，在企业没有成立党组织之前，可能因为创办经营企业等原因，比较长时间游离在党组织正常生活之外，党员身份认知可能有所弱化。在成立党组织之后，他们会进入企业的党组织且很可能会担任基层支部或者党委的领导工作，重新回归正式的党组织生活，在上级党组织的领导和指导下，通过包括参与组织生活、参加党的会议等在内的一系列党组织工作和活动，不断学习中央的新精神。加之这些正式和规范的党组织生活、会议及其他党的活动"仪式感"作用，就会"唤醒"他们心中可能已"沉睡"或者虽未"沉睡"但没有被时刻牢记的党的宗旨使命和入党誓词，不断强化他们对自身党员身份的再认知，而认知身份的强化能够加强他们对党组织的关系认同，自然地，不断重温入党"初心"且"初心常驻"肯定会增强早已入党的实际控制人和经理人回报社会和履行社会责任的自觉意识。

如果非公有制企业实际控制人和经理人本身不是党员，他们虽然在非公有制企业党建早期可能对企业成立党组织不是很有意愿，但随着党和政府对非公有制企业党组织建设工作的重视，他们主动或者被动地也会发生态度转变，转而支持企业党组织的建立，并为其提供必要的工作条件。正因如此，才会实现非公企业

---

① 《切实加强非公有制企业党建工作 发挥党组织作用》，中国政府网，2012年3月22日，http://www.gov.cn/jrzg/2012-03/22/content_2096935.htm。

党组织的应建已建率达99.99%（截至2020年末）。对于此类非公有制企业，一方面，任何一个组织一旦成立，就会为了组织的使命和目标去不断扩展自身的功能和活动，证实自身存在的价值与意义，凝聚组织的成员，党组织也不例外。如前述，党组织一旦建立，就是作为非公有制企业中的具有相对独立的自组织特征的正式组织机构而存在，其必然超越所在企业的边界去接受上级党组织的领导和监督，向上级党组织汇报工作，凝聚所在企业的党员，追求实现党的宗旨和使命，党组织自然会主动去动员说服所在企业实际控制人和经理人支持企业的社会责任工作。另一方面，非公有制企业党组织要向上级党组织展示自身的工作能力和工作业绩，所在企业的社会责任工作开展得如何也是其中重要的方面，这会使得他们去动员说服实际控制人和经理人等支持企业的社会责任工作。此外，非公有制企业党组织一旦建立，就会有内在动力去扩展自己的队伍，在企业内发展新的党员，其中自然包括实际控制人和经理人等有影响力的企业成员，这样一来，党组织也会不断地把党的宗旨使命观念灌输给这些人员，"唤醒"他们的社会责任意识，从而有助于促进企业的社会责任行为。当然，企业的社会责任工作做得好也有助于提升党组织的威信，使得党组织在领导职工群众（包括工会）方面更加得心应手，有利于在优秀的员工中发展党员，壮大所在企业的党组织。自然，当上级党组织号召党员和企业履行社会责任时，与没有建立党组织的非公有制企业相比，建立了党组织的非公有制企业（即使其实际控制人和经理人不是党员）更可能得到此类信息或者更快速得到此类信息，更可能和更及时做出响应，从而就会有着相对更多的社会责任行为。

从另一方面来看，如果非公有制企业实际控制人和经理人支持企业党组织的工作，所在企业党组织也就能够更好地协调企业和员工之间的利益，使得员工工作积极性更高，发展优秀企业文化支撑企业可持续发展能力的培育。员工中的党员在工作中发挥表率作用和多了党规党纪约束也有助于提升企业的管理效率和效益，且所在企业党组织因工作业绩优秀而获得上级党组织表彰的话，也有助于协调企业和上级党组织及政府的关系，并提升所在企业党组织作为一个结点在全国党组织网络中的中心度和影响力。此外，中国共产党作为执政党，相关制度的权威解释和可能的重大制度变迁信息都产生自党组织网络，非公有制企业因其所在企业的党组织就有可能相对比较及时和比较高质量地获取到党组织网络中产生和传递的相关制度信息，有助于企业建构其比较竞争优势。换言之，提升所在企业党组织作为结点的网络中心度对于非公有制企业及其利益相关者是非常有益的，而履行社会责任则是提升所在企业党组织网络中心度的重要手段。为此，在建立了党组织的非公有制企业中，虽然存在一些实际控制人和经理人"被动接受"党组织建立的企业，但也有很多是实际控制人和经理人认知到党组织对企业发展的助力而"主动认同"建立党组织的企业。

以万达集团为例，截至2020年，其共有460多个党支部，党员8 120人。① 万达党委要求新成立公司的同时必须建立党的基层组织，本单位无法设立党组织的党员必须编入相邻党支部中的党小组，必须保证行政副职（含）以上担任党支部书记到位、有行政组织就有党的工作到位，践行优先发展高职位、高学历、高素质人才的党员发展理念，实现企业发展到哪里、党组织就建到哪里、党的工作就开展到哪里的组织目标。万达集团形成的董事长、党委、党支部、党员四级党建模式，实现了党的组织覆盖、党的工作覆盖。董事长的一级推进保障了党建思想的统一、党组织体系的健全、党组织工作制度的落实、党组织活动资金的充足，进而从党委、党支部和党员等各个层级推进万达集团的公益慈善，万达集团成立30多年来，累计捐赠现金超过70亿元，② 累计10次获得中华慈善奖，③ 其在社会公益捐赠方面，为中国非公有制企业的表率。

总之，虽然从宏观上看，建立党组织的非公有制企业其实被嵌入了党组织网络，从而会受到党的宗旨与使命的根本影响，但是，党的宗旨和使命及其组织网络的宏观影响还是要通过网络中的各个微观结点来贯穿下去和发挥作用。那么，党组织网络中的各个微观结点（即单个非公有制企业中的党组织）是否完全同质化，即有着相同的力量，能够发挥着相同的作用呢？显然，这是不现实的。正如2019年中央巡视组对国资委直属的央企巡视结果来看，比较普遍地存在着"重业务轻党建""管党治党不严（不力）""党风廉政建设责任制落实不到位"甚至"党的领导弱化、淡化"等问题。可以想见，既然中央直属国企的党组织都存在着比较严重的问题，那么，非公有制企业中的党组织作为网络中的单个结点，其自身而言肯定也会存在各种主观和客观问题，从而存在不同的战斗力，进而对企业社会责任行为有着不同的影响力。而基于制度嵌入理论及社会网络理论，从党组织网络整体来看，不同企业规模和不同党员人数的具体非公有制企业党组织结点在全国党组织网络中的中心度必然是不同的，这也意味着他们在信息和资源获取能力上是存在很大差异的，从而他们对所在企业履行社会责任行为的影响力自然也是不同的。无疑，在建立了党组织的非公有制企业之中，在控制了其他影响因素之后，党组织的战斗力和影响力越大，该企业

---

① 《万达集团新发展102名党员》，万达集团官网，2020年7月1日，http://www.wanda.cn/mobile/2020/news_0701/21627.html。

② 《慈善捐赠》，万达集团官网，2020年7月1日，http://www.wanda.cn/mobile/shehuigongxian/charity/? &icon=4。

③ 《万达集团获第十一届中华慈善奖 累计十次获奖》，万达集团官网，2021年9月6日，http://www.wanda.cn/mobile/2021/news_0906/22817.html。

履行社会责任力度应该会越大。此外，正如本书2.4.2小节的阐述，仅仅以非公有制企业是否建立党组织作为党组织参与公司治理的衡量指标可能面临区分度不足（非公有制企业党组织应建已建率近乎100%）、无法度量出党组织参与度、"自选择"等问题。因此，本书关于党组织影响力对非公有制企业社会责任行为的影响的研究将限于已建立了党组织的非公有制上市企业之中，着重观察不同非公有制上市企业党组织战斗力和影响力差异对非公有制上市企业履行社会责任的影响。

3.4 非公有制企业党组织与公司治理：实证分析框架

现阶段我国企业的治理结构中，企业内部党组织的参与一直贯穿始终，党组织（中国共产党）是我国企业中主要的利益相关者之一。根据中共中央的要求："党组织在非公有制企业中要在职工群众中发挥政治核心作用，在企业发展中发挥政治引领作用"，① 特别强调党组织的社会功能，党组织无法直接干预企业的生产经营决策。这意味着非公有制企业党组织在非公有制企业中以增强经营引导和监督、维护职工权益、增加就业、促进社会稳定、加强文化建设等提高企业社会责任为主要内容。中国的非公有制企业在担负社会责任方面最突出的问题主要表现在五个方面：（1）依靠压榨企业职工的收入和福利来为所有者谋利润，无视在职工社会保障方面应起的作用，逃避社保缴费；（2）较少承担社会就业问题；（3）企业诚信问题堪忧，侵犯消费者利益；（4）慈善捐赠的意识薄弱；（5）环境保护意识较差，将利润建立在破坏和污染环境的基础之上。② 进一步，结合第2章的文献综述及本节关于非公有制企业党组织与公司治理之间的理论、逻辑和作用机理的分析，本书认为非公有制企业的党组织对非公有制企业公司治理的影响更可能是基于职工权益、社会就业、企业捐赠等社会责任的层面。因此，基于党组织的社会功能，本书从企业社会责任视角研究非公有制企业党组织参与公司治理的实证分析框架如图3-2所示，本书将在第5、6、7章用中国非公有制上市企业的数据实证检验之。

---

① 《切实加强非公有制企业党建工作 发挥党组织作用》，中国政府网，2012年3月22日，http://www.gov.cn/jrzg/2012-03/22/content_2096935.htm。
② 《非公有制企业构建和谐劳动关系问题研究》，中国致公党南宁市委员会官网，2016年10月8日，http://nnzg.nanning.gov.cn/xxyj/llxx/t1238028.html；《造福社会，现代企业的责任》，信息日报官网，2005年11月6日，https://www.jxnews.com.cn/xxrb/system/2005/11/06/002158243.shtml。

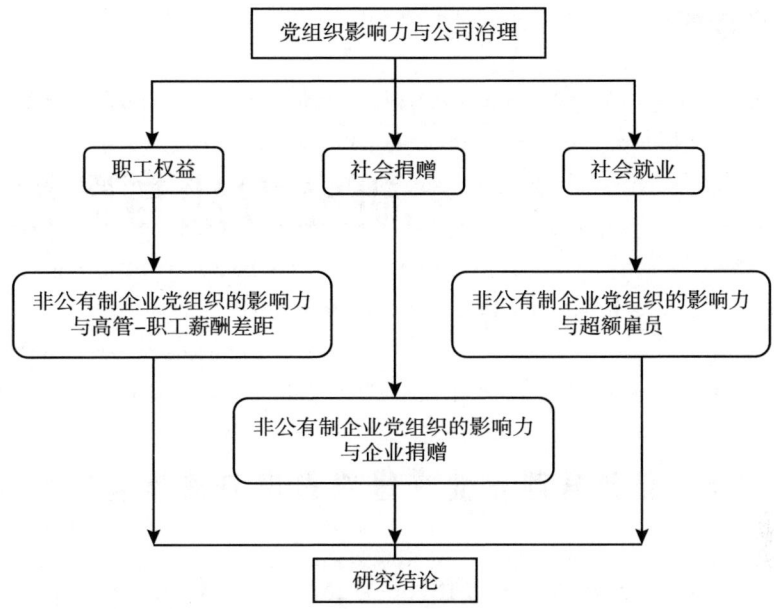

图3-2 非公有制企业党组织与公司治理：实证分析框架

第 4 章

研究方法与数据来源

4.1 非公有制企业党组织影响力的衡量方式

在之前的关于非公有制企业党组织参与公司治理的作用的相关研究中,李等(Li et al.,2008)以董事长是否为中国共产党党员来衡量,发现董事长是否是党员与企业党组织是否发挥实质性治理作用或者影响力还是存在较大差别的。梁建等(2010)和龙小宁等(2014)均以2006年全国非公有制企业抽样调查数据中非公有制企业是否建立党组织作为党组织参与公司治理的衡量指标。但是非公有制企业党组织应建已建率近乎100%,且党组织之间的战斗力差异较大,"是否建立党组织"无法衡量出党组织不同的影响力。因此,为了更好地衡量党组织制度嵌入及其治理效应,本书不以非公有制企业是否建立党组织或董事长等是否是党员为标准,而是以党组织在非公有制企业中的影响力为标准,将党组织影响力作为党组织参与公司治理的衡量指标,具体包括以下两种指标。

(1)非公有制企业党组织活动的次数。非公有制企业党组织是否发挥实际的作用和影响力,则看党组织是否存在活跃的生命力,而党组织活动则是党组织生命力的一个重要的体现。因此,党组织活动的次数的多少是衡量党组织影响力大小的比较恰当的指标。

(2)非公有制企业党组织是否获得上级党委表彰。如果非公有制企业党组织获得上级党委表彰,则可以表明该企业的党组织是获得上级党委认可的,其党组织的存在性和影响力也更强。因此,是否获得上级党委表彰也是比较恰当的指标。

4.2 数据来源

鉴于数据的可得性,本章以非公有制上市企业为样本,样本区间为2004年至2015年。非公有制上市企业及相关信息来源于国泰安数据库,在剔除金融行业、被ST和缺失数据的观测后,共得到8 543个观测值(公司—年)。党组织活动数据通过公司主页的新闻中心和百度、谷歌等站内全文搜索相结合的方式,对涉及"党""党委""党组""党支部""党建""党员""团委""团支部"和"团员"等字样的新闻信息进行逐条筛选(因为按照相关规定,党组织领导工会和共青团的工作)。党组织活动需要满足以下两个标准:(1)有该企业的党员参加,且其以党员之身份参加;(2)活动的组织者为党组织,既可以是由该企业自身的党组织所组织,也可以是由企业外的党组织所组织。凡是符合党组织活动标准的活动,才将此活动确认为党组织活动。而关于上级党委表彰也是通过公司主页新闻逐条筛选,如果企业党组织受到中央、省、市、县等上级党委的表彰,如"全国民营企业党建文化试点先进单位""双强百佳党组织""全国创先争优先进基层党组织""省(市)先进党组织"等,则确认企业当年受到上级党委的表彰;如无,则确认企业当年未受到上级党委的表彰。①

4.3 描述性统计

本书以2004年到2015年的A股非公有制上市企业作为样本,并对其党组织活动进行各类的描述统计。

首先,本书统计了2004年至2015年非公有制上市企业的数量、党组织活动的总次数及平均次数的历年情况。从图4-1可以看出,2004年至2015年,随着非公有制上市企业数量的增多,党组织活动总次数和党组织活动平均次数均呈增长的态势,特别是在党代会换届年(2007年和2012年)相对前一年均有较大程度的增长,这说明在政治敏感期,党组织的影响力也更大。从表4-1可以看出,第一,存在党组织活动的非公有制上市企业不仅绝对量在逐年增加,从2004年的6家到2015年的466家,而且存在党组织活动的非公有制上市企业占所有非

---

① 对于上市的非公有制企业来说,一般规模都相对比较大,是所在地比较重要的企业,员工人数也比较多,党员人数一般会超过3人,这些企业的党建也更受当地党委和政府的重视,且本书采用的是2004年之后的数据,故本书研究中是默认这些企业都已经建立了党组织。

公有制上市企业的比例也在增长,从 2004 年的 3.774% 增长至 2015 年的 36.926%,全部存在党组织活动的非公有制上市企业的观测为 2 560 家且其比例为 29.966%。第二,受到上级党委表彰的非公有制上市企业不仅绝对量在逐年增加,从 2004 年的 1 家到 2015 年的 162 家,而且受到上级党委表彰的非公有制上市企业占所有非公有制上市企业的比例也在增长,从 2004 年的 0.629% 增长至 2015 年的 12.837%,全部受到上级党委表彰的非公有制上市企业的观测为 878 家且其比例为 10.277%。

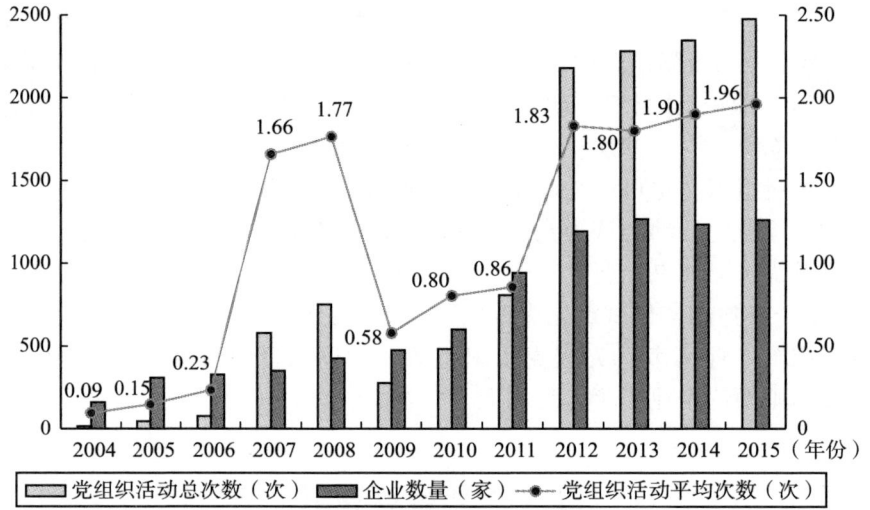

图 4-1 非公有制上市企业数量、党组织活动总次数和平均次数—分年度统计

表 4-1 是否存在非公有制上市企业党组织活动及是否受到上级党委表彰—分年度统计

年份	(1) 总观测(家)	(2) 存在党组织活动的观测(家)	(3) 比例=(2)/(1)(%)	(4) 受到上级表彰的观测(家)	(5) 比例=(4)/(1)(%)
2004	159	6	3.774	1	0.629
2005	307	14	4.560	2	0.651
2006	326	24	7.362	7	2.147
2007	349	112	32.092	41	11.748
2008	426	148	34.742	59	13.850
2009	476	68	14.286	15	3.151
2010	601	109	18.136	28	4.659

续表

年份	(1) 总观测（家）	(2) 存在党组织活动的观测（家）	(3) 比例=(2)/(1)（%）	(4) 受到上级表彰的观测（家）	(5) 比例=(4)/(1)（%）
2011	942	210	22.293	63	6.688
2012	1 192	463	38.842	164	13.758
2013	1 268	488	38.486	173	13.644
2014	1 235	452	36.599	163	13.198
2015	1 262	466	36.926	162	12.837
合计	8 543	2 560	29.966	878	10.277

其次，本书统计了2004年至2015年非公有制上市企业董事长或总经理是否参与党组织活动、担任党委书记的历年情况。从表4-2可以看出，第一，董事长或总经理参与党组织活动的非公有制上市企业的数量在逐年增加，从2004年的5家到2015年的262家，全部存在董事长或总经理参与党组织活动的非公有制上市企业的观测为1 532家且其比例为17.933%。第二，董事长或总经理担任党委书记的非公有制企业的数量在逐年增加，从2004年的2家到2015年的73家，全部存在董事长或总经理担任党委书记的非公有制企业的观测为463家且其比例为5.420%。

表4-2　　　　非公有制上市企业管理层是否参与党组织活动、
担任党委书记—分年度统计

年份	(1) 总观测（家）	(2) 董事长或总经理参加党组织活动的观测（家）	(3) 比例=(2)/(1)（%）	(4) 董事长或总经理担任党委书记的观测（家）	(5) 比例=(4)/(1)（%）
2004	159	5	3.145	2	1.258
2005	307	9	2.932	3	0.977
2006	326	17	5.215	8	2.454
2007	349	68	19.484	21	6.017
2008	426	99	23.239	29	6.808
2009	476	54	11.345	20	4.202
2010	601	84	13.977	34	5.657
2011	942	137	14.544	46	4.883
2012	1 192	267	22.399	79	6.628

续表

年份	(1) 总观测（家）	(2) 董事长或总经理参加党组织活动的观测（家）	(3) 比例=(2)/(1) (%)	(4) 董事长或总经理担任党委书记的观测（家）	(5) 比例=(4)/(1) (%)
2013	1 268	276	21.767	78	6.151
2014	1 235	254	20.567	70	5.668
2015	1 262	262	20.761	73	5.784
合计	8 543	1 532	17.933	463	5.420

最后，本书还按省份和行业分别对非公有制上市企业党组织活动进行统计。第一，从图4-2可以看出，非公有制上市企业党组织活动的平均次数在各省份的分布存在较大的差别，排名前三名的省份为甘肃省、湖南省和安徽省，排名最后三名的为辽宁省、宁夏回族自治区和西藏自治区。表4-3列示了非公有制上市企业党组织活动的其他数据的各省份统计情况，可以看出从党组织活动相关数据的绝对量的统计上，浙江省、江苏省、广东省和山东省的党组织活跃程度更高，这是因为这些省份的非公有制上市企业相对其他省份更多，而且宁夏回族自治区和西藏自治区在绝对量也相对较低。

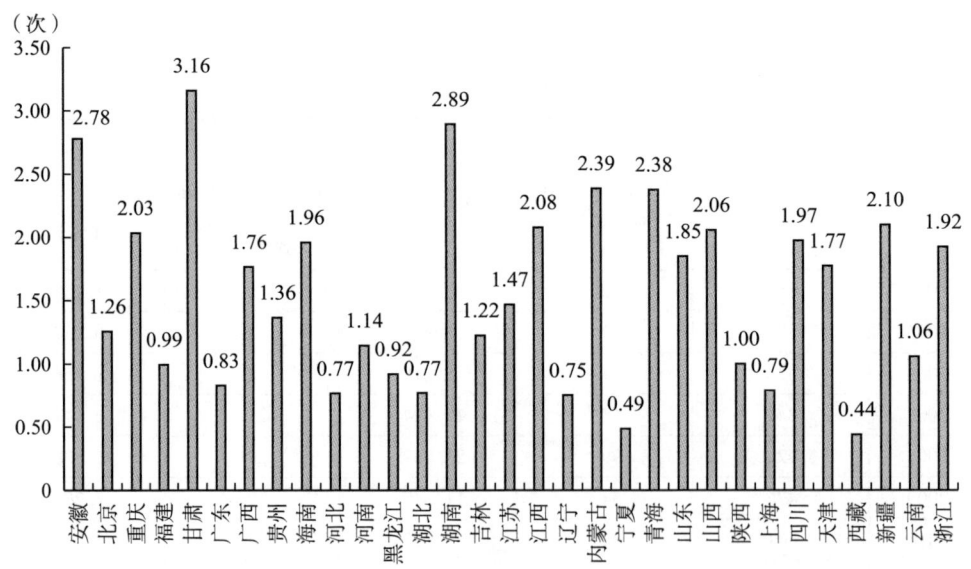

图4-2 非公有制上市企业党组织活动平均次数—分省份统计

表4-3　　非公有制上市企业党组织的其他数据—分省份统计

省份	(1) 总观测（家）	(2) 党组织活动总次数（次）	(3) 存在党组织活动的观测（家）	(4) 受到上级表彰的观测（家）	(5) 董事长或总经理参加党组织活动的观测（家）	(6) 董事长或总经理担任党委书记的观测（家）
安徽	207	575	92	35	80	50
北京	523	657	123	39	88	23
重庆	88	179	42	12	23	0
福建	300	298	74	15	46	0
甘肃	81	256	35	16	33	15
广东	1 474	1 217	299	68	191	35
广西	106	187	26	10	14	1
贵州	55	75	28	5	7	0
海南	125	245	38	18	35	12
河北	153	117	28	0	7	2
河南	194	222	77	15	42	13
黑龙江	86	79	13	6	9	0
湖北	285	219	62	19	20	7
湖南	178	515	101	44	83	25
吉林	143	175	31	12	11	5
江苏	978	1 435	305	95	158	49
江西	64	133	32	12	19	15
辽宁	200	150	25	6	20	6
内蒙古	78	186	28	15	24	0
宁夏	33	16	8	0	0	0
青海	32	76	12	7	0	0
山东	561	1 037	209	68	90	41
山西	87	179	20	17	20	0
陕西	76	76	19	9	4	0
上海	496	391	111	45	57	11
四川	344	679	103	50	77	27
天津	75	133	31	18	13	9
西藏	57	25	13	0	6	0
新疆	101	212	48	13	27	16
云南	53	56	11	1	11	0
浙江	1 310	2 521	516	208	317	101
合计	8 543	12 321	2 560	878	1 532	463

第二，以中国证监会2001年的行业分类（其中制造业细分到二级行业）为基础，从图4-3可以看出，非公有制上市企业党组织活动的平均次数在各行业的分布也存在较大的差别。排名前三名的行业为医药、生物制品行业，建筑行业和农、林、牧、渔行业，排名最后三名的为采掘行业，电力、煤气及水的生产和供应行业以及传播与文化行业。表4-4列示了非公有制上市企业党组织活动的其他数据的各行业统计情况，可以看出从党组织活动相关数据的绝对量的统计上，医药、生物制品行业，机械、设备、仪表行业和石油、化学、塑胶、塑料行业的党组织活跃程度更高，这是因为这些行业的非公有制上市企业也相对其他行业更多，而且电力、煤气及水的生产和供应行业以及传播与文化行业在绝对量也相对较低。

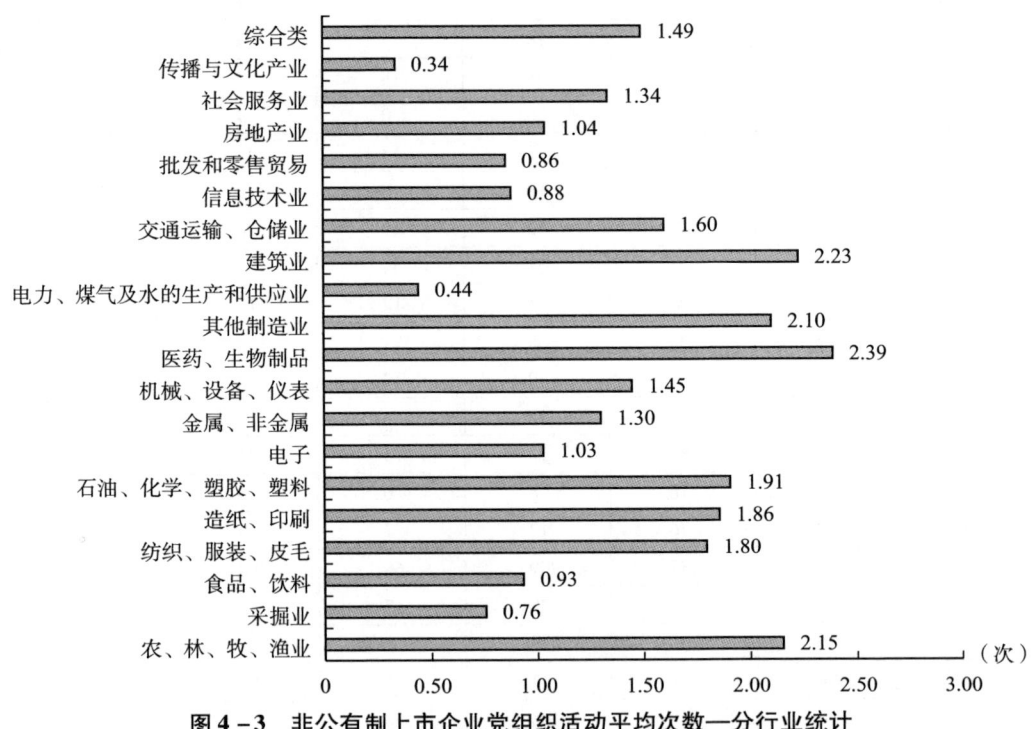

图4-3 非公有制上市企业党组织活动平均次数—分行业统计

表4-4　非公有上市制企业党组织的其他数据—分行业统计

行业	(1) 总观测（家）	(2) 党组织活动总次数（次）	(3) 存在党组织活动的观测（家）	(4) 受到上级表彰的观测（家）	(5) 董事长或总经理参加党组织活动的观测（家）	(6) 董事长或总经理担任党委书记的观测（家）
农、林、牧、渔业	164	353	73	27	50	23
采掘业	127	96	20	15	14	6
食品、饮料	328	306	94	23	49	20
纺织、服装、皮毛	346	621	114	65	66	15
造纸、印刷	227	310	71	23	49	19
石油、化学、塑胶、塑料	167	1 755	48	15	23	1
电子	921	595	335	125	225	60
金属、非金属	578	785	148	67	80	41
机械、设备、仪表	603	2 466	183	50	97	32
医药、生物制品	1 703	1 677	570	150	324	110
其他制造业	702	477	283	120	166	41
电力、煤气及水的生产和供应业	72	32	7	1	3	1
建筑业	170	379	91	23	66	14
交通运输、仓储业	75	120	11	7	5	1
信息技术业	850	750	205	79	144	22
批发和零售贸易	383	328	68	28	40	11
房地产业	572	595	97	24	71	17
社会服务业	297	397	85	25	37	22
传播与文化产业	92	31	10	0	6	2
综合类	166	248	47	11	17	5
合计	8 543	12 321	2 560	878	1 532	463

第三，本书按党组织活动的类型进行了分类（如表4-5所示），并统计了2004年至2015年非公有制企业党组织活动类型的历年情况。从表4-6可以看出，上级党组织或者其他党组织来访交流党组织建设的党组织活动最多，非公有制党组织保持党的先进性教育等学习、党组会议、慈善活动和职工关怀也较多，

这说明党组织在非公有制企业中的确发挥着政治核心和政治引领的作用,非公有制企业党组织也充分发挥其在非公有制企业当中的社会功能。

表4-5 党组织活动类别

类别	含义
来访交流	指的是企业外的党组织或者党组织代表与本企业党组织进行交流的活动。包括上级党组织调研和指导党建工作的党组织活动,直接体现为上级党委对于非公有制企业党组织的指导,也包括与其他单位党组织交流和学习党组织建设经验等
学习保先	指党组织举办或者参与的有关学习党的先进理念的党组织活动,如学习党的十八大讲话精神座谈会、参观革命圣地培养爱国情怀活动等
党组会议	指党组织召开的各种党组会议,比如党支部大会、民主座谈会等
慈善活动	指党组织举办或者参与的慈善活动,包括为灾区捐款、社区志愿服务、义务植树等
职工关怀	指党组织举办或者参与的职工关怀活动,包括给困难职工送温暖、三八妇女节慰问演出、发放高温补贴、职工体检等
文体娱乐	指党组织举办或者参与的各种体育比赛、文艺演出
节日庆祝	指党组织举办或者参与的节日庆祝活动,比如庆祝建党90周年大会、纪念五四运动90周年系列活动等
内部评优	指党组织在企业内部举办或者参与的创先争优活动,即先进分子表彰鼓励等活动,如评选优秀工作者、三八红旗手等
发展党员	指党组织在企业内部发展党员的活动,包括提交入党申请书成为积极分子、发展成为预备党员、预备党员转正等

表4-6 非公有制上市企业党组织活动类型—分年度统计　　　单位:次

年份	(1) 来访交流	(2) 学习保先	(3) 党组会议	(4) 慈善活动	(5) 职工关怀	(6) 文体娱乐	(7) 节日庆祝	(8) 内部评优	(9) 发展党员
2004	2	1	3	1	2	1	0	1	0
2005	2	5	5	3	3	5	2	0	0
2006	3	9	4	4	4	8	7	3	3
2007	47	60	40	33	42	48	34	18	8
2008	57	71	61	62	46	67	45	24	14
2009	20	28	18	18	16	24	16	9	8

续表

年份	(1) 来访交流	(2) 学习保先	(3) 党组会议	(4) 慈善活动	(5) 职工关怀	(6) 文体娱乐	(7) 节日庆祝	(8) 内部评优	(9) 发展党员
2010	44	33	37	43	36	35	20	13	13
2011	77	65	53	52	36	69	76	30	16
2012	217	202	191	150	136	166	156	75	54
2013	226	210	197	162	142	175	157	76	50
2014	215	192	183	143	131	161	146	66	47
2015	219	197	187	152	135	160	156	69	51
合计	1 129	1 073	979	823	729	919	815	384	264

第四，本书也对党组织影响力的主要变量进行了描述性统计。从表4-7中可以看出，非公有制上市企业的党组织活动次数的（PartyR）平均值为1.442，75分位数为1，最大值为54。为了控制规模等差异，我们将党组织活动次数的原始值的自然对数（Party）作为本书的主要解释变量，等于ln(党组织活动次数+1)，党组织活动次数的原始值的自然对数（Party）的均值为0.453，75分位数为0.693，最大值为4.007。同时，为了能够在实证中进行配对分析，本书也设置是否存在党组织活动哑变量（PartyD），其平均值为0.300，75分位数为1。受到上级党委表彰哑变量（Award）的平均值为0.103，75分位数为0。为了进一步分析管理层对党组织重视程度对党组织影响力的发挥的交互影响，本书也设置了董事长或总经理是否参与党组织活动哑变量（Participant）和董事长或总经理是否担任党委书记（Secretary）哑变量，二者的平均值分别为0.179和0.054，75分位数均为0。这些描述性统计说明非公有制上市企业之间的党组织影响力存在差异，且管理层对党组织的重视程度也存在较大的差异。

表4-7　　　　党组织影响力变量的描述性统计

变量	N	均值	标准差	最小值	Q25	中位数	Q75	最大值
PartyR	8 543	1.442	3.502	0.000	0.000	0.000	1.000	54.000
Party	8 543	0.453	0.785	0.000	0.000	0.000	0.693	4.007
PartyD	8 543	0.300	0.458	0.000	0.000	0.000	1.000	1.000
Award	8 543	0.103	0.304	0.000	0.000	0.000	0.000	1.000
Participant	8 543	0.179	0.384	0.000	0.000	0.000	0.000	1.000
Secretary	8 543	0.054	0.226	0.000	0.000	0.000	0.000	1.000

第 5 章

非公有制企业党组织的影响力与高管—职工薪酬差距

5.1 概 述

党的十八大指出,在我国经济取得快速发展的同时,居民收入差距依旧较大,收入差距所引发的负面情绪俨然成为中国目前面临的一个重要的问题。作为收入分配制度改革的一个重要话题,企业薪酬结构设计同时也是公司治理领域的研究热点。本章在前述几章文献分析和理论分析的基础上,以 2004 年到 2015 年的 A 股非公有制上市企业为样本,检验了非公有制企业党组织的影响力对高管—职工薪酬差距的影响。结果发现,非公有制企业党组织的影响力越大,企业的高管—职工薪酬差距越低,而且与同行业或者同地区的高管—职工薪酬差距相比也较低。在非公有制企业党组织基础更加稳固、管理层对党组织重视程度更高、政治敏感度更强时,非公有制企业党组织的影响力和更低的高管—职工薪酬差距之关联更加显著。进一步的研究还发现,非公有制企业党组织的影响力和更低的高管—职工薪酬差距之关联不受当地上市的非公有制企业数量多少、企业规模大小的影响,排除了政府干预的替代性解释。经过各种稳健性检验之后,本章的结论依然不变。

本章的后续安排如下:5.2 节是文献综述和研究假说,5.3 节进行研究设计,实证结果在 5.4 节,5.5 节对本章进行了总结。

5.2 文献综述和研究假说

国内外学者对薪酬差距的问题已经进行了很多研究,其中锦标赛理论和行为理论是两个主要的理论。锦标赛理论(Lazear and Rosen, 1981; Lin and Lu,

2009；刘春和孙亮，2010；黎文靖和胡玉明，2012）是以委托代理理论为基础的，委托代理理论认为对代理人的薪酬激励有利于降低代理人的偷懒、搭便车等机会主义行为（Jensen and Meckling，1976），认为薪酬差距有利于降低监控成本，激发高管和职工的积极性，降低代理问题，从而提升公司绩效和价值。而行为理论（Cowherd and Levine，1992；Henderson and Fredrickson，2001；鲁海帆，2007；张正堂，2008；夏宁和董艳，2014）则认为由于人在很多时候不仅关注自己的收入情况，而且更在意相对于他人收入的薪酬公平性，薪酬差距反而会给职工带来不公平之感，挫伤职工的积极性和凝聚力，从而导致企业绩效和价值的降低。与之相反，较小的薪酬差距不仅有利于加强合作和凝聚力，也有利于降低管理层为满足私利玩弄政治阴谋的可能性，从而有利于提高企业绩效。在这些理论基础上，国内学者们从股权性质、股权结构、股权集中度、管理层权力、监事会权力、董事会结构、政府管制等角度研究了我国薪酬差距的影响因素（卢锐，2007；林浚清等，2003；叶祥林等，2011；方芳和李实，2015）。本章并不排除这些因素对于我国非公有制企业的高管—职工薪酬差距可能存在的解释力，但在具有中国特色的社会主义市场经济下，既强调效率又要注重公平，这也是党的执政理念，党组织和非公有制企业"双向嵌入"之后，党组织对这些企业的高管—职工薪酬差距应该是有着重要影响的。

首先，从非公有制企业自身的角度来看，高管—职工薪酬差距是一个需要重视和解决的问题。因为在公有制企业里，党和政府能够通过行政干预直接干涉公有制企业的薪酬安排，降低高管薪酬，缓和薪酬差距问题。比如，2009年，中国人力资源和社会保障部等六部门联合出台了《关于进一步规范中央企业负责人薪酬管理的指导意见》，对国有企业的高管发出"限薪令"，形成公有制企业高管与职工之间的合理工资收入分配关系，直接调节了公有制企业里的高管—职工的薪酬差距。但是，在非公有制企业里，"限薪令"等对其高管的薪酬等无法进行直接的干预，而且在非公有制企业里，企业所有者和高管往往存在着亲密的关系，高管大多由企业所有者的亲属构成，董事长和总经理两职合一的现象也十分普遍。因此，在非公有制企业中，高管在薪酬政策的制度上享有极大的权力（Bebchuk et al.，2002）。卢锐（2007）发现高管权力越大，高管—职工的薪酬差距也越大，但是企业的绩效并未提升。黎文靖和胡玉明（2012）也发现高管权力和高管—职工薪酬差距正相关的关系，而且薪酬差距并没有激励高管，薪酬差距反映的是管理层的权力，当企业内部薪酬差距较小时，有利于更好地激励职工，企业的全要素生产率更高。王雄元等（2014）除了发现高管权力和高管—职工薪酬差距正相关的关系之外，还发现职工力量、监事会权力、股权结构等均无法有效制约管理层权力对薪酬差距的正向影响。因此，非公有制企业高管的权力越大,其对企业的资源和薪酬安排就更具有决定权(张军和王祺,2004),其普通职工在薪酬契约中越可能处于弱势地位,高管—职工的薪酬差距也会更大。

其次,从非公有制企业党组织的作用和定位来看,中共中央组织部对非公有制企业党组织在维护职工权益的功能和作用上做出相关规定:党组织领导工会、共青团等群众组织,支持和带动群众组织发挥作用,进一步增强党组织的创造力、凝聚力、战斗力;必须把关心和维护职工合法权益作为非公有制企业党组织的一项重要工作,密切联系群众,做好群众工作,不断增强党组织在职工中的影响力和凝聚力;积极反映群众诉求,畅通和拓宽表达渠道,依法维护职工群众合法权益,协调各方利益关系,及时化解矛盾纠纷。① 社会主义的本质是解放生产力、发展生产力、消灭剥削、最终实现共同富裕,社会主义市场经济既要注重效率,也要注重公平。在近年来收入差距过大的社会背景下,非公有制企业的高管—职工的薪酬差距也不断扩大,自然引起了党和政府的密切关注,收入分配制度改革、促进公平是党必须要面对和解决的社会问题(林泽炎,2004)。因此,维护职工权益、提高薪酬公平性自然也就成为非公有制企业党组织的使命,这也是党组织影响非公有制企业高管—职工薪酬差距的内在基础。

再其次,从党组织的影响力来看,党组织作为中国共产党的组织形式,具有强大的生命力和影响力。薪酬差距依赖于社会、党和政府对"公平"和"社会和谐"的判断,外部政治因素在很大程度上决定了我国上市公司薪酬差距(林浚清等,2003)。在我国的政党和政治体制之下,党的领导始终决定着中国特色的社会主义市场经济的健康运行,影响着我国的收入分配。那么,什么样的党组织才能真正发挥其维护职工权益和提高薪酬公平性的作用呢?无疑,在建立了党组织的非公有制企业之中,党组织的战斗力和影响力越大时,该企业的高管—职工薪酬差距应该会更低。在国有企业里,党组织因为能够直接参与企业决策,因此其对薪酬契约安排的影响力也很大。常和王(2004)发现党委会在国有企业中的参与程度越大,其越可能在公司绩效差的时候降低高管的工资和奖金。马连福等(2013)还发现党委会的"双向进入、交叉任职"降低了国有企业管理层的绝对薪酬、抑制了管理层超额薪酬、缩小了高管与普通员工之间的薪酬差距。虽然党组织在非公有制企业中不能直接干预企业的收入分配,但是党组织嵌入非公有制企业,有《中国共产党章程》《公司法》等党内法规国家法律的支持和保障,其非经济行为会被嵌入企业的经济行为中并发挥影响力。龙小宁等(2014)基于全国民营企业抽样调查数据,检验了民营企业中是否成立党组织对职工福利的影响

---

① 《中共中央印发〈中国共产党国有企业基层组织工作条例(试行)〉》,中国共产党新闻网,2020年1月5日,http://cpc.people.com.cn/n1/2020/0105/c419242-31535071.html。

以及对企业绩效所产生的影响，他们发现党组织的建立能够显著提高企业职工工资以外的福利。如果党组织的影响力越大，其就能更好地领导工会等组织，积极维护职工的合法权益，加强职工对薪酬契约安排的参与度，增强职工在薪酬决定中的谈判力，进而提高薪酬公平性。

最后，从非公有制企业的决策者的角度来看，党组织和非公有制企业"双向嵌入"之后，其意识形态也会深受党组织潜移默化的影响。当党组织嵌入非公有制企业，该非公有制企业则被嵌入了全国性的党组织网络，进而受到党组织网络中党的宗旨、使命等非经济行为的影响，这种党组织网络的嵌入性也能够给非公有制企业带来社会信用（Social Credentials）证明以及身份强化的认同等（Lin, 2002），所以企业也有动力通过践行党组织的宗旨和使命来获取这种信用、关系和身份的认同。这种认同的本质是组织文化的融合，是政党意识形态的文化嵌入（Zukin and DiMaggio，1990；郭劲光，2006；许冠南，2008）。佐京和迪马乔（1990）在研究文化嵌入性时，认为社会文化是促成经济目标实现的共有信念和价值观，价值观或意识形态是文化的本质所在（Licht et al.，2005）。意识形态的因素会对组织行为、过程以及组织结构等方面产生重要影响，包括规定个人行动的意识形态、组织战略和目标的集体理解，以及组织的控制系统与组织的规则系统等方面。迪马乔和鲍威尔（1983）指出意识形态嵌入对主体行为的影响是潜移默化的，意识形态等文化的嵌入有利于集体认知的传播，从而影响人们对集体的认知和改变人们的行为选择。通过文化（政党意识形态）的辐射和渗透作用，进一步降低了党组织参与公司治理的成本，缓解了党组织和非公有制企业利益的冲突，促进了二者在政治目标上的趋同，进而提高了非公有制企业党组织的治理效用，有利于更好地发挥党组织维护职工权益、提高薪酬公平性的作用。因此，当非公有制企业的党组织的影响力越大时，其企业所有者和高管等就更可能会去主动响应党和政府关于"限薪"等降低薪酬差距、促进薪酬分配公平的相关政策。

基于上述的理论分析，本章提出以下待检验的研究假说。

假定其他条件相同，与党组织影响力较弱的非公有制企业相比较，党组织影响力较强的非公有制企业的高管—职工薪酬差距更低。

5.3 研 究 设 计

5.3.1 研究模型和变量定义

为了检验非公有制企业党组织的影响力对高管—职工薪酬差距的影响，本章

构建以下三个模型:

$$PayGap = \beta_0 + \beta_1 \times PartyEffect + \beta_i \times Controls + \varepsilon \quad (5.1)$$

$$PartyEffect = \beta_0 + \beta_1 \times PoliticalValue + \beta_2 \times DistanceBJ + \beta_i \times Controls + \varepsilon \quad (5.2)$$

$$PayGap = \beta_0 + \beta_1 \times \hat{PartyEffect} + \beta_i \times Controls + \varepsilon \quad (5.3)$$

其中,模型(5.1)为 OLS 回归模型。同时,本章也采用两阶段回归模型(2SLS)以控制潜在的遗漏变量[①]等内生性问题,选取世界价值观调查中关于中国各省公民政治价值观的调查数据[②]和企业所在城市与我国政治中心(北京)的地理距离的自然对数(DistanceBJ)作为工具变量。模型(5.2)和模型(5.3)分别为 2SLS 回归模型的第一阶段和第二阶段回归模型[③]。政治价值观(political value)等于 2007 年和 2012 年世界价值观调查数据中我国各省公民关于政治重要程度、对政治的感兴趣程度和对政党的信任程度三者得分的平均分,由于原始数据的值越小代表政治意识越强,本章将其乘以 -1,表示该值越大则政治意识越强。地理距离(DistanceBJ)则根据 Coval and Moskowitz(1999)的研究进行计算,两个城市的地理距离的计算方式如模型(5.4)所示,其中,lat 和 lon 分别代表该城市 i 和北京(bj)的纬度和经度,r 为地球的半径(约等于 6 378 千米),π 为圆周率(约等于 3.14)。

$$DistanceBJ = arcos\{\cos(lat_i)\cos(lon_i)\cos(lat_{bj})\cos(lon_{bj}) + \cos(lat_i)\sin(lon_i)\cos(lat_{bj})\sin(lon_{bj}) + \sin(lat_i)\sin(lat_{bj})\} \times 2\pi r/360 \quad (5.4)$$

本章的解释变量为非公有制企业党组织的影响力(PartyEffect),采用企业党组织活动的情况来衡量,具体包括以下两个变量:(1)非公有制企业党组织的影响程度(Party),等于党组织活动次数的自然对数,党组织活动次数越多则表明党组织影响力越大。(2)非公有制企业党组织是否获得上级党委表彰的哑变量(Award),党组织受到上级党委表彰则表明党组织影响力较大。在稳健性检验中,本章也用党组织影响力哑变量(Party_Dum)来衡量,即当企业党组织活动次数大于当年所有存在党组织活动的企业的中位数则为 1,否则为 0。

本章的因变量为高管—职工薪酬差距(PayGap),主要包括以下三个变量:(1)公司高管前三名平均薪酬与普通职工平均薪酬之比(PayGap)。其中,普通职工平均薪酬=(薪酬总额-董事、监事及高管年薪总额)/(职工总人数-董事、监事及高管的人数)。薪酬总额=t 年支付给职工以及为职工支付的现金+t 年末应付职工薪酬-t 年初应付职工薪酬。(2)公司高管—职工薪酬差距与所在行业

---

① 比如,政府干预等遗漏变量的影响,因为受到的政府干预多,从而同时导致其党组织影响力更大、高管—职工薪酬差距更低。
② 世界价值观调查官网,http://www.worldvaluessurvey.org/wvs.jsp。
③ 2SLS 第一阶段的回归结果见附录 B。

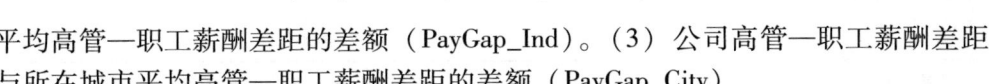

平均高管—职工薪酬差距的差额（PayGap_Ind）。（3）公司高管—职工薪酬差距与所在城市平均高管—职工薪酬差距的差额（PayGap_City）。

本章的控制变量主要包括：（1）由于路径依赖，国有企业私有化改制而来的非公有制企业的高管—职工薪酬差距也可能更低，为此本章控制了国企私有化改制哑变量（Reform）。（2）如果企业具有政治关联或者受到的政府干预更多，其高管—职工薪酬差距也可能更低，为此本章也控制了政治关联哑变量（Politic）和所在地的市场化水平（Mkt）。（3）由于本章的数据来自公司主页披露党组织活动的新闻数据，为此本章还控制影响企业党组织活动披露的变量，即公司每年披露的新闻总数（NewsNum）。（4）公司基本面的变量：公司规模（Size）、资产负债率（Lev）、资产回报率（Roa）、营业收入增长率（Growth）、固定资产比例（PPE）、上市年龄（ListAge）。（5）公司治理的变量：董事会规模（Board）、独立董事比例（Out）、高管持股比例（Exshr）、第一大股东持股比例（Fshr）、股权制衡度（ZIndex）。最后，本章还控制了行业和年度固定效应。具体变量定义如表5-1所示。

表5-1　变量定义

变量	定义
PayGap	t年公司高管前三名平均薪酬与普通职工平均薪酬之比。其中，普通职工平均薪酬=（薪酬总额-董事、监事及高管年薪总额）/（职工总人数-董事、监事及高管的人数）。薪酬总额=t年支付给职工以及为职工支付的现金+t年末应付职工薪酬-t年初应付职工薪酬
PayGap_Ind	t年公司高管—职工薪酬差距与所在行业平均高管—职工薪酬差距的差额
PayGap_City	t年公司高管—职工薪酬差距与所在城市平均高管—职工薪酬差距的差额
Party	t年公司党组织活动的次数的自然对数，等于ln(1+党组织活动次数)，其值越大表明党组织影响力较大
Award	t年公司是否受到上级表彰哑变量，受到上级表彰则为1，表明党组织影响力较大；否则为0，表明党组织影响力较小
Size	t年末公司规模，等于年末总资产的自然对数
Roa	t年总资产报酬率，等于净利润除以年末总资产
Lev	t年末资产负债率，等于年末总负债除以年末总资产
Growth	t年营业收入增长率
PPE	t年末固定资产比例，等于年末固定资产除以年末总资产
Board	t年公司董事会人数

续表

变量	定义
Out	t 年公司独立董事比例
Exshr	t 年末高管持股比例
Fshr	t 年末第一大股东持股比例
ZIndex	t 年末股权制衡度,等于第 2–5 大股东持股比例除以第 1 大股东持股比例
Politic	t 年公司董事长或者总经理是否具有政治关联,政治关联指的是董事长或者总经理曾在或正在政府部门、军队任职,以及曾经或现在仍担任党代表、人大代表或者政协委员
Reform	如果公司由国企改制而来则为 1,否则为 0
Mkt	樊纲市场化指数
ListAge	公司的上市年龄的自然对数,等于 ln(1 + 上市年龄)
NewsNum	t 年公司主页上披露的新闻总数的自然对数,等于 ln(1 + 新闻总数)

5.3.2 样本和数据

本章以 2004 年到 2015 年的 A 股非公有制上市企业作为样本,在剔除金融行业、ST 公司和缺失数据的观测后,共得到 8 472 个观测值(公司—年)。除了党组织影响力的变量的相关数据为手工收集之外,市场化指数来自樊纲等著的《中国市场化指数》,其他数据都是基于国泰安(CSMAR)数据库整理计算而得,并与万得(Wind)数据库和锐思(RESSET)金融数据库进行了交叉核对。本章所有数据的整理、计算和回归过程所使用的软件为 SAS9.3 和 STATA 14。为了避免极值的影响,本章对连续变量进行了上下 1% 的 winsorize 缩尾处理。

5.4 实证结果

5.4.1 描述性统计和相关系数分析

表 5–2 列示了主要变量的描述性统计,党组织活动的影响程度(Party)的均值为 0.456,中位数为 0,最大值为 4.007;上级党委表彰哑变量(Award)的均值为 0.103,中位数为 0。从这两个变量的描述性统计可以看出企业之间的党组织的影响力存在较大差异。企业高管—职工薪酬差距(PayGap)的均值为

6.839，中位数为 5.301，最大值为 37.170；企业相对同行业的高管—职工薪酬差距（PayGap_Ind）的均值为 -0.708，中位数为 -1.820，最大值为 31.070；企业相对同地区的高管—职工薪酬差距（PayGap_City）的均值为 -0.371，中位数为 -0.886，最大值为 31.150。从这三个变量的描述性统计可以看出企业之间的高管—职工薪酬差距也存在较大差异。其他变量与前人的统计结果基本一致。

表 5-2　　　　　　　　　　主要变量描述性统计

变量	N	均值	标准差	最小值	Q25	中位数	Q75	最大值
PayGap	8 472	6.839	5.867	0.213	3.268	5.301	8.530	37.170
PayGap_Ind	8 472	-0.708	6.109	-20.120	-3.969	-1.820	1.262	31.070
PayGap_City	8 472	-0.371	5.275	-22.210	-3.115	-0.886	1.118	31.150
Party	8 472	0.456	0.786	0.000	0.000	0.000	0.693	4.007
Award	8 472	0.103	0.304	0.000	0.000	0.000	0.000	1.000
Size	8 472	21.380	1.050	18.390	20.680	21.310	22.020	24.340
Roa	8 472	0.038	0.073	-0.435	0.014	0.039	0.068	0.258
Lev	8 472	0.433	0.313	0.036	0.234	0.403	0.571	2.730
Growth	8 472	0.230	0.629	-0.814	-0.030	0.129	0.315	4.712
PPE	8 472	0.213	0.149	0.000	0.098	0.189	0.301	0.916
Board	8 472	8.462	1.578	3.000	7.000	9.000	9.000	17.000
Out	8 472	0.372	0.054	0.000	0.333	0.333	0.429	0.667
Exshr	8 472	0.086	0.153	0.000	0.000	0.002	0.100	0.843
Fshr	8 472	0.323	0.140	0.022	0.218	0.299	0.412	0.900
ZIndex	8 472	0.765	0.603	0.033	0.300	0.621	1.068	2.883
Politic	8 472	0.049	0.215	0.000	0.000	0.000	0.000	1.000
Reform	8 472	0.246	0.431	0.000	0.000	0.000	0.000	1.000
Mkt	8 472	9.358	1.960	2.640	7.660	9.550	11.040	11.710
ListAge	8 472	1.842	0.747	0.000	1.386	1.792	2.485	3.091
NewsNum	8 472	1.817	1.690	0.000	0.000	1.946	3.258	6.686

从表 5-3 按有无党组织活动进行分组的差异检验中可以发现，存在党组织活动的公司和不存在党组织活动的公司相比，前者的高管—职工薪酬差距均显著较低，这些证据初步支持了本章的研究假说。此外，表 5-4 列示了主要变量的

Spearman 和 Pearson 相关性分析：党组织活动影响力变量均与高管—职工薪酬差距变量呈显著负相关的关系，也初步支持了本章的研究假说。

表 5-3　　　　　　　　　　　差异检验

变量	Party > 0			Party = 0			均值差异检验	中位数差异检验
	N	均值	中位数	N	均值	中位数		
PayGap	2 551	6.483	5.029	5 921	6.992	5.414	-0.509***	11.151***
PayGap_Ind	2 551	-0.972	-1.983	5 921	-0.594	-1.744	-0.377***	4.851**
PayGap_City	2 551	-0.579	-0.971	5 921	-0.282	-0.840	-0.296**	1.347

注：均值差异为 t 检验，中位数差异为 Wilcoxon 秩和检验。*** 、** 分别表示 1%、5% 的显著水平。

表 5-4　　　　　　　　　　　相关性分析

变量	PayGap	PayGap_Ind	PayGap_City	Party	Award
PayGap	1	0.875***	0.763***	-0.043***	-0.006***
PayGap_Ind	0.917***	1	0.677***	-0.024***	-0.010***
PayGap_City	0.852***	0.784***	1	-0.020***	-0.012***
Party	-0.014***	-0.011***	-0.002***	1	0.580***
Award	-0.002***	-0.004***	-0.012***	0.633***	1

注：左下方和右上方分别为 Pearson 和 Spearman 相关系数。*** 表示 1% 的显著水平。

5.4.2　回归分析

表 5-5 列示了非公有制企业党组织的影响力与高管—职工薪酬差距的回归结果，其中，前（后）四列为 OLS（2SLS）模型的回归结果。不论是 OLS 回归模型还是 2SLS 回归模型，本章发现非公有制企业党组织的影响力程度（Party 或 $\dot{\text{Party}}$）及非公有制企业党组织受到上级表彰（Award 或 $\dot{\text{Award}}$）均与高管—职工薪酬差距（PayGap）呈显著负相关的关系。从经济意义上来看，第一列里可以计算出党组织影响力程度（Party）每变动一个标准差，高管—职工薪酬差距会降低 0.310，相对于高管—职工薪酬差距的均值降低 4.533%。第二列里可以计算出党组织受到上级表彰（Award）每变动一个标准差，高管—职工薪酬差距会降低 0.111，相对于高管—职工薪酬差距的均值降低 1.623%。以上这些结果说明，与党组织的影响力较弱的非公有制企业相比较，党组织的影响力较强的非公有制企业的高管—职工薪酬差距更低，本章的研究假说得到验证。

表5-5　非公有制企业党组织的影响力与高管—职工薪酬差距

变量	(1) PayGap	(2) PayGap	(3) PayGap	(4) PayGap
Party	-0.394*** (-4.30)	—	—	—
Award	—	-0.364* (-1.79)	—	—
$\hat{Party}$	—	—	-2.443** (-2.37)	—
$\hat{Award}$	—	—	—	-12.191*** (-2.98)
Size	2.002*** (22.69)	1.782*** (21.01)	1.786*** (17.18)	1.702*** (18.25)
Roa	5.393*** (4.55)	6.342*** (5.36)	7.069*** (5.83)	7.454*** (5.65)
Lev	0.909*** (3.24)	1.214*** (4.51)	0.887*** (3.22)	0.922*** (3.12)
Growth	-0.191* (-1.70)	-0.161 (-1.42)	-0.152 (-1.33)	-0.079 (-0.61)
PPE	2.567*** (4.78)	2.027*** (3.85)	3.528*** (6.19)	3.729*** (6.17)
Board	0.287*** (5.44)	0.337*** (6.43)	0.436*** (6.88)	0.464*** (6.59)
Out	4.743*** (3.48)	5.241*** (3.84)	6.013*** (4.14)	6.968*** (4.22)
Exshr	-0.244 (-0.69)	-0.393 (-1.12)	-0.664* (-1.77)	-0.013 (-0.03)
Fshr	0.489 (0.77)	0.482 (0.76)	0.047 (0.06)	-1.063 (-1.05)

续表

变量	(1)	(2)	(3)	(4)
	PayGap		PayGap	
ZIndex	0.394*** (2.83)	0.385*** (2.75)	0.259* (1.65)	0.001 (0.01)
Politic	0.287 (1.01)	0.614** (2.09)	0.417 (1.32)	0.579* (1.67)
Reform	-0.042 (-0.22)	0.081 (0.42)	0.136 (0.58)	0.088 (0.38)
Mkt	0.700 (0.95)	0.140*** (4.02)	0.054 (1.51)	0.070* (1.74)
ListAge	-0.099 (-0.78)	-0.237** (-2.00)	-0.075 (-0.62)	-0.057 (-0.42)
NewsNum	-0.124*** (-2.86)	-0.226*** (-5.69)	0.298 (1.34)	0.400* (1.86)
Constant	-47.491*** (-6.14)	-38.111*** (-19.32)	-38.650*** (-16.42)	-37.241*** (-16.87)
N	8472	8472	8472	8472
R^2_Adj	0.18	0.14	0.17	0.13
F	16.427***	39.000***	36.566***	31.281***
Ind & Year FE	√	√	√	√

注：括号内为 t 值，并经怀特异方差和公司层面的聚类调整，***、**、* 分别表示 1%、5% 和 10% 的显著水平。

表 5-6 列示了非公有制企业党组织的影响力与相对同行业的高管—职工薪酬差距的回归结果。不论是 OLS 回归模型还是 2SLS 回归模型，本章发现非公有制企业党组织的影响力程度及非公有制企业党组织受到上级表彰，也均与相对同行业的高管—职工薪酬差距呈显著负相关的关系。从经济意义上来看，第一列里可以计算出党组织影响力程度（Party）每变动一个标准差，相对同行业的高管—职工薪酬差距会降低 0.140，相对同行业的高管—职工薪酬差距的均值降低 19.774%。第二列里可以计算出党组织受到上级表彰（Award）每变动一个标准差，相对同行业的高管—职工薪酬差距会降低 0.044，相对同行业的高管—职工薪酬差距的均值降低 6.215%。

表5-6 非公有制企业党组织的影响力与高管—职工薪酬差距（行业比较）

变量	(1) PayGap_Ind	(2) PayGap_Ind	(3) PayGap_Ind	(4) PayGap_Ind
Party	-0.178* (-1.82)	—	—	—
Award	—	-0.146* (-1.76)	—	—
$\hat{Party}$	—	—	-3.025*** (-2.82)	—
$\hat{Award}$	—	—	—	-12.974*** (-3.07)
Size	1.998*** (22.32)	1.702*** (19.71)	1.729*** (16.17)	1.608*** (16.88)
Roa	5.615*** (4.77)	6.882*** (5.81)	6.614*** (5.37)	7.049*** (5.29)
Lev	0.797*** (2.87)	1.387*** (5.18)	1.264*** (4.58)	1.331*** (4.47)
Growth	-0.214* (-1.85)	-0.164 (-1.39)	-0.118 (-0.98)	-0.044 (-0.33)
PPE	2.624*** (4.74)	2.505*** (4.58)	1.872*** (3.14)	1.935*** (3.08)
Board	0.248*** (4.61)	0.342*** (6.36)	0.437*** (6.75)	0.455*** (6.37)
Out	4.353*** (3.10)	4.777*** (3.38)	5.879*** (3.95)	6.797*** (4.05)
Exshr	-0.321 (-0.84)	-1.020*** (-2.69)	-1.262*** (-3.02)	-0.521 (-1.01)
Fshr	-0.051 (-0.08)	-0.090 (-0.14)	-0.864 (-1.08)	-1.887* (-1.81)
ZIndex	0.317** (2.16)	0.302** (2.04)	0.223 (1.33)	-0.024 (-0.11)

续表

变量	(1) PayGap_Ind	(2) PayGap_Ind	(3) PayGap_Ind	(4) PayGap_Ind
Politic	0.355 (1.16)	0.655** (2.07)	0.032 (0.09)	0.247 (0.66)
Reform	-0.013 (-0.07)	0.257 (1.29)	0.421* (1.73)	0.310 (1.30)
Mkt	1.076 (1.41)	0.127*** (3.46)	0.078** (2.04)	0.096** (2.30)
ListAge	-0.137 (-1.06)	-0.422*** (-3.44)	-0.329*** (-2.60)	-0.288** (-2.06)
NewsNum	-0.136*** (-2.97)	-0.238*** (-5.64)	0.443* (1.89)	0.464** (2.07)
Constant	-58.037*** (-7.29)	-43.302*** (-21.40)	-44.170*** (-18.31)	-41.977*** (-18.70)
N	8 472	8 472	8 472	8 472
R^2_Adj	0.16	0.12	0.11	0.10
F	18.274***	35.027***	30.983***	26.462***
Ind & Year FE	√	√	√	√

注：括号内为 t 值，并经怀特异方差和公司层面的聚类调整，***、**、*分别表示1%、5%和10%的显著水平。

表5-7则列示了非公有制企业党组织的影响力与相对同地区的高管—职工薪酬差距的回归结果。不论是OLS回归模型还是2SLS回归模型，本章也发现非公有制企业党组织的影响力基本与相对同地区的高管—职工薪酬差距呈显著负相关的关系。从经济意义上来看，第一列里可以计算出党组织影响力程度（Party）每变动一个标准差，相对同地区的高管—职工薪酬差距会降低0.168，相对同地区的高管—职工薪酬差距的均值降低45.283%。第二列里可以计算出党组织受到上级表彰（Award）每变动一个标准差，相对同地区的高管—职工薪酬差距会降低0.033，相对同地区的高管—职工薪酬差距的均值降低8.895%。

表 5-7　非公有制企业党组织的影响力与高管—职工薪酬差距（地区比较）

变量	(1) PayGap_City	(2) PayGap_City	(3) PayGap_City	(4) PayGap_City
Party	-0.214** (-2.47)	—	—	—
Award	—	-0.110* (-1.68)	—	—
$\hat{Party}$	—	—	-2.960*** (-3.07)	—
$\hat{Award}$	—	—	—	-10.159*** (-2.78)
Size	1.579*** (19.63)	1.429*** (18.77)	1.503*** (15.86)	1.366*** (16.58)
Roa	4.928*** (5.10)	5.502*** (5.79)	6.291*** (6.25)	6.666*** (6.26)
Lev	0.943*** (3.79)	1.147*** (4.78)	0.789*** (3.09)	0.875*** (3.35)
Growth	-0.212** (-2.19)	-0.201** (-2.09)	-0.185* (-1.88)	-0.128 (-1.18)
PPE	2.837*** (5.94)	2.515*** (5.43)	3.883*** (7.58)	3.758*** (7.20)
Board	0.255*** (5.33)	0.270*** (5.74)	0.376*** (6.55)	0.373*** (6.05)
Out	3.283*** (2.74)	3.588*** (3.05)	4.224*** (3.26)	4.820*** (3.37)
Exshr	-0.839** (-2.39)	-0.899*** (-2.62)	-1.367*** (-3.68)	-0.707 (-1.64)
Fshr	0.411 (0.71)	0.234 (0.41)	-0.593 (-0.84)	-1.155 (-1.31)
ZIndex	0.322** (2.55)	0.316** (2.53)	0.157 (1.10)	0.000 (0.00)

续表

变量	(1)	(2)	(3)	(4)
	PayGap_City		PayGap_City	
Politic	0.012 (0.05)	0.044 (0.18)	−0.261 (−0.93)	−0.035 (−0.12)
Reform	−0.072 (−0.42)	0.056 (0.34)	0.253 (1.21)	0.085 (0.43)
Mkt	0.395 (0.65)	0.004 (0.15)	−0.085*** (−2.70)	−0.067** (−2.01)
ListAge	−0.094 (−0.80)	−0.197* (−1.79)	−0.098 (−0.86)	−0.040 (−0.33)
NewsNum	−0.120*** (−2.92)	−0.181*** (−4.95)	0.446** (2.13)	0.339* (1.76)
Constant	−41.963*** (−6.48)	−35.328*** (−20.10)	−36.971*** (−17.32)	−34.363*** (−17.70)
N	8 472	8 472	8 472	8 472
R^2_Adj	0.13	0.12	0.12	0.12
F	12.196***	33.541***	34.315***	29.891***
Ind & Year FE	√	√	√	√

注：括号内为 t 值，并经怀特异方差和公司层面的聚类调整，***、**、* 分别表示1%、5%和10%的显著水平。

表5-6和表5-7的结果说明，与党组织的影响力较弱的非公有制企业相比较，党组织的影响力较强的非公有制企业的高管—职工薪酬差距与同行业（或同地区）企业的高管—职工薪酬差距相比也更低，本章的研究假说进一步得到验证。

进一步，本章检验了党组织基础稳定性、管理层对党组织重视程度、政治敏感期对非公有制企业党组织影响力与高管—职工薪酬差距的交互影响。为此，本章设置了以下几个变量：（1）党组织基础稳定性。一般来说党组织的基础越稳定，党组织在非公有制企业中的影响力可能越大，本章用是否国企改制（Reform）来衡量党组织基础的稳定性。依据路径依赖理论，如果非公有制企业的前身是公有制企业的话，党组织的地位和影响力也可能依旧很大。（2）管理层对党组织重视程度。一般来说，如果管理层积极参加党组织活动、担任党委书记，则表明管理层对党组织的重视程度越大。为此，本章设置两个变量来衡量，包括董事长或总经理是否参加党组织活动哑变量（Participant）、董事长或总经理是否担任党委书记哑变量（Secretary）。（3）政治敏感期。一般来说在五年一度的中国共产党全国代表大会期间，政治的敏感程度更强，此时党组织越可能发挥作用。为此，本章设置政治敏感期哑变量（NPC），如果该年度是2007年或2012年则为1（即党代会换届年），否则为0。

表5-8列示了非公有制企业党组织的影响力、国企改制与高管—职工薪酬差距的回归结果。本章发现非公有制企业党组织的影响力与国企改制的交互项，基本与高管—职工薪酬差距呈显著负相关的关系。

表5-8 非公有制企业党组织的影响力、国企改制与高管—职工薪酬差距

变量	(1)	(2)	(3)	(4)	(5)	(6)
	PayGap		PayGap_Ind		PayGap_City	
Party	-0.375*** (-3.80)	—	-0.129 (-1.25)	—	-0.152* (-1.67)	—
Party × Reform	-0.273** (-2.44)	—	-0.186** (-2.06)	—	-0.235** (-2.52)	—
Award	—	-0.449* (-1.95)	—	-0.209 (-0.86)	—	-0.119 (-0.57)
Award × Reform	—	-0.573*** (-2.81)	—	-0.572** (-2.56)	—	-0.441** (-2.10)
Size	2.003*** (29.96)	1.780*** (27.44)	2.001*** (28.52)	1.701*** (24.78)	1.582*** (25.61)	1.429*** (24.17)
Roa	5.407*** (5.68)	6.332*** (6.67)	5.650*** (5.66)	6.875*** (6.85)	4.972*** (5.66)	5.501*** (6.36)
Lev	0.905*** (3.85)	1.219*** (5.29)	0.788*** (3.20)	1.391*** (5.71)	0.931*** (4.29)	1.148*** (5.47)
Growth	-0.191** (-1.98)	-0.163* (-1.66)	-0.214** (-2.11)	-0.165 (-1.60)	-0.211** (-2.37)	-0.202** (-2.27)
PPE	2.563*** (5.43)	2.037*** (4.41)	2.614*** (5.28)	2.513*** (5.14)	2.824*** (6.48)	2.516*** (5.97)
Board	0.287*** (6.35)	0.339*** (7.55)	0.246*** (5.20)	0.343*** (7.23)	0.252*** (6.04)	0.270*** (6.60)

续表

变量	(1)	(2)	(3)	(4)	(5)	(6)
	PayGap		PayGap_Ind		PayGap_City	
Out	4.750*** (3.73)	5.273*** (4.12)	4.372*** (3.27)	4.800*** (3.54)	3.306*** (2.81)	3.592*** (3.08)
Exshr	-0.246 (-0.55)	-0.386 (-0.88)	-0.326 (-0.70)	-1.015** (-2.18)	-0.845** (-2.06)	-0.898** (-2.24)
Fshr	0.493 (0.78)	0.475 (0.75)	-0.042 (-0.06)	-0.095 (-0.14)	0.423 (0.73)	0.233 (0.40)
ZIndex	0.394*** (2.78)	0.383*** (2.71)	0.319** (2.14)	0.301** (2.00)	0.324** (2.47)	0.316** (2.45)
Politic	0.286 (1.02)	0.620** (2.22)	0.353 (1.20)	0.659** (2.23)	0.009 (0.04)	0.045 (0.18)
Reform	-0.006 (-0.03)	0.039 (0.22)	0.079 (0.39)	0.226 (1.19)	0.045 (0.25)	0.051 (0.31)
Mkt	0.694 (1.02)	0.140*** (4.22)	1.059 (1.48)	0.127*** (3.62)	0.373 (0.59)	0.004 (0.15)
ListAge	-0.098 (-0.79)	-0.237** (-2.01)	-0.135 (-1.04)	-0.422*** (-3.38)	-0.092 (-0.80)	-0.197* (-1.83)
NewsNum	-0.123*** (-2.87)	-0.228*** (-5.86)	-0.131*** (-2.92)	-0.239*** (-5.81)	-0.114*** (-2.88)	-0.181*** (-5.10)
Constant	-46.886*** (-6.61)	-37.515*** (-24.65)	-57.131*** (-7.68)	-42.498*** (-26.39)	-41.799*** (-6.38)	-35.256*** (-25.42)
N	8 472	8 472	8 472	8 472	8 472	8 472
R^2_Adj	0.18	0.14	0.16	0.12	0.13	0.12
F	24.620***	40.211***	22.672***	31.600***	17.645***	33.037***
Ind & Year FE	√	√	√	√	√	√

注：括号内为t值，并经怀特异方差和公司层面的聚类调整。***、**、* 分别表示1%、5%和10%的显著水平。

表5-9列示了非公有制企业党组织的影响力、管理层重视程度与高管—职工薪酬差距的回归结果。本章发现非公有制企业党组织的影响力与管理层重视程

度的交互项，基本与高管—职工薪酬差距呈显著负相关的关系（董事长或总经理是否参加党组织活动比其是否担任党委书记的作用更大）。

表 5-9 非公有制企业党组织的影响力、管理层重视程度与高管—职工薪酬差距

变量	(1)	(2)	(3)	(4)	(5)	(6)
	PayGap		PayGap_Ind		PayGap_City	
Party	-0.235** (-2.06)	—	-0.035 (-0.29)	—	-0.041 (-0.39)	—
Party × Participant	-0.459** (-2.04)	—	-0.421* (-1.78)	—	-0.619*** (-2.98)	—
Party × Secretary	-0.048 (-0.16)	—	-0.026 (-0.08)	—	0.251 (0.89)	—
Award	—	-0.067 (-0.29)	—	-0.157 (-0.65)	—	-0.238 (-1.15)
Award × Participant	—	-0.800*** (-4.03)	—	-0.592*** (-2.82)	—	-0.711*** (-3.93)
Award × Secretary	—	-0.079 (-0.26)	—	0.006 (0.02)	—	0.073 (0.26)
Size	2.003*** (29.98)	1.793*** (27.65)	1.999*** (28.52)	1.710*** (24.92)	1.580*** (25.61)	1.438*** (24.35)
Roa	5.409*** (5.69)	6.379*** (6.73)	5.629*** (5.64)	6.905*** (6.88)	4.938*** (5.62)	5.524*** (6.39)
Lev	0.920*** (3.92)	1.219*** (5.30)	0.807*** (3.28)	1.391*** (5.71)	0.955*** (4.40)	1.152*** (5.49)
Growth	-0.195** (-2.02)	-0.168* (-1.73)	-0.218** (-2.15)	-0.169 (-1.64)	-0.215** (-2.42)	-0.207** (-2.33)
PPE	2.550*** (5.40)	2.038*** (4.41)	2.609*** (5.27)	2.513*** (5.14)	2.829*** (6.49)	2.524*** (6.00)
Board	0.288*** (6.39)	0.344*** (7.68)	0.249*** (5.26)	0.347*** (7.31)	0.255*** (6.13)	0.275*** (6.74)
Out	4.807*** (3.77)	5.383*** (4.21)	4.411*** (3.30)	4.878*** (3.60)	3.346*** (2.84)	3.706*** (3.18)

续表

变量	(1)	(2)	(3)	(4)	(5)	(6)
	PayGap		PayGap_Ind		PayGap_City	
Exshr	−0.272 (−0.61)	−0.494 (−1.12)	−0.346 (−0.74)	−1.089** (−2.33)	−0.861** (−2.10)	−0.975** (−2.43)
Fshr	0.489 (0.78)	0.424 (0.67)	−0.051 (−0.08)	−0.133 (−0.20)	0.401 (0.69)	0.182 (0.32)
ZIndex	0.406*** (2.86)	0.401*** (2.83)	0.328** (2.21)	0.313** (2.09)	0.335** (2.56)	0.330** (2.56)
Politic	0.290 (1.04)	0.603** (2.17)	0.358 (1.22)	0.646** (2.19)	0.009 (0.04)	0.033 (0.13)
Reform	−0.053 (−0.30)	0.094 (0.55)	−0.023 (−0.13)	0.265 (1.45)	−0.089 (−0.55)	0.064 (0.41)
Mkt	0.700 (1.03)	0.138*** (4.15)	1.075 (1.51)	0.125*** (3.57)	0.389 (0.62)	0.002 (0.07)
ListAge	−0.093 (−0.75)	−0.242** (−2.05)	−0.132 (−1.01)	−0.426*** (−3.41)	−0.090 (−0.79)	−0.201* (−1.87)
NewsNum	−0.123*** (−2.89)	−0.186*** (−4.69)	−0.134*** (−3.01)	−0.209*** (−4.97)	−0.117*** (−2.99)	−0.147*** (−4.07)
Constant	−46.956*** (−6.62)	−37.717*** (−24.80)	−57.269*** (−7.70)	−42.646*** (−26.48)	−41.948*** (−6.41)	−35.428*** (−25.56)
N	8 472	8 472	8 472	8 472	8 472	8 472
R^2_Adj	0.18	0.14	0.16	0.12	0.13	0.12
F	24.375***	39.743***	22.417***	31.021***	17.514***	32.679***
Ind & Year FE	√	√	√	√	√	√

注：括号内为 t 值，并经怀特异方差和公司层面的聚类调整，***、**、* 分别表示1%、5%和10%的显著水平。

表5—10列示了非公有制企业党组织的影响力、政治敏感期与高管—职工薪酬差距的回归结果。本章还发现，非公有制企业党组织的影响力与政治敏感期的交互项，也基本与高管—职工薪酬差距呈显著负相关的关系。

表5-10 非公有制企业党组织的影响力、政治敏感期与高管—职工薪酬差距

变量	(1) PayGap	(2) PayGap	(3) PayGap_Ind	(4) PayGap_Ind	(5) PayGap_City	(6) PayGap_City
Party	-0.223 (-1.21)	—	-0.397** (-2.06)	—	-0.007 (-0.04)	—
Party×NPC	-0.442*** (-4.58)	—	-0.264*** (-2.61)	—	-0.213** (-2.38)	—
Award	—	-0.809* (-1.74)	—	-0.895* (-1.82)	—	-0.312 (-0.74)
Award×NPC	—	-0.561** (-2.43)	—	-0.358 (-1.47)	—	-0.185 (-0.88)
Size	2.001*** (29.95)	1.788*** (27.54)	1.997*** (28.48)	1.706*** (24.84)	1.579*** (25.57)	1.431*** (24.18)
Roa	5.401*** (5.68)	6.318*** (6.66)	5.628*** (5.64)	6.868*** (6.84)	4.928*** (5.61)	5.495*** (6.36)
Lev	0.910*** (3.88)	1.209*** (5.25)	0.800*** (3.25)	1.384*** (5.68)	0.942*** (4.35)	1.146*** (5.46)
Growth	-0.191** (-1.98)	-0.161* (-1.65)	-0.214** (-2.12)	-0.164 (-1.59)	-0.212** (-2.38)	-0.201** (-2.26)
PPE	2.568*** (5.44)	2.040*** (4.41)	2.627*** (5.31)	2.512*** (5.14)	2.837*** (6.51)	2.518*** (5.98)
Board	0.287*** (6.37)	0.333*** (7.41)	0.248*** (5.24)	0.338*** (7.12)	0.255*** (6.11)	0.268*** (6.56)
Out	4.737*** (3.72)	5.206*** (4.07)	4.342*** (3.25)	4.744*** (3.50)	3.283*** (2.79)	3.577*** (3.07)
Exshr	-0.239 (-0.54)	-0.378 (-0.86)	-0.313 (-0.67)	-1.007** (-2.16)	-0.839** (-2.04)	-0.894** (-2.23)
Fshr	0.493 (0.78)	0.480 (0.76)	-0.043 (-0.07)	-0.090 (-0.13)	0.410 (0.71)	0.234 (0.40)
ZIndex	0.394*** (2.78)	0.388*** (2.74)	0.319** (2.14)	0.304** (2.02)	0.322** (2.46)	0.317** (2.46)

续表

变量	(1)	(2)	(3)	(4)	(5)	(6)
	PayGap		PayGap_Ind		PayGap_City	
Politic	0.285 (1.02)	0.622** (2.23)	0.352 (1.20)	0.661** (2.24)	0.012 (0.05)	0.047 (0.18)
Reform	-0.041 (-0.24)	0.065 (0.38)	-0.013 (-0.07)	0.246 (1.35)	-0.072 (-0.44)	0.051 (0.33)
Mkt	0.697 (1.02)	0.140*** (4.21)	1.071 (1.50)	0.127*** (3.62)	0.395 (0.63)	0.004 (0.14)
ListAge	-0.096 (-0.78)	-0.216* (-1.83)	-0.133 (-1.02)	-0.408*** (-3.25)	-0.094 (-0.83)	-0.191* (-1.76)
NewsNum	-0.124*** (-2.92)	-0.230*** (-5.90)	-0.135*** (-3.03)	-0.239*** (-5.82)	-0.120*** (-3.05)	-0.181*** (-5.12)
NPC	-0.903 (-0.79)	0.187 (1.13)	-0.643 (-0.54)	0.066 (0.38)	0.034 (0.03)	0.040 (0.26)
Constant	-46.881*** (-6.61)	-37.641*** (-24.70)	-57.158*** (-7.68)	-42.562*** (-26.40)	-41.950*** (-6.40)	-35.287*** (-25.41)
N	8 472	8 472	8 472	8 472	8 472	8 472
R^2_Adj	0.18	0.14	0.16	0.12	0.13	0.12
F	24.641***	39.305***	22.720***	30.871***	17.610***	32.166***
Ind & Year FE	√	√	√	√	√	√

注：括号内为t值，并经怀特异方差和公司层面的聚类调整，***、**、*分别表示1%、5%和10%的显著水平。

以上这些结果说明，党组织影响力与高管—职工薪酬差距力度之间的负向关联在国企私有化改制的非公有制企业、管理层对党组织重视程度更高的非公有制企业和政治敏感的年度里更加显著。

5.4.3 进一步分析

在上述基本结果的基础上，本章进一步检验当地非公有制上市企业的数量、规模对党组织影响力和高管—职工薪酬差距之负相关关系的影响。为此，本章设置以下几个哑变量：(1) 当地非公有制上市企业的数量多少哑变量（FirmNum）。如果该市非公有制上市企业的数量大于或等于各市非公有制上市企业数量的中位数则为1，表明该市的非公有制上市企业的数量较多，否则为0；（2）非公有制上市企业的规模大小哑变量（FirmSize）。如果非公有制上市企业的总资产大于或等于所在市所有非公有制上市企业总资产的中位数则为1，表明该非公有制上市企业的规模较大，否则为0。

表5-11和表5-12列示了按当地非公有制上市企业数量多少进行分组的结果，本章发现非公有制企业党组织的影响力变量基本与高管—职工薪酬差距呈显著负相关的关系，组间差异检验也说明当地非公有制上市企业多的组和少的组之间没有显著的差异。

表5-11　按非公有制企业在所在地区的上市公司数量的多少进行分组的回归结果

变量	(1)	(2)	(3)	(4)	(5)	(6)
	PayGap		PayGap_Ind		PayGap_City	
	公司多	公司少	公司多	公司少	公司多	公司少
Party	-0.609*** (-5.07)	-0.677*** (-5.42)	-0.443*** (-2.86)	-0.489*** (-3.71)	-0.395*** (-3.77)	-0.421*** (-4.05)
Chowtest (P值)	(1) vs (2) 0.899		(3) vs (4) 0.856		(5) vs (6) 0.712	
Size	2.181*** (23.88)	1.781*** (17.91)	2.177*** (22.84)	1.776*** (16.93)	2.113*** (23.34)	0.952*** (11.49)
Roa	6.969*** (5.25)	4.748*** (3.49)	7.619*** (5.50)	4.506*** (3.14)	6.549*** (4.98)	4.769*** (4.21)
Lev	1.383*** (4.40)	0.436 (1.24)	1.303*** (3.97)	0.289 (0.78)	1.344*** (4.31)	0.447 (1.52)
Growth	-0.160 (-1.25)	-0.283** (-1.98)	-0.137 (-1.02)	-0.375** (-2.49)	-0.150 (-1.17)	-0.299** (-2.51)
PPE	4.461*** (6.41)	1.673** (2.55)	4.233*** (5.83)	1.954*** (2.83)	4.519*** (6.55)	1.751*** (3.20)
Board	0.265*** (4.40)	0.301*** (4.37)	0.220*** (3.50)	0.265*** (3.65)	0.216*** (3.62)	0.284*** (4.96)
Out	5.995*** (3.48)	2.809 (1.49)	5.387*** (3.00)	2.558 (1.29)	4.930*** (2.89)	1.228 (0.78)

续表

变量	(1)	(2)	(3)	(4)	(5)	(6)
	PayGap		PayGap_Ind		PayGap_City	
	公司多	公司少	公司多	公司少	公司多	公司少
Exshr	-0.507 (-0.92)	0.409 (0.55)	-0.607 (-1.05)	0.218 (0.28)	-0.618 (-1.13)	-0.507 (-0.82)
Fshr	-0.408 (-0.48)	1.405 (1.51)	-1.066 (-1.20)	1.071 (1.09)	-0.156 (-0.18)	1.223 (1.58)
ZIndex	0.509*** (2.68)	0.323 (1.52)	0.385* (1.95)	0.321 (1.43)	0.388** (2.06)	0.341* (1.92)
Politic	-0.116 (-0.32)	0.875** (2.00)	-0.167 (-0.44)	1.055** (2.28)	-0.353 (-0.98)	0.573 (1.57)
Reform	-0.110 (-0.45)	-0.136 (-0.53)	-0.151 (-0.59)	-0.001 (-0.00)	-0.017 (-0.07)	-0.276 (-1.29)
Mkt	0.502 (0.53)	0.689 (0.58)	0.423 (0.43)	1.544 (1.23)	0.465 (0.49)	0.514 (0.52)
ListAge	-0.399** (-2.45)	0.289 (1.50)	-0.399** (-2.35)	0.199 (0.99)	-0.409** (-2.53)	0.415*** (2.59)
NewsNum	-0.125** (-2.21)	-0.143** (-2.23)	-0.154*** (-2.61)	-0.132* (-1.95)	-0.096* (-1.71)	-0.137** (-2.56)
Constant	-51.730*** (-5.23)	-39.278*** (-3.39)	-57.265*** (-5.55)	-54.010*** (-4.42)	-55.176*** (-5.63)	-29.328*** (-3.04)
N	4 572	3 900	4 572	3 900	4 572	3 900
R^2_Adj	0.23	0.16	0.20	0.17	0.20	0.09
F	21.146***	10.942***	17.987***	11.416***	17.789***	6.285***
Ind & Year FE	√	√	√	√	√	√

注：括号内为 t 值，并经怀特异方差和公司层面的聚类调整，***、**、* 分别表示 1%、5% 和 10% 的显著水平。

表 5-12　按非公有制企业在所在地区的上市公司数量的多少进行分组的回归结果

变量	(1)	(2)	(3)	(4)	(5)	(6)
	PayGap		PayGap_Ind		PayGap_City	
	公司多	公司少	公司多	公司少	公司多	公司少
Award	-0.599* (-1.88)	-0.522* (-1.73)	-0.028 (-0.10)	-0.333 (-1.03)	-0.021 (-0.08)	-0.221 (-0.89)
Chow test (P值)	(1) vs (2) 0.582		(3) vs (4) 0.489		(5) vs (6) 0.513	
Size	1.939*** (21.85)	1.575*** (16.40)	1.889*** (20.32)	1.471*** (14.29)	1.933*** (22.26)	0.813*** (10.32)
Roa	7.228*** (5.49)	5.474*** (4.04)	8.256*** (5.98)	5.598*** (3.86)	6.533*** (5.07)	5.185*** (4.66)
Lev	1.498*** (4.87)	0.760** (2.21)	1.677*** (5.20)	0.930** (2.53)	1.485*** (4.93)	0.639** (2.27)
Growth	-0.130 (-1.00)	-0.234 (-1.62)	-0.117 (-0.85)	-0.254 (-1.64)	-0.134 (-1.05)	-0.300** (-2.53)
PPE	3.476*** (5.12)	1.279** (1.99)	3.832*** (5.39)	1.826*** (2.65)	3.879*** (5.84)	1.603*** (3.04)
Board	0.347*** (5.82)	0.345*** (5.07)	0.341*** (5.47)	0.359*** (4.91)	0.263*** (4.50)	0.281*** (5.02)
Out	8.120*** (4.67)	1.568 (0.83)	7.839*** (4.30)	0.880 (0.44)	5.706*** (3.35)	1.512 (0.98)
Exshr	-0.574 (-1.05)	-0.019 (-0.03)	-1.122* (-1.95)	-0.762 (-0.97)	-0.825 (-1.54)	-0.527 (-0.88)
Fshr	-0.410 (-0.47)	1.413 (1.52)	-1.058 (-1.17)	0.808 (0.81)	-0.148 (-0.18)	0.829 (1.09)
ZIndex	0.558*** (2.92)	0.184 (0.87)	0.441** (2.20)	0.121 (0.54)	0.469** (2.51)	0.247 (1.43)
Politic	0.342 (0.95)	0.860** (1.97)	0.199 (0.53)	1.154** (2.46)	-0.463 (-1.32)	0.667* (1.86)
Reform	0.111 (0.46)	-0.013 (-0.05)	0.144 (0.57)	0.366 (1.38)	0.217 (0.91)	-0.122 (-0.60)

续表

变量	(1)	(2)	(3)	(4)	(5)	(6)
	PayGap		PayGap_Ind		PayGap_City	
	公司多	公司少	公司多	公司少	公司多	公司少
Mkt	0.361*** (6.49)	-0.065 (-1.34)	0.309*** (5.29)	-0.069 (-1.33)	-0.012 (-0.23)	-0.043 (-1.07)
ListAge	-0.529*** (-3.38)	0.062 (0.34)	-0.598*** (-3.65)	-0.274 (-1.41)	-0.565*** (-3.69)	0.296** (2.00)
NewsNum	-0.171*** (-3.32)	-0.301*** (-5.13)	-0.195*** (-3.59)	-0.302*** (-4.80)	-0.118** (-2.34)	-0.235*** (-4.88)
Constant	-46.332*** (-21.94)	-28.299*** (-12.76)	-51.481*** (-23.26)	-32.808*** (-13.81)	-47.370*** (-22.92)	-20.874*** (-11.47)
N	4 572	3 900	4 572	3 900	4 572	3 900
R^2_Adj	0.19	0.12	0.16	0.10	0.18	0.08
F	32.191***	16.152***	25.113***	13.065***	30.045***	10.302***
Ind & Year FE	√	√	√	√	√	√

注：括号内为 t 值，并经怀特异方差和公司层面的聚类调整，***、**、* 分别表示 1%、5% 和 10% 的显著水平。

表 5-13 和表 5-14 列示了按当地非公有制上市企业规模大小进行分组的结果，本章发现非公有制企业党组织的影响力变量基本与高管—职工薪酬差距呈显著负相关的关系，组间差异检验也说明当地非公有制上市企业规模大的组和规模小的组之间没有显著的差异。

表 5-13　按非公有制企业在所在地区的上市公司的规模大小进行分组的回归结果

变量	(1)	(2)	(3)	(4)	(5)	(6)
	PayGap		PayGap_Ind		PayGap_City	
	规模大	规模小	规模大	规模小	规模大	规模小
Party	-0.502*** (-4.12)	-0.617*** (-5.60)	-0.323** (-2.53)	-0.383*** (-3.16)	-0.279*** (-2.64)	-0.344*** (-3.08)
Chow test (P 值)	(1) vs (2) 0.914		(3) vs (4) 0.854		(5) vs (6) 0.889	

续表

变量	(1)	(2)	(3)	(4)	(5)	(6)
	PayGap		PayGap_Ind		PayGap_City	
	规模大	规模小	规模大	规模小	规模大	规模小
Size	2.668*** (22.14)	1.183*** (9.84)	2.642*** (21.16)	1.225*** (9.26)	1.781*** (16.62)	0.646*** (5.30)
Roa	8.114*** (4.80)	3.064*** (3.24)	8.427*** (4.81)	3.330*** (3.20)	7.945*** (5.28)	1.991** (2.08)
Lev	0.468 (0.93)	0.333 (1.48)	0.487 (0.93)	0.277 (1.12)	0.300 (0.67)	0.425* (1.87)
Growth	−0.277* (−1.89)	−0.061 (−0.57)	−0.300** (−1.98)	−0.101 (−0.84)	−0.325** (−2.50)	0.002 (0.02)
PPE	4.672*** (6.56)	0.713 (1.28)	4.566*** (6.19)	0.761 (1.24)	4.230*** (6.68)	1.826*** (3.23)
Board	0.333*** (5.24)	0.143** (2.44)	0.279*** (4.24)	0.127** (1.97)	0.333*** (5.89)	0.099* (1.67)
Out	6.167*** (3.37)	0.027 (0.02)	5.293*** (2.79)	0.319 (0.18)	4.988*** (3.07)	−1.380 (−0.85)
Exshr	0.127 (0.18)	−0.362 (−0.75)	−0.144 (−0.20)	−0.237 (−0.45)	−0.960 (−1.52)	−0.320 (−0.66)
Fshr	−0.166 (−0.19)	−0.073 (−0.09)	−0.768 (−0.84)	−0.522 (−0.56)	−0.691 (−0.88)	1.531* (1.77)
ZIndex	0.358* (1.67)	0.236 (1.40)	0.325 (1.46)	0.111 (0.60)	0.175 (0.91)	0.442*** (2.59)
Politic	0.683 (1.60)	−0.423 (−1.34)	0.657 (1.49)	−0.218 (−0.62)	0.134 (0.35)	−0.251 (−0.78)
Reform	0.480* (1.90)	−0.492** (−2.24)	0.532** (2.03)	−0.501** (−2.07)	0.332 (1.48)	−0.188 (−0.84)
Mkt	1.741* (1.77)	−0.228 (−0.27)	1.925* (1.89)	0.382 (0.42)	1.039 (1.19)	−0.343 (−0.41)
ListAge	−0.445** (−2.43)	0.120 (0.80)	−0.494*** (−2.61)	0.068 (0.41)	−0.273* (−1.68)	−0.027 (−0.18)

续表

变量	(1)	(2)	(3)	(4)	(5)	(6)
	PayGap		PayGap_Ind		PayGap_City	
	规模大	规模小	规模大	规模小	规模大	规模小
NewsNum	-0.193*** (-3.09)	-0.021 (-0.41)	-0.199*** (-3.08)	-0.040 (-0.71)	-0.145*** (-2.61)	-0.021 (-0.40)
Constant	-71.519*** (-6.87)	-18.580** (-2.11)	-79.031*** (-7.33)	-32.762*** (-3.38)	-53.073*** (-5.74)	-13.769 (-1.54)
N	4 968	3 504	4 968	3 504	4 968	3 504
R^2_Adj	0.18	0.12	0.17	0.13	0.13	0.10
F	15.829***	7.325***	14.106***	7.837***	10.377***	6.293***
Ind & Year FE	√	√	√	√	√	√

注：括号内为t值，并经怀特异方差和公司层面的聚类调整，***、**、*分别表示1%、5%和10%的显著水平。

表5-14 按非公有制企业在所在地区的上市公司的规模大小进行分组的回归结果

变量	(1)	(2)	(3)	(4)	(5)	(6)
	PayGap		PayGap_Ind		PayGap_City	
	规模大	规模小	规模大	规模小	规模大	规模小
Award	-0.490* (-1.74)	-0.160 (-0.55)	-0.312 (-1.05)	-0.126 (-0.40)	-0.237 (-0.99)	-0.082 (-0.28)
Chow test (P值)	(1) vs (2) 0.418		(3) vs (4) 0.322		(5) vs (6) 0.410	
Size	2.260*** (20.34)	0.760*** (6.93)	2.073*** (17.91)	0.732*** (5.98)	1.533*** (15.77)	0.492*** (4.41)
Roa	8.974*** (5.32)	4.242*** (4.51)	9.654*** (5.49)	4.620*** (4.40)	8.198*** (5.55)	2.670*** (2.79)
Lev	0.969** (1.98)	0.628*** (2.87)	1.367*** (2.68)	0.796*** (3.26)	0.509 (1.19)	0.761*** (3.42)
Growth	-0.190 (-1.28)	-0.055 (-0.50)	-0.185 (-1.20)	-0.077 (-0.63)	-0.279** (-2.14)	-0.017 (-0.15)

续表

变量	(1)	(2)	(3)	(4)	(5)	(6)
	PayGap		PayGap_Ind		PayGap_City	
	规模大	规模小	规模大	规模小	规模大	规模小
PPE	3.635*** (5.26)	0.871 (1.59)	3.914*** (5.43)	1.331** (2.18)	3.337*** (5.52)	2.290*** (4.11)
Board	0.371*** (5.89)	0.193*** (3.32)	0.372*** (5.68)	0.215*** (3.31)	0.330*** (5.99)	0.099* (1.66)
Out	7.672*** (4.17)	-0.530 (-0.33)	6.819*** (3.56)	-0.057 (-0.03)	6.095*** (3.79)	-2.016 (-1.23)
Exshr	-0.211 (-0.30)	-0.601 (-1.26)	-1.072 (-1.46)	-0.959* (-1.80)	-1.006 (-1.64)	-0.555 (-1.14)
Fshr	-0.184 (-0.21)	-0.387 (-0.46)	-0.805 (-0.87)	-0.764 (-0.81)	-0.767 (-0.98)	0.729 (0.84)
ZIndex	0.328 (1.54)	0.180 (1.07)	0.286 (1.28)	0.070 (0.37)	0.220 (1.18)	0.283* (1.65)
Politic	1.512*** (3.58)	-0.370 (-1.16)	1.423*** (3.24)	-0.163 (-0.46)	0.542 (1.47)	-0.390 (-1.20)
Reform	0.584** (2.35)	-0.413* (-1.91)	0.768*** (2.97)	-0.308 (-1.28)	0.454** (2.09)	-0.351 (-1.59)
Mkt	0.222*** (4.57)	0.029 (0.73)	0.223*** (4.40)	0.005 (0.12)	0.143*** (3.36)	-0.151*** (-3.69)
ListAge	-0.599*** (-3.38)	-0.091 (-0.65)	-0.749*** (-4.05)	-0.315** (-2.04)	-0.308** (-1.99)	-0.242* (-1.72)
NewsNum	-0.325*** (-5.78)	-0.097** (-2.03)	-0.335*** (-5.74)	-0.106** (-1.98)	-0.220*** (-4.49)	-0.108** (-2.22)
Constant	-49.177*** (-20.22)	-11.364*** (-4.44)	-51.783*** (-20.44)	-17.990*** (-6.30)	-39.572*** (-18.61)	-11.010*** (-4.23)
N	4 968	3 504	4 968	3 504	4 968	3 504
R^2_Adj	0.14	0.08	0.11	0.06	0.11	0.05
F	24.487***	9.307***	19.072***	7.366***	18.398***	6.568***
Ind & Year FE	√	√	√	√	√	√

注：括号内为t值，并经怀特异方差和公司层面的聚类调整，***、**、*分别表示1%、5%和10%的显著水平。

以上这些结果说明,当地非公有制上市企业的数量、规模对党组织影响力和高管—职工薪酬差距之负相关关系没有显著影响;同时也说明本章的结果并不是因为当地非公有制上市企业少、规模大,导致其受到政府关注或者干预更多而带来的,排除了这一替代性解释。

5.4.4 稳健性检验

为了使得本章的结果更加稳健,本章采取了以下几种稳健性检验。

第一,2012 年党的十八大以来,中共中央对于非公有制企业党组织建设越加重视,特别是 2012 年 5 月 25 日,中共中央办公厅印发了《关于加强和改进非公有制企业党的建设工作的意见(试行)》(以下简称《意见》),如前述,这个文件进一步明确非公有制企业党组织的功能定位——发挥好党组织在非公有制企业中的政治核心作用和政治引领作用,这一《意见》强化了党组织在非公有制企业中的地位。本章以党的十八大召开及该意见的发布作为事件点,以 2012 年前后各两年的观测为样本,借鉴埃亨和底特马(Ahern & Dittmar,2012)的 DID 模型进行稳健性检验。为此,本章设置虚拟变量 Post,如果该年为 2013 年或 2014 年则为 1,如果该年为 2010 年或 2011 年则为 0。本章根据 2011 年的党组织的影响力选取实验组和控制组,在《意见》出台前,企业的党组织影响力越大则该企业越可能受到这一《意见》的影响,具体包括以下两个变量:Party_2011,等于 ln(1 + 企业在 2011 年的党组织活动次数);Award_2011,表示企业在 2011 年受到上级党组织的表彰则为 1,否则为 0。同时,本章也控制了公司和年度的固定效应,具体模型如下:

$$PayGap = \beta_0 + \beta_1 \times Post \times PartyEffect\_2011 + \beta_i \times Controls + \varepsilon \quad (5.5)$$

表 5 – 15 列示了 DID 模型的回归结果。本章发现交互项的系数均显著为负,这表明相对于该意见实施之前,该意见实施之后,与党组织的影响力较弱的非公有制企业相比较,党组织的影响力较强的非公有制企业与高管—职工薪酬差距的负相关关系更加显著。这些结果表明本章的结果比较稳健。

表 5 – 15　　　　　　　　稳健性检验:DID 模型

变量	(1)	(2)	(3)	(4)	(5)	(6)
	PayGap		PayGap_Ind		PayGap_City	
Post × Party_2011	-0.587*** (-3.15)		-0.434** (-2.36)		-0.211* (-1.74)	

续表

变量	(1)	(2)	(3)	(4)	(5)	(6)
	PayGap		PayGap_Ind		PayGap_City	
Post × Award_2011	—	-0.949** (-2.27)	—	-0.698* (-1.69)	—	-0.223 (-0.64)
Size	1.910*** (19.27)	1.995*** (15.11)	1.950*** (19.89)	2.028*** (15.40)	1.623*** (17.89)	1.692*** (13.98)
Roa	11.272*** (7.16)	9.937*** (6.21)	9.736*** (6.25)	9.535*** (5.95)	9.397*** (6.52)	8.105*** (5.70)
Lev	0.877** (2.39)	1.317*** (2.89)	1.057*** (2.91)	1.220*** (2.65)	0.592* (1.76)	0.902** (2.10)
Growth	-0.131 (-0.86)	-0.129 (-0.69)	-0.140 (-0.94)	-0.156 (-0.83)	-0.183 (-1.32)	-0.173 (-1.24)
PPE	2.473*** (3.85)	1.077 (1.34)	1.947*** (3.06)	1.275 (1.58)	3.072*** (5.23)	2.263*** (3.17)
Board	0.332*** (4.62)	0.283*** (3.55)	0.268*** (3.77)	0.262*** (3.26)	0.275*** (4.19)	0.237*** (3.29)
Out	4.575** (2.36)	4.043* (1.95)	3.857** (2.01)	4.052* (1.96)	3.557** (2.00)	3.264* (1.81)
Exshr	-0.292 (-0.48)	0.000 (0.00)	0.040 (0.07)	-0.060 (-0.13)	-0.611 (-1.11)	-0.251 (-0.54)
Fshr	0.106 (0.12)	-0.135 (-0.14)	-0.283 (-0.31)	-0.221 (-0.24)	-0.453 (-0.54)	-0.785 (-0.92)
ZIndex	0.312 (1.47)	0.348 (1.63)	0.358* (1.71)	0.370* (1.74)	0.220 (1.14)	0.209 (1.09)
Politic	0.784** (2.02)	0.892* (1.95)	0.795** (2.07)	0.903** (1.97)	0.168 (0.47)	0.275 (0.74)
Reform	0.327 (1.21)	0.435 (1.38)	0.386 (1.44)	0.402 (1.28)	-0.027 (-0.11)	0.081 (0.30)
Mkt	0.077 (1.61)	0.125** (2.32)	0.119** (2.52)	0.121** (2.24)	-0.010 (-0.24)	0.042 (0.89)

续表

变量	(1)	(2)	(3)	(4)	(5)	(6)
	PayGap		PayGap_Ind		PayGap_City	
ListAge	-0.144 (-0.86)	-0.300* (-1.66)	-0.296* (-1.80)	-0.253 (-1.39)	-0.051 (-0.34)	-0.215 (-1.30)
NewsNum	-0.281*** (-4.85)	-0.314*** (-5.29)	-0.240*** (-4.20)	-0.281*** (-4.74)	-0.276*** (-5.21)	-0.284*** (-5.17)
Constant	-39.805*** (-18.11)	-40.385*** (-13.22)	-47.461*** (-21.83)	-48.446*** (-15.88)	-39.131*** (-19.45)	-40.169*** (-14.59)
N	3 863	3 863	3 863	3 863	3 863	3 863
R^2_Adj	0.74	0.77	0.74	0.74	0.72	0.74
F	39.938***	15.289***	39.221***	13.386***	34.061***	13.288***
Firm & Year	√	√	√	√	√	√

注：括号内为 t 值，并经怀特异方差和公司层面的聚类调整，***、**、* 分别表示1%、5%和10%的显著水平。

第二，为了解决有党组织活动和没有党组织活动的非公有制企业之间的系统性差别，本章采用了 PSM 配对的方式进行稳健性检验①。PSM 配对后的非公有制企业党组织影响力与高管—职工薪酬差距的回归结果如表 5-16 所示，本章发现党组织的影响力与高管—职工薪酬差距仍然显著负相关。

表 5-16　　　　　　　　稳健性检验：PSM 配对模型

变量	(1)	(2)	(3)	(4)	(5)	(6)
	PayGap		PayGap_Ind		PayGap_City	
Party	-0.409*** (-4.39)	—	-0.201** (-2.02)	—	-0.200** (-2.26)	—
Award	—	-0.568** (-2.12)	—	-0.370 (-1.28)	—	-0.165 (-0.67)
Size	2.033*** (19.24)	1.848*** (10.05)	2.042*** (18.50)	1.779*** (9.26)	1.597*** (15.73)	1.529*** (8.40)

① PSM 配对的控制变量和模型（5.1）一致，配对的回归结果见附录 D。

续表

变量	(1)	(2)	(3)	(4)	(5)	(6)
	PayGap		PayGap_Ind		PayGap_City	
Roa	8.536*** (5.71)	10.040*** (4.51)	8.393*** (5.55)	11.253*** (4.67)	6.571*** (5.04)	7.025*** (3.57)
Lev	0.739* (1.80)	1.462** (2.49)	0.578 (1.43)	1.976*** (3.16)	0.556 (1.37)	0.930 (1.56)
Growth	-0.216 (-1.26)	-0.226 (-1.18)	-0.270 (-1.53)	-0.161 (-0.76)	-0.094 (-0.61)	-0.176 (-0.95)
PPE	2.363*** (3.28)	1.909 (1.45)	2.213*** (2.92)	2.813** (2.05)	2.688*** (4.07)	1.859 (1.52)
Board	0.245*** (3.34)	0.416*** (3.37)	0.215*** (2.82)	0.402*** (3.09)	0.256*** (3.69)	0.412*** (3.45)
Out	1.803 (1.01)	-2.448 (-0.84)	1.476 (0.79)	-2.719 (-0.86)	3.010* (1.84)	1.228 (0.46)
Exshr	-0.375 (-0.85)	0.688 (0.75)	-0.513 (-1.05)	-0.625 (-0.65)	-1.404*** (-3.27)	-0.298 (-0.36)
Fshr	0.816 (1.02)	0.130 (0.10)	0.498 (0.58)	-0.609 (-0.43)	-0.036 (-0.05)	0.188 (0.15)
ZIndex	0.220 (1.33)	0.311 (1.01)	0.164 (0.91)	0.227 (0.67)	0.052 (0.33)	0.141 (0.47)
Politic	0.189 (0.55)	-0.264 (-0.38)	0.252 (0.66)	0.316 (0.44)	-0.137 (-0.45)	-1.370** (-2.04)
Reform	-0.349 (-1.37)	-0.378 (-0.91)	-0.316 (-1.18)	-0.126 (-0.28)	-0.423* (-1.82)	-0.511 (-1.40)
Mkt	0.272 (0.12)	0.210*** (2.82)	1.939 (0.67)	0.195** (2.38)	2.142 (1.24)	0.139** (2.14)
ListAge	0.099 (0.59)	0.381 (1.37)	0.067 (0.38)	0.072 (0.25)	0.062 (0.40)	0.401 (1.63)
NewsNum	0.030 (0.48)	0.208** (2.39)	0.000 (0.00)	0.204** (2.17)	-0.016 (-0.27)	0.186** (2.35)

续表

变量	(1)	(2)	(3)	(4)	(5)	(6)
	PayGap		PayGap_Ind		PayGap_City	
Constant	-44.543* (-1.85)	-39.238*** (-9.07)	-68.090** (-2.30)	-44.361*** (-9.83)	-59.784*** (-3.32)	-39.507*** (-9.78)
N	5 102	1 752	5 102	1 752	5 102	1 752
R^2_Adj	0.20	0.19	0.19	0.15	0.15	0.17
F	11.961***	9.444***	12.364***	8.411***	9.393***	7.536***
Ind & Year FE	√	√	√	√	√	√

注：括号内为 t 值，并经怀特异方差和公司层面的聚类调整，***、**、* 分别表示 1%、5% 和 10% 的显著水平。

第三，由于管理层的权力是影响职工薪酬的一个重要因素，为此本章也以董事长和总经理两职合一来衡量管理层的权利，控制管理层权力的影响。如果董事长和总经理两职合一则 Dual 赋值为 1，否则为 0。表 5-17 的结果分别显示，管理层的权力越大，高管—职工薪酬差距越大；在控制了管理层权力之后，党组织的影响力与高管—职工薪酬差距仍然显著负相关。

表 5-17　　　　稳健性检验：控制管理层权力的影响

变量	(1)	(2)	(3)
	PayGap	PayGap_Ind	PayGap_City
Party	-0.374*** (-4.09)	-0.160* (-1.64)	-0.198** (-2.28)
Dual	0.824*** (5.70)	0.771*** (5.06)	0.694*** (5.23)
Size	2.009*** (22.83)	2.005*** (22.45)	1.584*** (19.76)
Roa	5.499*** (4.65)	5.714*** (4.87)	5.017*** (5.21)
Lev	0.903*** (3.22)	0.791*** (2.85)	0.937*** (3.77)
Growth	-0.190* (-1.69)	-0.213* (-1.84)	-0.211** (-2.18)

续表

变量	(1) PayGap	(2) PayGap_Ind	(3) PayGap_City
PPE	2.501*** (4.67)	2.562*** (4.64)	2.781*** (5.83)
Board	0.306*** (5.82)	0.266*** (4.95)	0.270*** (5.68)
Out	4.659*** (3.43)	4.274*** (3.06)	3.212*** (2.69)
Exshr	-1.313*** (-3.36)	-1.323*** (-3.13)	-1.740*** (-4.50)
Fshr	0.602 (0.95)	0.055 (0.08)	0.506 (0.88)
ZIndex	0.448*** (3.21)	0.368** (2.51)	0.368*** (2.91)
Politic	0.342 (1.21)	0.406 (1.33)	0.058 (0.23)
Reform	-0.022 (-0.11)	0.005 (0.03)	-0.055 (-0.32)
Mkt	0.678 (0.92)	1.056 (1.39)	0.376 (0.62)
ListAge	-0.116 (-0.93)	-0.153 (-1.19)	-0.109 (-0.93)
NewsNum	-0.124*** (-2.86)	-0.135*** (-2.96)	-0.119*** (-2.91)
Constant	-46.997*** (-6.05)	-57.309*** (-7.17)	-42.002*** (-6.49)
N	8 472	8 472	8 472
R^2_Adj	0.18	0.17	0.13
F	15.442***	15.438***	12.562***
Ind & Year FE	√	√	√

注：括号内为 t 值，并经怀特异方差和公司层面的聚类调整，***、**、* 分别表示 1%、5% 和 10% 的显著水平。

第四，本章还使用党组织影响力哑变量（Party_Dum），即当企业党组织活动次数大于当年所有存在党组织活动的企业的中位数则为1，否则为0。表5-18的结果分别显示，党组织的影响力与高管—职工薪酬差距仍然显著负相关，本章的结果依旧不变。

表5-18　　　　　　　　稳健性检验：其他解释变量

变量	(1) PayGap	(2) PayGap_Ind	(3) PayGap_City
Party_Dum	-0.692*** (-4.11)	-0.636*** (-3.50)	-0.349** (-2.20)
Size	1.713*** (20.43)	1.608*** (18.90)	1.358*** (17.94)
Roa	7.249*** (6.17)	6.818*** (5.74)	6.442*** (6.79)
Lev	0.917*** (3.43)	1.348*** (5.04)	0.903*** (3.73)
Growth	-0.149 (-1.32)	-0.127 (-1.09)	-0.195** (-2.03)
PPE	3.002*** (6.59)	1.138** (2.38)	3.134*** (7.82)
Board	0.375*** (6.83)	0.361*** (6.59)	0.299*** (6.10)
Out	5.823*** (4.21)	5.625*** (3.99)	4.005*** (3.35)
Exshr	-0.630* (-1.83)	-1.118*** (-2.91)	-1.128*** (-3.36)
Fshr	0.706 (1.10)	0.074 (0.11)	0.482 (0.83)
ZIndex	0.351** (2.48)	0.361** (2.43)	0.314** (2.49)
Politic	0.577* (1.95)	0.244 (0.77)	-0.029 (-0.11)

续表

变量	(1) PayGap	(2) PayGap_Ind	(3) PayGap_City
Reform	-0.023 (-0.12)	0.158 (0.81)	-0.066 (-0.40)
Mkt	0.096*** (2.95)	0.125*** (3.65)	-0.044 (-1.55)
ListAge	-0.066 (-0.58)	-0.274** (-2.36)	-0.010 (-0.10)
NewsNum	-0.186*** (-4.46)	-0.166*** (-3.80)	-0.165*** (-4.24)
Constant	-37.169*** (-18.77)	-41.783*** (-20.93)	-34.168*** (-19.29)
N	8 472	8 472	8 472
R^2_Adj	0.12	0.10	0.10
F	38.570***	32.750***	36.804***
Ind & Year FE	√	√	√

注：括号内为t值，并经怀特异方差和公司层面的聚类调整，***、**、*分别表示1％、5％和10％的显著水平。

5.5 本章小结

本章以2004~2015年的A股非公有制上市企业为样本，检验了非公有制企业党组织的影响力对高管—职工薪酬差距的影响。结果发现：非公有制企业党组织的影响力越大，企业的高管—职工薪酬差距越低，而且与同行业或者同地区的高管—职工薪酬差距相比也较低；在非公有制企业党组织基础更加稳固、管理层对党组织重视程度更高、政治敏感度更强时，非公有制企业党组织的影响力和更低的高管—职工薪酬差距之关联更加显著。进一步的研究还发现，非公有制企业党组织的影响力和更低的高管—职工薪酬差距之关联不受当地上市的非公有制企业数量多少、企业规模大小的影响，排除了政府干预的替代性解释。经过各种稳健性检验之后，本章的结论依然不变。

社会主义的本质是解放生产力、发展生产力，消灭剥削、最终实现共同富裕。社会主义市场经济既要注重效率，也要注重公平，在收入差距过大的社会背景下，本章的研究与发现对于收入分配制度改革和非公有制企业薪酬结构的设计具有较大的实际意义。

第 6 章

非公有制企业党组织的影响力与超额雇员

6.1 概 述

党的十六大报告明确提出:"就业是民生之本,扩大就业是我国当前和今后长时期重大而艰巨的任务,国家实行促进就业的长期战略和政策"。党的十八大以来,面对错综复杂的国际形势和艰巨繁重的改革发展稳定任务,面对不断加大的经济下行和稳定就业压力,中央明确指出:"稳增长就是保就业,要将保障比较充分的就业作为稳定经济增长的目标和底线,要把稳定和扩大就业作为经济社会发展的优先目标"。①中共中央、国务院于 2017 年 2 月 6 日印发《"十三五"促进就业规划》,明确了:"促进就业的指导思想、基本原则、主要目标、重点任务和保障措施,对全国促进就业工作进行全面部署"。本章在前述几章文献分析和理论分析的基础上,以 2004~2015 年的 A 股非公有制上市企业为样本,检验了非公有制企业党组织的影响力对超额雇员的影响。结果发现:非公有制企业党组织的影响力越大,企业的超额雇员越多,而且与同行业或者同地区的超额雇员相比也更多;在非公有制企业党组织基础更加稳固、管理层对党组织重视程度更高、政治敏感度更强时,非公有制企业党组织的影响力和更多的超额雇员之关联更加显著。进一步的研究还发现,非公有制企业党组织的影响力和更多的超额雇员之关联不受当地上市的非公有制企业数量多少、企业规模大小的影响;最后,本章还基于省级层面的失业数据和非公有制企业党组织影响力的数据进行分析,发现该省非公有制企业党组织影响力越大,其省级层面的失业规模和失业率也显

---

① 王静宇:《如何破解"就业难与招工难并存"结构性矛盾》,载《中国经济时报》2016 年 3 月 18 日。

著更低。经过各种稳健性检验之后，本章的结论依然不变。

本章的后续安排如下：6.2 节是文献综述和研究假说，6.3 节进行研究设计，实证结果在 6.4 节，6.5 节对本章进行了总结。

6.2 文献综述和研究假说

国内外学者对企业超额雇员问题已经有不少研究，且主要从产权性质和政府干预的角度分析企业的超额雇员现象（Boycko et al.，1996；Dewenter and Malatesta，2001；Frydman et al.，1998；林毅夫和李志赟，2004；林毅夫等，2004；沈永建和张天琴，2011；薛云奎、白云霞，2008；曾庆生和陈信元，2006），这些学者认为，国有企业的"天然"属性、预算软约束或政府干预使得企业的超额雇员问题更加严重。伯克等（1996）和林毅夫等（2004）发现，中国的国有企业承担着社会就业和社会稳定等多重经济目标，给国有企业带来了大量的政策性负担。沈永建和张天琴（2011）则认为政府官员出于晋升考核的考虑，会极力去避免高失业率等带来的社会不稳定的可能性，因此地方政府会要求企业增加就业机会，从而导致企业的超额雇员现象。由于在非国有企业里，产权私有导致政府干预非国有企业雇员决策的成本大于国有企业，政府干预对非国有企业的超额雇员影响则显著更低（Boycko et al.，1996）。曾庆生和陈信元（2006）也发现，国有企业相对于非国有企业而言其超额雇员相对更多，甚至限制国企改制中下岗分流人员的数量。但目前关于超额雇员的文献并未严格地区分政府和政党对其的影响，且集中于从政府的角度研究对国有企业超额雇员的影响。

但在我国的政党和政治体制之下，政府是政党意志的体现和执政机关。毫无疑问党组织也是影响企业行为的重要力量之一，马连福等（2013）发现党委会的"双向进入、交叉任职"增加了国有企业的超额雇员。坎贝尔（2007）指出企业党组织是一种有效的制度力量，有利于加强对企业和社会的监管，增强企业的社会责任行为，促进社会的和谐。因此，企业里的党组织不仅可以直接干预公有制企业的雇员决策（马连福等，2013），也自然可以为非公有制企业的雇员决策提供重要的参考和影响，甚至内化为企业经营目标。在具有中国特色的社会主义市场经济下，促进就业和维护社会稳定，这也是党和政府高度重视的政治和社会目标，这一政治和社会目标自然会通过党组织贯彻到企业的雇员决策中去。

此外，从非公有制企业党组织的自身的作用和定位来看，中共中央组织部对非公有制企业党组织在促进就业和维护社会稳定的功能和作用上也做出了相关规定。中共中央组织部要求："党组织领导工会、共青团等群众组织，紧紧围绕社会稳定和长治久安总目标,做好非公经济人士的统战工作和思想政治工作,以提高非公经济发展质量和效益为中心,不断改善民生、凝聚人心、促进就业,构建和谐劳动关系,促进企业和社会稳定"。① 改革开放以来,非公有制经济取得了非常迅速的发展,已经成为我国社会主义市场经济的重要组成部分,非公有制经济在促进就业、改善民生、凝聚人心、促进社会和谐稳定方面起着不可替代的作用。特别是党的十八大以来,面对国内外日益严峻的形势,面对经济转型、经济增速放缓的现实,中共中央明确指出:"稳增长就是保就业,要将保障比较充分的就业作为稳定经济增长的目标和底线,要把稳定和扩大就业作为经济社会发展的优先目标"。② 因此,促进就业和维护社会稳定自然成为非公有制企业党组织的使命,这也是党组织影响非公有制企业超额雇员的内在基础。

最后,从党组织和非公有制企业"双向嵌入"的角度来看,党组织的影响力越大,其对非公有制企业雇员决策的影响也应该越大。社会网络理论中的"嵌入理论"认为经济行为总是嵌入于非经济行为之中(Granovetter,1985),并且受到各种非经济行为的影响,嵌入是非经济行为影响经济行为的过程,并且带入了非经济行为的治理作用(Uzzi,1997)。中国共产党是中国唯一的执政党,政党的非经济行为对企业的影响是无处不在的,中国共产党作为企业重要的利益相关者对企业的行为无疑存在着非常重要的影响。党组织嵌入非公有制企业就是中国共产党的政治方向、执政理念、先进文化和组织优势融入非公有制企业运营之中,发挥其应有作用的过程和行为。同时,党组织嵌入非公有制企业既是一种直接的关系嵌入,也是一种结构网络的嵌入。党组织关系嵌入使得党组织直接和单个非公有制企业联系在一起,不仅政党所倡导的行为将可能成为非公有制企业的治理决策的直接的参照物,其他具有党组织的非公有制企业的治理决策也可能作为其决策的参照物。特别是那些位于党组织网络中心位置的非公有制企业,受到党组织结构嵌入的"学习效应"或"模仿效应"的力度也会更大;非公有制企业党组织越处于党组织网络的中心,其企业治理决策受到党组织的影响也越大。因此,随着党组织逐步深入到非公有制企业之中,党组织在非公有制企业之中的影响力越大,党和政府所强调的稳定和扩大就业就越可能会反映在非公有制企业的治理决策之上,进而对企业的雇员行为产生重要影响。

基于上述的理论分析,本章提出以下待检验的研究假说:

假定其他条件相同,与党组织影响力较弱的非公有制企业相比较,党组织影

---

① 《中共中央印发〈中国共产党国有企业基层组织工作条例(试行)〉》,中国共产党新闻网,2020年1月5日,http://cpc.people.com.cn/n1/2020/0105/c419242-31535071.html。

② 王静宇:《如何破解"就业难与招工难并存"结构性矛盾》,载《中国经济时报》2016年3月18日。

响力较强的非公有制企业的超额雇员更多。

6.3 研究设计

6.3.1 研究模型和变量定义

为了检验非公有制企业党组织的影响力对企业超额雇员的影响,本章构建以下三个模型:

$$\text{ExStaff} = \beta_0 + \beta_1 \times \text{PartyEffect} + \beta_i \times \text{Controls} + \varepsilon \quad (6.1)$$

$$\text{PartyEffect} = \beta_0 + \beta_1 \times \text{PoliticalValue} + \beta_2 \times \text{DistanceBJ} + \beta_i \times \text{Controls} + \varepsilon \quad (6.2)$$

$$\text{ExStaff} = \beta_0 + \beta_1 \times \widehat{\text{PartyEffect}} + \beta_i \times \text{Controls} + \varepsilon \quad (6.3)$$

其中,模型(6.1)为 OLS 回归模型。同时,本章也采用两阶段回归模型(2SLS)以控制潜在的遗漏变量①等内生性问题,选取世界价值观调查中关于中国各省公民政治价值观的调查数据和企业所在城市与我国政治中心(北京)的地理距离的自然对数作为工具变量②。模型(6.2)和模型(6.3)分别为 2SLS 回归模型的第一阶段和第二阶段回归模型③。

本章的解释变量为非公有制企业党组织的影响力(PartyEffect),采用企业党组织活动的情况来衡量,具体包括以下两个变量:(1)非公有制企业党组织的影响程度(Party),等于党组织活动次数的自然对数,党组织活动次数越多则表明党组织影响力越大;(2)非公有制企业党组织是否获得上级党委表彰的哑变量(Award),党组织受到上级党委表彰则表明党组织影响力较大。在稳健性检验中,本章也用党组织影响力哑变量(Party_Dum)来衡量,即当企业党组织活动次数大于当年所有存在党组织活动的企业的中位数则为 1,否则为 0。

本章的因变量为超额雇员(ExStaff),其计算方式参考曾庆生和陈信元(2006)、刘慧龙等(2010)等的研究,具体计算过程见附录 C,主要包括以下三个变量:(1)企业每百万元总资产的超额雇员(ExStaff),借鉴曾庆生和陈信元(2006)、刘慧龙等(2010)等的研究,用每百万元总资产的员工人数和公司规

---

① 比如,企业规模和政府干预等遗漏变量的影响,因为企业规模大,受到的政府干预多,从而导致其党组织影响力和超额雇员同时更大。
② 政治价值观和地理距离的计算方式如前文第五章所述。
③ 2SLS 第一阶段的回归结果见附录 B。

模、固定资产比例、营业收入增长率进行回归后的残差进行衡量；(2) 相对同行业的每百万元总资产的超额雇员（ExStaff_Ind），公司超额雇员（ExStaff）与所在行业平均超额雇员的差额；(3) 相对同地区的每百万元总资产的超额雇员（ExStaff_City），公司超额雇员（ExStaff）与所在城市平均超额雇员的差额。

本章的控制变量主要包括：(1) 由于路径依赖，国有企业私有化改制而来的非公有制企业承担的社会就业也可能更多，为此本章控制了国企私有化改制哑变量（Reform）；(2) 如果企业具有政治关联或者受到的政府干预更多，则企业超额雇员也可能更多，为此本章也控制了政治关联哑变量（Politic）和所在地的市场化水平（Mkt）；(3) 由于本章的数据来自公司主页披露党组织活动的新闻数据，为此本章还控制影响企业党组织活动披露的变量，即公司每年披露的新闻总数（NewsNum）；(4) 公司基本面的变量：公司规模（Size）、资产负债率（Lev）、资产回报率（Roa）、营业收入增长率（Growth）、固定资产比例（PPE）、上市年龄（ListAge）；(5) 公司治理的变量：董事会规模（Board）、独立董事比例（Out）、高管持股比例（Exshr）、第一大股东持股比例（Fshr）、股权制衡度（ZIndex）。最后，本章还控制了行业和年度固定效应。具体变量定义如表6-1所示。

表6-1　　　　　　　　　　　变量定义

变量	定义
ExStaff	t年企业每百万元总资产的超额雇员。借鉴曾庆生和陈信元（2006）、刘慧龙等（2010）等的研究，用每百万元总资产的员工人数和公司总资产的自然对数、固定资产比例、营业收入增长率进行回归后的残差进行衡量
ExStaff_Ind	t年企业每百万元总资产的超额雇员（ExStaff1）与所在行业平均每百万元总资产的超额雇员的差额
ExStaff_City	t年企业每百万元总资产的超额雇员（ExStaff1）与所在城市平均每百万元总资产的超额雇员的差额
Party	t年公司党组织活动的次数的自然对数，等于ln(1+党组织活动次数)，其值越大表明党组织影响力较大
Award	t年公司是否受到上级表彰哑变量，受到上级表彰则为1，表明党组织影响力较大；否则为0，表明党组织影响力较小
Size	t年末公司规模，等于年末总资产的自然对数
Roa	t年总资产报酬率，等于净利润除以年末总资产
Lev	t年末资产负债率，等于年末总负债除以年末总资产

续表

变量	定义
Growth	t 年营业收入增长率
PPE	t 年末固定资产比例，等于年末固定资产除以年末总资产
Board	t 年公司董事会人数
Out	t 年公司独立董事比例
Exshr	t 年末高管持股比例
Fshr	t 年末第一大股东持股比例
ZIndex	t 年末股权制衡度，等于第 2 - 5 大股东持股比例除以第 1 大股东持股比例
Politic	t 年公司董事长或者总经理是否具有政治关联，政治关联指的是董事长或者总经理曾在或正在政府部门、军队任职，以及曾经或现在仍担任党代表、人大代表或者政协委员
Reform	如果公司由国企改制而来则为 1，否则为 0
Mkt	樊纲市场化指数
List Age	公司的上市年龄的自然对数，等于 ln(1 + 上市年龄)
News Num	t 年公司主页上披露的新闻总数的自然对数，等于 ln(1 + 新闻总数)

6.3.2 样本和数据

本章以 2004～2015 年的 A 股非公有制上市企业作为样本，在剔除金融行业、ST 公司和缺失数据的观测后，共得到 8 522 个观测值（公司 - 年）。除了党组织影响力的变量的相关数据为手工收集之外，市场化指数来自樊纲等著的《中国市场化指数》，其他数据都是基于国泰安数据库整理计算而得，并与万得数据库和锐思金融数据库进行了交叉核对。本章所使用的软件为 SAS9.3 和 STATA 14。为了避免极值的影响，本章对连续变量进行了上下 1% 的 winsorize 缩尾处理。

6.4 实证结果

6.4.1 描述性统计和相关系数分析

表 6 - 2 列示了主要变量的描述性统计，党组织活动的影响程度（Party）的

均值为 0.454，中位数为 0，最大值为 4.007；上级党委表彰哑变量（Award）的均值为 0.103，中位数为 0。从这两个变量的描述性统计可以看出企业之间的党组织的影响力存在较大差异。企业超额雇员（ExStaff）的均值为 -0.034，中位数为 -0.166，最大值为 3.602；企业相对同行业的超额雇员（ExStaff_Ind）的均值为 -0.030，中位数为 -0.145，最大值为 4.260；企业相对同地区的超额雇员（ExStaff_City）的均值为 -0.010，中位数为 -0.026，最大值为 4.002。从这三个变量的描述性统计可以看出企业之间的超额雇员也存在较大差异。其他变量与前人的统计结果基本一致。

表 6-2　　主要变量描述性统计

变量	N	均值	标准差	最小值	Q25	中位数	Q75	最大值
ExStaff	8 522	-0.034	0.815	-1.650	-0.505	-0.166	0.260	3.602
ExStaff_Ind	8 522	-0.030	0.808	-2.842	-0.478	-0.145	0.276	4.260
ExStaff_City	8 522	-0.010	0.693	-3.688	-0.382	-0.026	0.237	4.002
Party	8 522	0.454	0.785	0.000	0.000	0.000	0.693	4.007
Award	8 522	0.103	0.304	0.000	0.000	0.000	0.000	1.000
Size	8 522	21.370	1.055	18.390	20.680	21.310	22.020	24.340
Roa	8 522	0.038	0.074	-0.435	0.014	0.039	0.068	0.258
Lev	8 522	0.437	0.324	0.036	0.235	0.404	0.573	2.730
Growth	8 522	0.230	0.634	-0.814	-0.031	0.129	0.314	4.712
PPE	8 522	0.212	0.149	0.000	0.098	0.189	0.301	0.916
Board	8 522	8.464	1.587	3.000	7.000	9.000	9.000	17.000
Out	8 522	0.372	0.054	0.000	0.333	0.333	0.429	0.667
Exshr	8 522	0.085	0.153	0.000	0.000	0.002	0.098	0.843
Fshr	8 522	0.323	0.140	0.022	0.218	0.298	0.412	0.900
ZIndex	8 522	0.765	0.603	0.033	0.301	0.623	1.072	2.883
Politic	8 522	0.049	0.215	0.000	0.000	0.000	0.000	1.000
Reform	8 522	0.248	0.432	0.000	0.000	0.000	0.000	1.000
Mkt	8 522	9.353	1.961	2.640	7.660	9.550	11.040	11.710
ListAge	8 522	1.845	0.747	0.000	1.386	1.792	2.485	3.091
NewsNum	8 522	1.810	1.690	0.000	0.000	1.946	3.219	6.686

从表6-3按有无党组织活动进行分组的差异检验中可以发现，存在党组织活动的公司与不存在党组织活动的公司相比，前者的超额雇员均显著更多，这些证据初步支持了本章的研究假说。此外，表6-4列示了主要变量的 Spearman 和 Pearson 相关性分析：党组织活动影响力变量均与超额雇员变量呈显著正相关关系，也初步支持了本章的研究假说。

表6-3　　　　　　　　　　　差异检验

变量	Party > 0			Party = 0			均值差异检验	中位数差异检验
	N	均值	中位数	N	均值	中位数		
ExStaff	2 559	0.058	-0.049	5 963	-0.074	-0.224	0.132***	127.070***
ExStaff_Ind	2 559	0.052	-0.061	5 963	-0.064	-0.194	0.116***	96.184***
ExStaff_City	2 559	0.039	0.000	5 963	-0.032	-0.055	0.071***	21.674***

注：均值差异为 t 检验，中位数差异为 Wilcoxon 秩和检验。*** 表示1%的显著水平。

表6-4　　　　　　　　　　　相关性分析

变量	ExStaff	ExStaff_Ind	ExStaff_City	Party	Award
ExStaff	1	0.937***	0.785***	0.141***	0.074***
ExStaff_Ind	0.956***	1	0.761***	0.119***	0.058***
ExStaff_City	0.838***	0.814***	1	0.080***	0.064***
Party	0.087***	0.078***	0.064***	1	0.580***
Award	0.037***	0.030***	0.041***	0.632***	1

注：左下方和右上方分别为 Pearson 和 Spearman 相关系数。*** 表示1%的显著水平。

6.4.2　回归分析

表6-5列示了非公有制企业党组织的影响力与超额雇员的回归结果，其中，前（后）四列为 OLS（2SLS）模型的回归结果。不论是 OLS 回归模型还是 2SLS 回归模型，本章发现非公有制企业党组织的影响力程度（Party 或 $\hat{\text{Party}}$）及非公有制企业党组织受到上级表彰（Award 或 $\hat{\text{Award}}$）均与超额雇员（ExStaff）呈显著正相关关系。从经济意义上来看，第一列里可以计算出党组织影响力程度（Party）每变动一个标准差，超额雇员会增加 0.785×0.060=0.047，超额雇员增加 0.047/0.034×100% =138.235%。第二列里可以计算出党组织受到上级表彰（Award）每变动一个标准差，超额雇员会增加 0.304×0.044=0.013，超额

雇员增加 0.013/0.034 × 100% = 38.235%。以上这些结果说明，与党组织的影响力较弱的非公有制企业相比，党组织的影响力较强的非公有制企业的超额雇员更多，本章的研究假说得到验证。

表6-5　　　　　非公有制企业党组织的影响力与超额雇员

变量	(1)	(2)	(3)	(4)
	ExStaff		ExStaff	
Party	0.060*** (4.82)	—	—	—
Award	—	0.044* (1.68)	—	—
P̂arty	—	—	0.225*** (3.55)	—
P̂arty	—	—	—	0.870*** (2.80)
Size	0.077*** (6.15)	0.072*** (5.83)	0.076*** (5.55)	0.067*** (5.28)
Roa	0.558** (2.57)	0.664*** (3.16)	0.571** (2.57)	0.592*** (2.62)
Lev	0.338*** (5.39)	0.296*** (4.91)	0.359*** (5.62)	0.369*** (5.68)
Growth	0.037** (2.41)	0.033** (2.15)	0.042*** (2.63)	0.047*** (2.84)
PPE	0.030 (0.37)	0.156** (2.24)	0.071 (0.79)	0.052 (0.61)
Board	-0.014** (-2.20)	-0.007 (-1.14)	0.003 (0.36)	0.002 (0.30)
Out	-0.541*** (-2.69)	-0.434** (-2.18)	-0.437** (-2.19)	-0.410** (-2.01)
Exshr	-0.041 (-0.73)	-0.043 (-0.76)	-0.076 (-1.21)	-0.018 (-0.29)

续表

变量	(1) ExStaff	(2) ExStaff	(3) ExStaff	(4) ExStaff
Fshr	0.318*** (3.80)	0.188** (2.27)	0.232** (2.23)	0.180 (1.52)
ZIndex	0.038* (1.89)	0.028 (1.38)	0.030 (1.39)	0.016 (0.61)
Politic	0.021 (0.57)	0.002 (0.05)	0.024 (0.61)	0.042 (1.10)
Reform	-0.107*** (-3.73)	-0.114*** (-4.05)	-0.079** (-2.28)	-0.092*** (-3.04)
Mkt	0.051 (0.37)	0.059 (0.42)	-0.004 (-0.70)	-0.002 (-0.48)
ListAge	0.008 (0.40)	-0.006 (-0.32)	-0.009 (-0.43)	-0.003 (-0.17)
NewsNum	0.002 (0.26)	0.013** (2.31)	0.065** (2.19)	0.063*** (2.58)
Constant	-2.409* (-1.70)	-2.250** (-2.00)	-1.953*** (-6.77)	-1.764*** (-6.34)
N	8 522	8 522	8 522	8 522
R^2_Adj	0.08	0.07	0.08	0.07
F	13.844***	10.301***	10.167***	9.871***
Ind & Year FE	√	√	√	√

注：括号内为t值，并经怀特异方差和公司层面的聚类调整，***、**、*分别表示1%、5%和10%的显著水平。

表6-6列示了非公有制企业党组织的影响力与相对同行业的超额雇员的回归结果。不论是OLS回归模型还是2SLS回归模型，本章发现非公有制企业党组织的影响力程度及非公有制企业党组织受到上级表彰，也均与相对同行业的超额雇员呈显著正相关关系。从经济意义上来看，第一列里可以计算出党组织影响力程度（Party）每变动一个标准差，相对同行业的超额雇员会增加0.785×0.055=0.043，相对同行业的超额雇员增加0.043/0.030×100%=143.333%。第二列里可以计算出党组织受到上级表彰（Award）每变动一个标准差，相对同行业的超

额雇员会增加 0.304×0.024 = 0.007，相对同行业的超额雇员增加 0.007/0.030×100% = 23.333%。

表 6-6　非公有制企业党组织的影响力与超额雇员（行业比较）

变量	(1) ExStaff_Ind	(2) ExStaff_Ind	(3) ExStaff_Ind	(4) ExStaff_Ind
Party	0.055*** (4.41)	—	—	—
Award	—	0.024* (1.89)	—	—
P̂arty	—	—	0.191*** (3.29)	—
Âward	—	—	—	0.754*** (2.73)
Size	0.078*** (6.38)	0.080*** (6.53)	0.076*** (5.61)	0.069*** (5.51)
Roa	0.617*** (2.96)	0.612*** (2.94)	0.625*** (2.94)	0.643*** (2.98)
Lev	0.322*** (5.50)	0.323*** (5.52)	0.341*** (5.72)	0.350*** (5.76)
Growth	0.026* (1.70)	0.026* (1.71)	0.029* (1.88)	0.034** (2.09)
PPE	-0.001 (-0.01)	0.004 (0.05)	0.033 (0.37)	0.018 (0.21)
Board	-0.016** (-2.53)	-0.015** (-2.30)	-0.001 (-0.13)	-0.001 (-0.20)
Out	-0.514*** (-2.61)	-0.504** (-2.56)	-0.422** (-2.17)	-0.398** (-2.01)
Exshr	-0.022 (-0.41)	-0.029 (-0.53)	-0.053 (-0.86)	-0.004 (-0.06)
Fshr	0.281*** (3.34)	0.264*** (3.14)	0.214** (2.04)	0.167 (1.40)
ZIndex	0.036* (1.81)	0.035* (1.73)	0.029 (1.36)	0.017 (0.65)

续表

变量	(1)	(2)	(3)	(4)
	ExStaff		ExStaff	
Politic	0.009 (0.25)	0.005 (0.13)	0.015 (0.37)	0.030 (0.79)
Reform	-0.088*** (-3.07)	-0.080*** (-2.82)	-0.063* (-1.81)	-0.074** (-2.45)
Mkt	0.145 (1.01)	0.137 (0.96)	-0.001 (-0.22)	-0.000 (-0.02)
ListAge	0.014 (0.74)	0.012 (0.64)	-0.002 (-0.10)	0.003 (0.13)
NewsNum	0.002 (0.29)	0.012** (2.04)	0.058* (1.88)	0.056** (2.26)
Constant	-3.221** (-2.19)	-3.192** (-2.17)	-1.711*** (-5.93)	-1.549*** (-5.71)
N	8 522	8 522	8 522	8 522
R^2_Adj	0.07	0.07	0.07	0.07
F	12.357***	11.962***	6.957***	6.769***
Ind & Year FE	√	√	√	√

注：括号内为 t 值，并经怀特异方差和公司层面的聚类调整，***、**、* 分别表示1%、5%和10%的显著水平。

表6-7则列示了非公有制企业党组织的影响力与相对同地区的超额雇员的回归结果。不论是OLS回归模型还是2SLS回归模型，本章也发现非公有制企业党组织的影响力基本与相对同地区的超额雇员呈显著正相关的关系。从经济意义上来看，第一列里可以计算出党组织影响力程度（Party）每变动一个标准差，相对同地区的超额雇员会增加 0.785×0.041=0.032，相对同地区的超额雇员增加 0.032/0.010×100%=320.000%。第二列里可以计算出党组织受到上级表彰（Award）每变动一个标准差，相对同地区的超额雇员会增加 0.304×0.063=0.019，相对同地区的超额雇员增加 0.019/0.010×100%=190.000%。

表6-7　非公有制企业党组织的影响力与超额雇员（地区比较）

变量	(1)	(2)	(3)	(4)
	ExStaff_City		ExStaff_City	
Party	0.041*** (3.85)	—	—	—
Award	—	0.063*** (2.78)	—	—
$\hat{\text{Party}}$	—	—	0.167** (2.55)	—
$\hat{\text{Award}}$	—	—	—	0.554** (2.39)
Size	0.083*** (8.08)	0.084*** (8.22)	0.080*** (7.24)	0.082*** (8.31)
Roa	0.554*** (3.24)	0.549*** (3.22)	0.539*** (3.21)	0.534*** (3.19)
Lev	0.221*** (4.42)	0.220*** (4.42)	0.206*** (4.23)	0.205*** (4.17)
Growth	0.028** (2.11)	0.028** (2.09)	0.027** (2.06)	0.026* (1.96)
PPE	0.029 (0.45)	0.033 (0.52)	0.016 (0.26)	0.026 (0.42)
Board	-0.015*** (-2.85)	-0.014*** (-2.72)	-0.017*** (-2.61)	-0.016*** (-2.66)
Out	-0.656*** (-3.97)	-0.653*** (-3.95)	-0.614*** (-3.80)	-0.616*** (-3.77)
Exshr	-0.067 (-1.29)	-0.074 (-1.43)	-0.055 (-1.02)	-0.070 (-1.37)
Fshr	0.213*** (2.98)	0.207*** (2.89)	0.218** (2.52)	0.216** (2.24)
ZIndex	0.027 (1.55)	0.027 (1.54)	0.031* (1.69)	0.032 (1.52)

续表

变量	(1)	(2)	(3)	(4)
	ExStaff_City		ExStaff_City	
Politic	-0.002 (-0.05)	-0.005 (-0.17)	0.008 (0.24)	0.002 (0.07)
Reform	-0.072*** (-2.95)	-0.067*** (-2.76)	-0.068** (-2.33)	-0.062** (-2.48)
Mkt	0.154 (1.30)	0.148 (1.25)	-0.003 (-0.75)	-0.004 (-0.94)
ListAge	0.013 (0.78)	0.012 (0.70)	0.017 (0.96)	0.015 (0.88)
NewsNum	0.001 (0.21)	0.006 (1.28)	-0.004 (-0.15)	0.002 (0.11)
Constant	-3.258*** (-2.65)	-3.234*** (-2.63)	-1.541*** (-6.66)	-1.593*** (-7.44)
N	8 522	8 522	8 522	8 522
R^2_Adj	0.05	0.04	0.04	0.04
F	6.223***	6.046***	10.529***	10.525***
Ind & Year FE	√	√	√	√

注：括号内为 t 值，并经怀特异方差和公司层面的聚类调整，***、**、* 分别表示 1%、5% 和 10% 的显著水平。

表 6-6 和表 6-7 的结果说明，与党组织的影响力较弱的非公有制企业相比，党组织的影响力较强的非公有制企业的超额雇员与同行业（或同地区）企业的超额雇员相比也更低，本章的研究假说进一步得到验证。

进一步，本章检验了党组织基础稳定性、管理层对党组织重视程度、政治敏感期对非公有制企业党组织影响力与超额雇员的交互影响。为此，本章设置了以下几个变量：（1）党组织基础稳定性。一般来说党组织的基础越稳定，党组织在非公有制企业中的影响力可能越大，本章用是否国企改制（Reform）来衡量党组织基础的稳定性。依据路径依赖理论，如果非公有制企业的前身是公有制企业的话，党组织的地位和影响力也可能依旧很大。（2）管理层对党组织重视程度。一般来说，如果管理层积极参加党组织活动、担任党委书记，则表明管理层对党组织的重视程度越大。为此，本章设置两个变量来衡量，包括董事长或总经理是否参加党组织活动哑变量（Participant）、董事长或总经理是否担任党委书记哑变量（Secretary）。（3）政治敏感期。一般来说在五年一度的中国共产党全国代表大会期间，政治的敏感程度更强，此时党组织越可能发挥作用。为此，本章设置政治敏感期哑变量（NPC），如果该年度是2007年或2012年则为1（即党代会换届年），否则为0。

表6-8列示了非公有制企业党组织的影响力、国企改制与超额雇员的回归结果。本章发现非公有制企业党组织的影响力与国企改制的交互项，基本与超额雇员呈显著正相关的关系。

表6-8 非公有制企业党组织的影响力、国企改制与超额雇员

变量	(1)	(2)	(3)	(4)	(5)	(6)
	ExStaff		ExStaff_Ind		ExStaff_City	
Party	0.042*** (2.91)	—	0.038*** (2.61)	—	0.036*** (2.86)	—
Party × Reform	0.067*** (2.76)	—	0.065*** (2.66)	—	0.021** (2.01)	—
Award	—	0.033 (0.97)	—	0.019 (0.58)	—	0.057* (1.96)
Award × Reform	—	0.049* (1.74)	—	0.051* (1.77)	—	0.042* (1.73)
Size	0.076*** (7.87)	0.072*** (7.49)	0.078*** (8.02)	0.073*** (7.68)	0.083*** (9.80)	0.077*** (9.29)
Roa	0.547*** (4.02)	0.664*** (4.88)	0.607*** (4.46)	0.702*** (5.19)	0.550*** (4.66)	0.646*** (5.48)
Lev	0.341*** (10.42)	0.297*** (9.15)	0.325*** (9.95)	0.287*** (8.89)	0.222*** (7.81)	0.186*** (6.61)
Growth	0.037*** (2.67)	0.033** (2.35)	0.026* (1.85)	0.023* (1.66)	0.028** (2.30)	0.023* (1.89)
PPE	0.034 (0.49)	0.156** (2.52)	0.003 (0.04)	0.116* (1.88)	0.030 (0.50)	0.125** (2.33)
Board	-0.013** (-1.97)	-0.007 (-1.04)	-0.015** (-2.34)	-0.011 (-1.61)	-0.015*** (-2.64)	-0.010* (-1.71)

续表

变量	(1)	(2)	(3)	(4)	(5)	(6)
	ExStaff		ExStaff_Ind		ExStaff_City	
Out	−0.549*** (−2.95)	−0.431** (−2.31)	−0.521*** (−2.81)	−0.438** (−2.36)	−0.659*** (−4.08)	−0.567*** (−3.51)
Exshr	−0.039 (−0.60)	−0.042 (−0.64)	−0.021 (−0.32)	−0.023 (−0.35)	−0.066 (−1.17)	−0.065 (−1.14)
Fshr	0.314*** (3.41)	0.187** (2.05)	0.277*** (3.02)	0.171* (1.88)	0.212*** (2.66)	0.103 (1.29)
ZIndex	0.037* (1.81)	0.028 (1.33)	0.036* (1.72)	0.026 (1.24)	0.027 (1.51)	0.020 (1.10)
Politic	0.021 (0.51)	0.003 (0.07)	0.009 (0.23)	−0.006 (−0.15)	−0.001 (−0.04)	−0.021 (−0.61)
Reform	−0.140*** (−4.94)	−0.119*** (−4.53)	−0.120*** (−4.24)	−0.095*** (−3.64)	−0.082*** (−3.35)	−0.091*** (−4.01)
Mkt	0.057 (0.58)	0.059 (0.59)	0.151 (1.53)	0.150 (1.52)	0.156* (1.82)	0.166* (1.92)
ListAge	0.007 (0.38)	−0.006 (−0.34)	0.013 (0.73)	0.001 (0.03)	0.013 (0.83)	0.006 (0.38)
NewsNum	−0.000 (−0.02)	0.013** (2.24)	0.000 (0.02)	0.012** (2.13)	0.001 (0.11)	0.008 (1.55)
Constant	−2.504** (−2.43)	−2.461** (−2.38)	−3.237*** (−3.15)	−3.219*** (−3.12)	−3.221*** (−3.61)	−3.327*** (−3.71)
N	8 522	8 522	8 522	8 522	8 522	8 522
R²_Adj	0.08	0.07	0.07	0.06	0.05	0.03
F	10.823***	11.345***	9.190***	10.040***	6.215***	5.153***
Ind & Year FE	√	√	√	√	√	√

注：括号内为 t 值，并经怀特异方差和公司层面的聚类调整，***、**、* 分别表示1%、5%和10%的显著水平。

表6-9列示了非公有制企业党组织的影响力、管理层重视程度与超额雇员的回归结果。本章发现非公有制企业党组织的影响力与管理层重视程度的交互

项，基本与超额雇员呈显著正相关的关系（董事长或总经理是否参加党组织活动比其是否担任党委书记的作用更大）。

表6-9 非公有制企业党组织的影响力、管理层重视程度与超额雇员

变量	(1)	(2)	(3)	(4)	(5)	(6)
	ExStaff		ExStaff_Ind		ExStaff_City	
Party	0.066*** (3.36)	—	0.063*** (3.19)	—	0.034** (1.99)	—
Party × Participant	0.097** (2.52)	—	0.119*** (3.88)	—	0.067** (2.22)	—
Party × Secretary	0.017 (0.40)	—	0.022 (0.53)	—	0.012 (0.32)	—
Award	—	0.061 (1.15)	—	0.047 (0.89)	—	0.071 (1.55)
Award × Participant	—	0.217** (2.41)	—	0.234*** (2.61)	—	0.161** (2.06)
Award × Secretary	—	0.134* (1.83)	—	0.134* (1.84)	—	0.080 (1.26)
Size	0.078*** (7.99)	0.072*** (7.50)	0.079*** (8.15)	0.073*** (7.69)	0.083*** (9.90)	0.078*** (9.32)
Roa	0.553*** (4.05)	0.662*** (4.87)	0.611*** (4.49)	0.700*** (5.17)	0.547*** (4.63)	0.644*** (5.47)
Lev	0.338*** (10.33)	0.296*** (9.14)	0.322*** (9.86)	0.286*** (8.88)	0.220*** (7.77)	0.185*** (6.60)
Growth	0.037*** (2.67)	0.034** (2.41)	0.026* (1.85)	0.024* (1.73)	0.028** (2.32)	0.024* (1.95)
PPE	0.028 (0.40)	0.152** (2.44)	-0.004 (-0.06)	0.112* (1.80)	0.029 (0.49)	0.123** (2.28)
Board	-0.014** (-2.08)	-0.007 (-1.13)	-0.016** (-2.45)	-0.011* (-1.70)	-0.015*** (-2.68)	-0.010* (-1.78)
Out	-0.538*** (-2.89)	-0.437** (-2.35)	-0.510*** (-2.74)	-0.444** (-2.39)	-0.659*** (-4.08)	-0.571*** (-3.53)

续表

变量	(1) ExStaff	(2) ExStaff	(3) ExStaff_Ind	(4) ExStaff_Ind	(5) ExStaff_City	(6) ExStaff_City
Exshr	-0.042 (-0.64)	-0.037 (-0.57)	-0.024 (-0.37)	-0.019 (-0.28)	-0.064 (-1.14)	-0.061 (-1.07)
Fshr	0.316*** (3.43)	0.188** (2.06)	0.278*** (3.03)	0.172* (1.89)	0.207*** (2.59)	0.101 (1.28)
ZIndex	0.038* (1.85)	0.028 (1.34)	0.037* (1.77)	0.026 (1.26)	0.027 (1.49)	0.020 (1.13)
Politic	0.021 (0.53)	0.002 (0.05)	0.010 (0.25)	-0.007 (-0.16)	-0.002 (-0.05)	-0.023 (-0.64)
Reform	-0.108*** (-4.22)	-0.115*** (-4.56)	-0.089*** (-3.50)	-0.091*** (-3.62)	-0.073*** (-3.30)	-0.088*** (-4.03)
Mkt	0.051 (0.51)	0.062 (0.63)	0.145 (1.47)	0.153 (1.55)	0.153* (1.79)	0.167* (1.93)
ListAge	0.008 (0.45)	-0.006 (-0.36)	0.015 (0.80)	0.000 (0.01)	0.013 (0.82)	0.005 (0.36)
NewsNum	0.002 (0.25)	0.010* (1.73)	0.002 (0.28)	0.010* (1.66)	0.002 (0.31)	0.007 (1.29)
Constant	-2.467** (-2.40)	-2.484** (-2.40)	-3.204*** (-3.12)	-3.243*** (-3.15)	-3.209*** (-3.60)	-3.339*** (-3.72)
N	8 522	8 522	8 522	8 522	8 522	8 522
R^2_Adj	0.08	0.07	0.07	0.06	0.04	0.03
F	10.356***	10.940***	8.816***	9.704***	6.018***	4.999***
Ind & Year FE	√	√	√	√	√	√

注：括号内为 t 值，并经怀特异方差和公司层面的聚类调整，***、**、* 分别表示1%、5% 和10% 的显著水平。

表6-10 列示了非公有制企业党组织的影响力、政治敏感期与超额雇员的回归结果。本章还发现非公有制企业党组织的影响力与政治敏感期的交互项，也基本与超额雇员呈显著正相关的关系。以上这些结果说明，党组织影响力与超额雇员力度之间的正向关联在国企私有化改制的非公有制企业、管理层对党组织重视程度更高的非公有制企业和政治敏感的年度里更加显著。

第6章 非公有制企业党组织的影响力与超额雇员

表6-10　非公有制企业党组织的影响力、政治敏感期与超额雇员

变量	(1) ExStaff	(2) ExStaff	(3) ExStaff_Ind	(4) ExStaff_Ind	(5) ExStaff_City	(6) ExStaff_City
Party	0.058*** (4.10)	—	0.054*** (3.84)	—	0.037*** (2.99)	—
Party × NPC	0.109** (2.35)	—	0.103** (2.09)	—	0.122*** (2.96)	—
Award	—	0.050 (1.48)	—	0.040 (1.20)	—	0.064** (2.17)
Award × NPC	—	0.126** (2.38)	—	0.140*** (2.60)	—	0.114** (2.24)
Size	0.077*** (7.94)	0.072*** (7.52)	0.078*** (8.09)	0.074*** (7.71)	0.083*** (9.82)	0.077*** (9.31)
Roa	0.558*** (4.10)	0.664*** (4.89)	0.617*** (4.54)	0.702*** (5.19)	0.555*** (4.70)	0.647*** (5.49)
Lev	0.338*** (10.33)	0.296*** (9.13)	0.322*** (9.86)	0.286*** (8.86)	0.221*** (7.79)	0.185*** (6.59)
Growth	0.037*** (2.69)	0.033** (2.36)	0.026* (1.87)	0.023* (1.67)	0.028** (2.31)	0.023* (1.90)
PPE	0.030 (0.43)	0.156** (2.51)	-0.001 (-0.02)	0.116* (1.87)	0.029 (0.48)	0.125** (2.32)
Board	-0.014** (-2.08)	-0.007 (-1.06)	-0.016** (-2.45)	-0.011 (-1.63)	-0.015*** (-2.68)	-0.010* (-1.74)
Out	-0.542*** (-2.91)	-0.433** (-2.32)	-0.514*** (-2.76)	-0.440** (-2.37)	-0.657*** (-4.07)	-0.570*** (-3.53)
Exshr	-0.040 (-0.62)	-0.043 (-0.65)	-0.022 (-0.34)	-0.024 (-0.37)	-0.066 (-1.17)	-0.065 (-1.15)
Fshr	0.318*** (3.46)	0.188** (2.06)	0.281*** (3.06)	0.172* (1.88)	0.213*** (2.68)	0.103 (1.30)
ZIndex	0.038* (1.84)	0.028 (1.34)	0.036* (1.76)	0.026 (1.25)	0.027 (1.53)	0.020 (1.11)

续表

变量	(1)	(2)	(3)	(4)	(5)	(6)
	ExStaff		ExStaff_Ind		ExStaff_City	
Politic	0.021 (0.51)	0.002 (0.04)	0.009 (0.23)	-0.007 (-0.18)	-0.002 (-0.05)	-0.022 (-0.63)
Reform	-0.107*** (-4.16)	-0.114*** (-4.50)	-0.088*** (-3.43)	-0.090*** (-3.57)	-0.072*** (-3.23)	-0.087*** (-3.96)
Mkt	0.051 (0.51)	0.059 (0.59)	0.145 (1.47)	0.150 (1.51)	0.153* (1.79)	0.165* (1.91)
ListAge	0.008 (0.43)	-0.006 (-0.34)	0.014 (0.78)	0.001 (0.03)	0.014 (0.86)	0.006 (0.39)
NewsNum	0.002 (0.26)	0.013** (2.30)	0.002 (0.29)	0.013** (2.20)	0.001 (0.21)	0.008 (1.61)
NPC	0.074 (0.45)	0.110 (0.67)	-0.218 (-1.35)	-0.182 (-1.12)	-0.205 (-1.46)	-0.184 (-1.31)
Constant	-2.459** (-2.39)	-2.462** (-2.38)	-3.195*** (-3.11)	-3.221*** (-3.12)	-3.202*** (-3.59)	-3.325*** (-3.70)
N	8 522	8 522	8 522	8 522	8 522	8 522
R^2_Adj	0.08	0.07	0.07	0.06	0.04	0.03
F	10.716***	11.337***	9.090***	10.036***	6.214***	5.145***
Ind & Year FE	√	√	√	√	√	√

注：括号内为 t 值，并经怀特异方差和公司层面的聚类调整，***、**、* 分别表示 1%、5% 和 10% 的显著水平。

6.4.3 进一步分析

在上述基本结果的基础上，本章进一步检验当地非公有制上市企业的数量、非公有制上市企业的规模对党组织影响力和超额雇员之正相关关系的影响。为此，本章设置了以下几个哑变量：（1）当地非公有制上市企业的数量多少哑变量（FirmNum）：如果该市非公有制上市企业的数量大于或等于各市非公有制上市企业数量的中位数则为 1，表明该市的非公有制上市企业的数量较多，否则为 0；（2）非公有制上市企业的规模大小哑变量（FirmSize）：如果非公有制上市企业的总资产大于或等于所在市所有非公有制上市企业总资产的中位数则为 1，表明该非公有制上市企业的规模较大,否则为0。

表6-11和表6-12列示了按当地非公有制上市企业数量多少进行分组的结果,本章发现非公有制企业党组织的影响力变量基本与超额雇员呈显著正相关的关系,组间差异检验也说明当地非公有制上市企业数量多的组和数量少的组之间没有显著的差异。

表6-11 按非公有制企业所在地区的上市公司数量的多少进行分组的回归结果

变量	(1)	(2)	(3)	(4)	(5)	(6)
	ExStaff		ExStaff_Ind		ExStaff_City	
	公司多	公司少	公司多	公司少	公司多	公司少
Party	0.075*** (3.94)	0.039** (2.25)	0.074*** (3.90)	0.027* (1.87)	0.054*** (2.94)	0.022* (1.76)
Chowtest (P值)	(1) vs (2) 0.154		(3) vs (4) 0.157		(5) vs (6) 0.151	
Size	0.157*** (11.49)	0.000 (0.01)	0.156*** (11.29)	0.001 (0.05)	0.167*** (12.67)	-0.006 (-0.56)
Roa	0.825*** (4.22)	0.461** (2.47)	0.821*** (4.16)	0.570*** (3.07)	0.888*** (4.71)	0.378*** (2.77)
Lev	0.288*** (6.51)	0.399*** (8.25)	0.280*** (6.27)	0.373*** (7.75)	0.207*** (4.85)	0.247*** (6.98)
Growth	0.027 (1.42)	0.043** (2.16)	0.019 (0.99)	0.030 (1.51)	0.027 (1.46)	0.021 (1.46)
PPE	0.049 (0.47)	0.156* (1.72)	0.003 (0.03)	0.130 (1.44)	0.139 (1.37)	0.016 (0.25)
Board	-0.020** (-2.22)	-0.006 (-0.61)	-0.022** (-2.46)	-0.008 (-0.84)	-0.026*** (-3.01)	-0.002 (-0.27)
Out	-0.451* (-1.74)	-0.476* (-1.81)	-0.503* (-1.92)	-0.380 (-1.46)	-0.689*** (-2.75)	-0.612*** (-3.19)
Exshr	0.057 (0.69)	-0.256** (-2.48)	0.086 (1.02)	-0.234** (-2.29)	0.020 (0.25)	-0.206*** (-2.73)
Fshr	0.122 (0.94)	0.477*** (3.68)	0.164 (1.26)	0.344*** (2.67)	0.096 (0.77)	0.299*** (3.15)

续表

变量	(1)	(2)	(3)	(4)	(5)	(6)
	ExStaff		ExStaff_Ind		ExStaff_City	
	公司多	公司少	公司多	公司少	公司多	公司少
ZIndex	0.049* (1.69)	0.018 (0.60)	0.056* (1.95)	0.003 (0.10)	0.014 (0.52)	0.035 (1.62)
Politic	-0.016 (-0.29)	-0.040 (-0.66)	-0.016 (-0.29)	-0.041 (-0.68)	-0.055 (-1.03)	0.051 (1.15)
Reform	-0.088** (-2.39)	-0.141*** (-3.96)	-0.079** (-2.13)	-0.108*** (-3.05)	-0.051 (-1.44)	-0.103*** (-3.94)
Mkt	-0.237* (-1.66)	0.041 (0.25)	0.007 (0.05)	0.075 (0.46)	0.259* (1.88)	0.135 (1.13)
ListAge	-0.047* (-1.93)	0.077*** (2.89)	-0.032 (-1.28)	0.073*** (2.73)	-0.051** (-2.13)	0.088*** (4.48)
NewsNum	-0.012 (-1.40)	0.018** (2.01)	-0.015* (-1.79)	0.024*** (2.65)	-0.007 (-0.84)	0.017*** (2.61)
Constant	-1.365 (-0.92)	-0.417 (-0.74)	-3.534** (-2.35)	-0.387 (-0.69)	-5.930*** (-4.14)	-0.309 (-0.75)
N	4 600	3 922	4 600	3 922	4 600	3 922
R^2_Adj	0.11	0.11	0.09	0.09	0.07	0.06
F	9.641***	7.487***	7.677***	6.548***	6.237***	4.269***
Ind & Year FE	√	√	√	√	√	√

注：括号内为 t 值，并经怀特异方差和公司层面的聚类调整，***、**、* 分别表示1%、5% 和 10% 的显著水平。

表6-12　按非公有制企业所在地区的上市公司数量的多少进行分组的回归结果

变量	(1)	(2)	(3)	(4)	(5)	(6)
	ExStaff		ExStaff_Ind		ExStaff_City	
	公司多	公司少	公司多	公司少	公司多	公司少
Award	0.062* (1.76)	0.047 (1.11)	0.056* (1.71)	0.018 (0.44)	0.041 (1.02)	0.109*** (3.51)
Chowtest (P值)	(1) vs (2) 0.785		(3) vs (4) 0.484		(5) vs (6) 0.133	

续表

变量	(1)	(2)	(3)	(4)	(5)	(6)
	ExStaff		ExStaff_Ind		ExStaff_City	
	公司多	公司少	公司多	公司少	公司多	公司少
Size	0.153*** (11.44)	-0.013 (-0.97)	0.152*** (11.31)	-0.011 (-0.85)	0.161*** (12.51)	-0.018* (-1.81)
Roa	0.870*** (4.47)	0.580*** (3.10)	0.859*** (4.38)	0.655*** (3.54)	0.921*** (4.90)	0.482*** (3.52)
Lev	0.256*** (5.86)	0.349*** (7.26)	0.252*** (5.73)	0.331*** (6.96)	0.182*** (4.32)	0.201*** (5.71)
Growth	0.023 (1.17)	0.044** (2.20)	0.016 (0.82)	0.032 (1.61)	0.023 (1.24)	0.019 (1.30)
PPE	0.030 (0.32)	0.280*** (3.34)	-0.004 (-0.04)	0.235*** (2.84)	0.103 (1.16)	0.133** (2.17)
Board	-0.014 (-1.57)	0.004 (0.37)	-0.018* (-1.94)	-0.001 (-0.11)	-0.021** (-2.41)	0.007 (1.01)
Out	-0.329 (-1.26)	-0.390 (-1.48)	-0.410 (-1.57)	-0.342 (-1.32)	-0.579** (-2.31)	-0.516*** (-2.68)
Exshr	0.074 (0.87)	-0.284*** (-2.74)	0.102 (1.21)	-0.263** (-2.56)	0.040 (0.49)	-0.231*** (-3.05)
Fshr	-0.031 (-0.24)	0.395*** (3.06)	0.019 (0.15)	0.292** (2.28)	-0.034 (-0.28)	0.263*** (2.78)
ZIndex	0.048* (1.65)	0.004 (0.14)	0.053* (1.83)	-0.007 (-0.25)	0.017 (0.60)	0.029 (1.33)
Politic	-0.034 (-0.61)	-0.045 (-0.75)	-0.031 (-0.56)	-0.044 (-0.73)	-0.070 (-1.32)	0.031 (0.70)
Reform	-0.115*** (-3.19)	-0.126*** (-3.59)	-0.100*** (-2.76)	-0.091*** (-2.63)	-0.074** (-2.12)	-0.111*** (-4.34)
Mkt	-0.249* (-1.72)	0.023 (0.14)	-0.007 (-0.05)	0.064 (0.39)	0.247* (1.77)	0.118 (0.98)
ListAge	-0.045* (-1.90)	0.054** (2.10)	-0.031 (-1.28)	0.049* (1.91)	-0.046** (-2.00)	0.076*** (4.00)

续表

变量	(1)	(2)	(3)	(4)	(5)	(6)
	ExStaff		ExStaff_Ind		ExStaff_City	
	公司多	公司少	公司多	公司少	公司多	公司少
NewsNum	0.001 (0.17)	0.027*** (3.25)	-0.003 (-0.39)	0.033*** (3.91)	0.002 (0.26)	0.020*** (3.22)
Constant	-0.981 (-0.65)	-0.311 (-0.55)	-3.191** (-2.12)	-0.334 (-0.60)	-5.677*** (-3.93)	-0.258 (-0.63)
N	4 600	3 922	4 600	3 922	4 600	3 922
R^2_Adj	0.09	0.09	0.07	0.08	0.05	0.03
F	10.412***	7.842***	8.191***	7.080***	5.828***	3.343***
Ind & Year FE	√	√	√	√	√	√

注：括号内为 t 值，并经怀特异方差和公司层面的聚类调整，***、**、* 分别表示 1%、5% 和 10% 的显著水平。

表 6-13 和表 6-14 列示了按当地非公有制上市企业规模大小进行分组的结果，本章发现非公有制企业党组织的影响力变量基本与超额雇员呈显著正相关的关系，组间差异检验也说明当地非公有制上市企业规模大的组和规模小的组之间没有显著的差异。

表 6-13　按非公有制企业在所在地区的规模大小进行分组的回归结果

变量	(1)	(2)	(3)	(4)	(5)	(6)
	ExStaff		ExStaff_Ind		ExStaff_City	
	规模大	规模小	规模大	规模小	规模大	规模小
Party	0.067*** (4.35)	0.057** (2.52)	0.061*** (3.91)	0.052** (2.34)	0.042*** (3.16)	0.057*** (2.88)
Chowtest (P 值)	(1) vs (2) 0.709		(3) vs (4) 0.737		(5) vs (6) 0.541	
Size	0.068*** (4.65)	0.031 (1.28)	0.070*** (4.73)	0.048** (2.00)	0.080*** (6.40)	0.030 (1.41)
Roa	0.757*** (3.72)	0.388** (2.04)	0.747*** (3.63)	0.500*** (2.68)	0.810*** (4.63)	0.315* (1.91)

续表

变量	(1) ExStaff 规模大	(2) ExStaff 规模小	(3) ExStaff_Ind 规模大	(4) ExStaff_Ind 规模小	(5) ExStaff_City 规模大	(6) ExStaff_City 规模小
Lev	0.320*** (5.31)	0.287*** (6.58)	0.299*** (4.92)	0.277*** (6.46)	0.215*** (4.16)	0.145*** (3.82)
Growth	0.023 (1.30)	0.054** (2.43)	0.016 (0.91)	0.036* (1.66)	0.015 (0.98)	0.044** (2.31)
PPE	-0.015 (-0.17)	0.268** (2.35)	-0.049 (-0.56)	0.225** (2.01)	-0.016 (-0.22)	0.256** (2.58)
Board	-0.019** (-2.45)	-0.007 (-0.56)	-0.024*** (-3.04)	-0.005 (-0.39)	-0.024*** (-3.68)	-0.007 (-0.67)
Out	-0.126 (-0.56)	-1.027*** (-3.13)	-0.155 (-0.69)	-0.865*** (-2.69)	-0.302 (-1.57)	-1.109*** (-3.88)
Exshr	-0.021 (-0.24)	-0.000 (-0.00)	-0.014 (-0.16)	0.031 (0.32)	-0.161** (-2.15)	0.085 (0.98)
Fshr	0.229** (2.12)	0.224 (1.28)	0.165 (1.51)	0.262 (1.53)	0.116 (1.25)	0.170 (1.12)
ZIndex	0.019 (0.71)	0.034 (0.99)	0.012 (0.47)	0.049 (1.45)	0.021 (0.92)	0.016 (0.53)
Politic	0.027 (0.52)	0.011 (0.17)	-0.006 (-0.11)	0.034 (0.53)	-0.004 (-0.09)	0.017 (0.30)
Reform	-0.121*** (-3.94)	-0.065 (-1.44)	-0.112*** (-3.59)	-0.030 (-0.69)	-0.098*** (-3.71)	-0.005 (-0.12)
Mkt	0.021 (0.17)	0.165 (0.98)	0.010 (0.09)	0.419** (2.52)	0.105 (1.02)	0.312** (2.11)
ListAge	-0.004 (-0.18)	0.026 (0.83)	-0.006 (-0.27)	0.051* (1.68)	-0.011 (-0.56)	0.045* (1.68)
NewsNum	-0.010 (-1.30)	0.024** (2.29)	-0.014* (-1.85)	0.031*** (2.94)	-0.013* (-1.99)	0.025*** (2.71)
Constant	-1.919 (-1.52)	-2.723 (-1.52)	-1.552 (-1.22)	-5.496*** (-3.13)	-2.614** (-2.41)	-3.669** (-2.35)

续表

变量	(1) ExStaff 规模大	(2) ExStaff 规模小	(3) ExStaff_Ind 规模大	(4) ExStaff_Ind 规模小	(5) ExStaff_City 规模大	(6) ExStaff_City 规模小
N	4 992	3 530	4 992	3 530	4 992	3 530
R^2_Adj	0.10	0.10	0.08	0.09	0.07	0.06
F	8.370***	5.904***	7.059***	5.556***	5.657***	3.892***
Ind & Year FE	√	√	√	√	√	√

注：括号内为 t 值，并经怀特异方差和公司层面的聚类调整；***、**、* 分别表示1%、5%和10%的显著水平。

表6-14 按非公有制企业在所在地区的规模大小进行分组的回归结果

变量	(1) ExStaff 规模大	(2) ExStaff 规模小	(3) ExStaff_Ind 规模大	(4) ExStaff_Ind 规模小	(5) ExStaff_City 规模大	(6) ExStaff_City 规模小
Award	0.035* (1.95)	0.041** (2.41)	0.017 (0.46)	0.019 (0.36)	0.073** (2.36)	0.045** (2.00)
Chowtest (P值)	(1) vs (2) 0.685		(3) vs (4) 0.545		(5) vs (6) 0.817	
Size	0.068*** (4.67)	0.036 (1.48)	0.070*** (4.74)	0.053** (2.19)	0.081*** (6.44)	0.035 (1.64)
Roa	0.739*** (3.62)	0.386** (2.03)	0.730*** (3.54)	0.498*** (2.67)	0.801*** (4.58)	0.313* (1.89)
Lev	0.312*** (5.18)	0.292*** (6.68)	0.293*** (4.80)	0.281*** (6.54)	0.210*** (4.07)	0.149*** (3.91)
Growth	0.023 (1.29)	0.054** (2.46)	0.016 (0.91)	0.037* (1.69)	0.014 (0.94)	0.045** (2.33)
PPE	-0.008 (-0.09)	0.270** (2.37)	-0.043 (-0.49)	0.227** (2.03)	-0.012 (-0.17)	0.259*** (2.61)
Board	-0.017** (-2.16)	-0.005 (-0.46)	-0.022*** (-2.77)	-0.003 (-0.29)	-0.023*** (-3.55)	-0.006 (-0.57)

续表

变量	(1)	(2)	(3)	(4)	(5)	(6)
	ExStaff		ExStaff_Ind		ExStaff_City	
	规模大	规模小	规模大	规模小	规模大	规模小
Out	-0.123 (-0.55)	-1.008*** (-3.07)	-0.151 (-0.67)	-0.847*** (-2.63)	-0.304 (-1.59)	-1.093*** (-3.82)
Exshr	-0.017 (-0.19)	-0.016 (-0.16)	-0.009 (-0.10)	0.017 (0.18)	-0.160** (-2.15)	0.068 (0.79)
Fshr	0.208* (1.92)	0.208 (1.19)	0.143 (1.31)	0.248 (1.44)	0.112 (1.20)	0.159 (1.04)
ZIndex	0.015 (0.57)	0.035 (1.01)	0.009 (0.32)	0.050 (1.46)	0.020 (0.90)	0.017 (0.56)
Politic	0.018 (0.35)	0.009 (0.14)	-0.014 (-0.27)	0.032 (0.50)	-0.010 (-0.22)	0.015 (0.26)
Reform	-0.111*** (-3.62)	-0.059 (-1.30)	-0.103*** (-3.29)	-0.025 (-0.56)	-0.093*** (-3.51)	0.001 (0.02)
Mkt	0.009 (0.08)	0.158 (0.93)	-0.000 (-0.00)	0.412** (2.48)	0.098 (0.96)	0.305** (2.06)
ListAge	-0.006 (-0.25)	0.023 (0.76)	-0.007 (-0.32)	0.049 (1.61)	-0.012 (-0.62)	0.043 (1.61)
NewsNum	0.003 (0.47)	0.033*** (3.24)	-0.002 (-0.22)	0.039*** (3.86)	-0.007 (-1.20)	0.032*** (3.66)
Constant	-1.819 (-1.44)	-2.773 (-1.55)	-1.458 (-1.14)	-5.542*** (-3.15)	-2.564** (-2.37)	-3.713** (-2.38)
N	4 992	3 530	4 992	3 530	4 992	3 530
R^2_Adj	0.10	0.09	0.08	0.09	0.07	0.06
F	8.103***	5.812***	6.840***	5.478***	5.594***	3.788***
Ind & Year FE	√	√	√	√	√	√

注：括号内为 t 值，并经怀特异方差和公司层面的聚类调整，***、**、* 分别表示1%、5%和10%的显著水平。

以上这些结果说明，当地非公有制上市企业的数量、规模对党组织影响力和超额雇员之正相关关系没有显著影响；同时也说明本章的结果并不是因为当地非公有制上市企业数量少、规模大，导致其受到政府关注或者干预更多而带来的，排除了这一替代性解释。

此外，本章从省级层面的失业数据和非公有制企业党组织影响力的数据进一步分析党组织影响力对失业率的影响，具体模型如下：

$$\text{Unemployment} = \beta_0 + \beta_1 \times \text{PartyEffect\_Mean\_Province} + \beta_2 \times \text{GDP\_Per\_Capita} + \varepsilon \quad (6.4)$$

其中，省级层面的失业数据来自中国统计年鉴－就业和人员工资－城镇登记失业人员和失业率（2004~2015年），包括失业人数的自然对数（LnUnemployment）和失业率（Unemployment_Rate），省级层面的党组织影响力变量等于该省份所有非公有制上市企业党组织活动次数的平均值（Party_Mean_Province）和该省份受到上级表彰的非公有制企业的平均值（Award_Mean_Province），同时本章也控制了该省的人均国内生产总值（GDP_Per_Capita）和年度的影响，共得到362个省－年的观测。表6－15列示了非公有制企业党组织的影响力与地区失业的结果，本章发现该省非公有制企业的党组织影响力越大，其省级层面的失业规模和失业率也显著更低。

表6－15　非公有制企业党组织的影响力与地区失业人数和失业率

变量	(1)	(2)	(3)	(4)
	LnUnemployment		Unemployment_Rate	
Party_Mean_Province	-1.178** (-2.01)	—	-0.071** (-2.47)	—
Award_Mean_Province	—	-6.846* (-1.89)	—	-0.318* (-1.77)
GDP_Per_Capita	-3.322*** (-3.26)	-3.128*** (-3.03)	-0.396*** (-4.03)	-0.375*** (-3.83)
Constant	-7.811 (-0.76)	-6.463 (-0.62)	7.683*** (8.57)	7.481*** (8.37)
N	362	362	362	362
R^2_Adj	0.02	0.02	0.17	0.17
F	6.183***	4.907***	7.041***	6.732***
Year	√	√	√	√

注：括号内为t值，并经怀特异方差的调整，***、**、*分别表示1%、5%和10%的显著水平。

6.4.4 稳健性检验

为了使得本章的结果更加稳健，本章采取了以下几种稳健性检验：

第一，正如 5.4.4 小节的介绍，非公有制企业党建在党的十八大以来愈加受到重视，即在 2012 年后党组织在非公有制企业中的地位有显著提升。本章以党的十八大召开及《关于加强和改进非公有制企业党的建设工作的意见（试行）》的发布作为事件点，以 2012 年前后各两年的观测为样本，借鉴埃亨和底特马（2012）的 DID 模型进行稳健性检验。为此，本章设置虚拟变量 Post，如果该年为 2013 年或 2014 年则为 1，如果该年为 2010 年和 2011 年则为 0。本章根据 2011 年党组织的影响力选取实验组和控制组，在该意见出台前，企业的党组织影响力越大则该企业越可能受到该意见的影响，具体包括以下两个变量：Party_2011，等于 ln(1 + 企业在 2011 年的党组织活动次数)；Award_2011，企业在 2011 年受到上级党组织的表彰则为 1，否则为 0。同时，本章也控制了公司和年度的固定效应，具体模型如下：

$$\text{ExStaff} = \beta_0 + \beta_1 \times \text{Post} \times \text{PartyEffect\_2011} + \beta_i \times \text{Controls} + \varepsilon \quad (6.5)$$

表 6-16 列示了 DID 模型的回归结果。本章发现交互项的系数均显著为正，这表明相对于该意见实施之前，该意见实施之后，与党组织的影响力较弱的非公有制企业相比，党组织的影响力较强的非公有制企业与超额雇员的正相关关系更加显著。这些结果表明本章的结果比较稳健。

表 6-16　　　　　　稳健性检验：DID 模型

变量	(1)	(2)	(3)	(4)	(5)	(6)
	ExStaff		ExStaff_Ind		ExStaff_City	
Post × Party_2011	0.058*** (3.10)	—	0.055*** (2.94)	—	0.045*** (2.68)	—
Post × Award_2011	—	0.091** (2.09)	—	0.085* (1.95)	—	0.093** (2.37)
Size	0.096*** (7.20)	0.098*** (7.35)	0.096*** (7.18)	0.098*** (7.32)	0.084*** (7.00)	0.086*** (7.13)
Roa	0.852*** (4.02)	0.843*** (3.97)	0.881*** (4.15)	0.872*** (4.10)	0.751*** (3.93)	0.743*** (3.89)
Lev	0.212*** (4.18)	0.211*** (4.15)	0.215*** (4.23)	0.214*** (4.20)	0.155*** (3.38)	0.153*** (3.34)

续表

变量	(1)	(2)	(3)	(4)	(5)	(6)
	ExStaff		ExStaff_Ind		ExStaff_City	
Growth	0.040** (2.00)	0.040** (2.01)	0.035* (1.77)	0.036* (1.78)	0.031* (1.70)	0.031* (1.70)
PPE	0.130 (1.33)	0.136 (1.39)	0.135 (1.38)	0.140 (1.43)	0.117 (1.32)	0.122 (1.38)
Board	-0.015 (-1.53)	-0.014 (-1.41)	-0.016* (-1.65)	-0.015 (-1.53)	-0.015* (-1.79)	-0.015* (-1.70)
Out	-0.374 (-1.44)	-0.375 (-1.45)	-0.367 (-1.41)	-0.368 (-1.42)	-0.461** (-1.97)	-0.464** (-1.99)
Exshr	-0.041 (-0.52)	-0.051 (-0.64)	-0.031 (-0.39)	-0.040 (-0.51)	-0.037 (-0.52)	-0.045 (-0.64)
Fshr	0.256** (2.09)	0.249** (2.04)	0.247** (2.02)	0.241** (1.96)	0.210* (1.91)	0.208* (1.89)
ZIndex	0.046* (1.65)	0.047* (1.65)	0.046 (1.63)	0.046 (1.63)	0.039 (1.52)	0.039 (1.54)
Politic	0.072 (1.39)	0.069 (1.32)	0.075 (1.45)	0.072 (1.38)	0.043 (0.93)	0.041 (0.87)
Reform	-0.150*** (-4.12)	-0.147*** (-4.04)	-0.147*** (-4.02)	-0.144*** (-3.94)	-0.140*** (-4.26)	-0.138*** (-4.20)
Mkt	0.007 (0.34)	0.006 (0.30)	0.011 (0.50)	0.010 (0.47)	0.012 (0.60)	0.011 (0.55)
ListAge	0.047** (2.02)	0.045* (1.92)	0.046** (1.96)	0.044* (1.87)	0.059*** (2.82)	0.057*** (2.74)
NewsNum	0.002 (0.32)	0.006 (0.81)	0.002 (0.25)	0.006 (0.72)	0.003 (0.36)	0.005 (0.70)
Constant	-2.317*** (-6.03)	-2.360*** (-6.14)	-2.314*** (-6.01)	-2.356*** (-6.11)	-1.849*** (-5.33)	-1.879*** (-5.43)
N	3 968	3 968	3 968	3 968	3 968	3 968
R^2_Adj	0.83	0.83	0.83	0.83	0.83	0.83
F	6.879***	6.793***	5.780***	5.701***	3.887***	3.862***
Firm & Year	√	√	√	√	√	√

注：括号内为 t 值，并经怀特异方差和公司层面的聚类调整；***、**、* 分别表示 1%、5% 和 10% 的显著水平。

第二，为了解决有党组织活动和没有党组织活动的非公有制企业之间的系统性差别，本章采用了 PSM 配对的方式进行稳健性检验①。PSM 配对后的非公有制企业党组织影响力与超额雇员的回归结果如表 6-17 所示，本章发现党组织的影响力与超额雇员仍然显著正相关。

表 6-17　　　　　　　稳健性检验：PSM 配对模型

变量	(1)	(2)	(3)	(4)	(5)	(6)
	ExStaff		ExStaff_Ind		ExStaff_City	
Party	0.056*** (4.53)	—	0.051*** (4.15)	—	0.041*** (3.78)	—
Award	—	0.021* (1.66)	—	0.045* (1.87)	—	0.055** (1.97)
Size	0.048*** (3.10)	0.089*** (4.46)	0.042*** (2.69)	0.085*** (4.23)	0.038*** (2.92)	0.055*** (3.15)
Roa	0.938*** (3.40)	1.258*** (4.17)	1.040*** (3.77)	1.366*** (4.55)	0.842*** (3.57)	0.773*** (2.93)
Lev	0.235** (2.54)	0.151* (1.82)	0.230** (2.54)	0.145* (1.76)	0.200*** (2.64)	0.106 (1.47)
Growth	0.023 (1.01)	-0.001 (-0.04)	0.013 (0.59)	-0.015 (-0.52)	0.015 (0.80)	0.003 (0.11)
PPE	0.088 (1.00)	0.269* (1.89)	0.077 (0.86)	0.296** (2.08)	-0.001 (-0.02)	0.246** (1.97)
Board	-0.017** (-2.44)	-0.022* (-1.77)	-0.019*** (-2.63)	-0.029** (-2.39)	-0.005 (-0.81)	-0.008 (-0.75)
Out	-0.689*** (-3.28)	-0.884** (-2.44)	-0.671*** (-3.13)	-0.927** (-2.57)	-0.479*** (-2.65)	-0.972*** (-3.07)
Exshr	-0.084 (-1.34)	-0.035 (-0.27)	-0.064 (-1.03)	-0.051 (-0.39)	-0.140** (-2.34)	-0.050 (-0.44)
Fshr	0.378*** (4.08)	0.152 (0.87)	0.335*** (3.57)	0.031 (0.18)	0.339*** (4.13)	0.119 (0.78)

---

① PSM 配对的控制变量和模型（6.1）一致，配对的回归结果见附录 D。

续表

变量	(1)	(2)	(3)	(4)	(5)	(6)
	ExStaff		ExStaff_Ind		ExStaff_City	
ZIndex	0.086*** (3.89)	0.048 (1.16)	0.089*** (4.02)	0.040 (0.96)	0.083*** (4.01)	0.046 (1.27)
Politic	-0.032 (-0.80)	0.004 (0.05)	-0.045 (-1.12)	-0.008 (-0.11)	-0.039 (-1.16)	-0.013 (-0.21)
Reform	-0.055 (-1.59)	0.012 (0.25)	-0.052 (-1.51)	0.012 (0.23)	-0.077** (-2.47)	-0.022 (-0.49)
Mkt	-0.169 (-0.39)	-1.414* (-1.73)	-0.034 (-0.07)	-0.852 (-1.05)	-0.067 (-0.17)	-1.258* (-1.76)
ListAge	0.077*** (3.32)	0.053 (1.46)	0.085*** (3.71)	0.055 (1.52)	0.078*** (3.77)	0.089*** (2.80)
NewsNum	0.024*** (2.86)	0.028** (2.35)	0.025*** (3.00)	0.029** (2.43)	0.017** (2.33)	0.029*** (2.76)
Constant	0.070 (0.02)	12.510 (1.51)	-1.028 (-0.21)	7.112 (0.86)	-0.641 (-0.16)	11.475 (1.59)
N	5 118	1 756	5 118	1 756	5 118	1 756
R^2_Adj	0.09	0.14	0.08	0.13	0.06	0.10
F	10.292***	4.853***	8.906***	4.584***	6.701***	3.745***
Ind & Year FE	√	√	√	√	√	√

注：括号内为t值，并经怀特异方差和公司层面的聚类调整；***、**、*分别表示1%、5%和10%的显著水平。

第三，为了进一步控制反向因果的内生性问题，即超额雇员更多的非公有制企业可能党员人数也更多，其党组织活动也可能更多，本章采用动态GMM模型来尝试解决反向因果的内生性问题。参考温特吉，林克和内特（Wintoki, Linck and Netter, 2012）的研究，本章在动态GMM模型里假设除了年份和行业之外所有的自变量都是内生的，以滞后两期的所有自变量作为工具变量，并加入滞后两期的因变量。表6-18的结果显示，党组织的影响力与企业超额雇员仍然显著正相关。

表6-18　　　　　　　稳健性检验：动态 GMM 模型

变量	(1)	(2)	(3)	(4)	(5)	(6)
	ExStaff		ExStaff_Ind		ExStaff_City	
Party	0.026*** (3.26)	—	0.019** (2.05)	—	0.003 (0.39)	—
Award	—	0.065* (2.20)	—	0.024* (1.71)	—	0.007 (0.35)
Lag1_Dependent	0.723*** (49.12)	0.724*** (47.69)	0.736*** (48.14)	0.736*** (48.98)	0.781*** (42.24)	0.787*** (42.15)
Lag2_Dependent	0.064*** (7.19)	0.055*** (7.12)	0.068*** (7.01)	0.074*** (8.22)	0.018* (1.72)	0.021** (1.99)
Size	0.006 (0.96)	0.001 (0.11)	-0.001 (-0.17)	-0.001 (-0.09)	0.009 (1.34)	0.005 (0.79)
Roa	0.321** (2.57)	0.278** (2.01)	0.496*** (3.35)	0.469*** (3.25)	0.053 (0.37)	0.118 (0.86)
Lev	-0.007 (-0.26)	-0.031 (-1.07)	-0.020 (-0.63)	-0.030 (-0.95)	-0.033 (-1.36)	-0.036 (-1.49)
Growth	0.099*** (9.60)	0.112*** (15.74)	0.093*** (7.42)	0.102*** (11.78)	0.062*** (4.74)	0.053*** (5.08)
PPE	-0.055 (-1.26)	0.070 (1.21)	0.096 (1.57)	0.099 (1.62)	0.070 (1.35)	0.081 (1.57)
Board	0.012** (2.13)	0.013** (2.04)	0.012 (1.63)	0.013* (1.73)	-0.002 (-0.25)	0.000 (0.06)
Out	-0.368*** (-3.21)	-0.240* (-1.80)	-0.170 (-0.98)	-0.137 (-0.79)	-0.595*** (-4.16)	-0.562*** (-4.41)
Exshr	0.168* (1.93)	0.196** (2.10)	0.145 (1.49)	0.129 (1.32)	0.204*** (2.60)	0.203*** (2.69)
Fshr	-0.372*** (-4.62)	-0.330*** (-3.65)	-0.265** (-2.51)	-0.259** (-2.38)	-0.205*** (-2.60)	-0.257*** (-3.18)
ZIndex	0.002 (0.10)	0.009 (0.50)	0.017 (0.86)	0.016 (0.82)	-0.020 (-1.26)	-0.024 (-1.62)
Politic	0.041 (1.36)	0.010 (0.33)	0.039 (1.13)	0.042 (1.19)	0.037 (1.45)	0.028 (1.09)

续表

变量	(1)	(2)	(3)	(4)	(5)	(6)
	ExStaff		ExStaff_Ind		ExStaff_City	
Reform	0.059** (2.32)	0.024 (0.79)	-0.010 (-0.31)	-0.024 (-0.74)	0.019 (0.76)	0.031 (1.20)
Mkt	0.007*** (3.22)	0.005** (2.54)	0.004 (1.63)	0.002 (1.01)	0.002 (0.89)	0.002 (1.25)
ListAge	-0.020 (-1.32)	0.007 (0.39)	0.006 (0.30)	0.012 (0.67)	0.010 (0.60)	0.004 (0.26)
NewsNum	0.004 (0.90)	0.013*** (3.00)	-0.002 (-0.36)	0.003 (0.50)	0.000 (0.10)	0.004 (0.96)
Constant	-0.066 (-0.47)	-0.094 (-0.59)	-0.049 (-0.28)	-0.078 (-0.45)	0.048 (0.31)	0.115 (0.78)
N	5 417	5 417	5 417	5 417	5 417	5 417
F	296.024***	1129.450***	207.047***	235.341***	139.179***	144.458***
AR(1) test (P值)	0.00	0.00	0.00	0.00	0.00	0.00
AR(2) test (P值)	0.83	0.95	0.15	0.14	0.90	0.91
Hansen test of over-identification (P值)	0.14	0.17	0.63	0.55	0.36	0.34
Diff-in-Hansen tests of exogeneity (P值)	0.31	0.11	0.63	0.55	0.53	0.48
Ind & Year FE	√	√	√	√	√	√

注：括号内为t值，并经怀特异方差的调整，***、**、*分别表示1%、5%和10%的显著水平。

第四，本章还做了如下稳健性检验。（1）本章还使用了以下两个因变量：每百万营业收入的超额雇员（ExStaff1、ExStaff1_Ind、ExStaff1_City）；企业超额雇员哑变量（ExStaff_Dum），即当每百万总资产的超额雇员和每百万营业收入的超额雇员均大于0时则为1，否则为0。（2）本章还使用党组织影响力哑变量（Party_Dum），即当企业党组织活动次数大于当年所有存在党组织活动的企业的中位数则为1，否则为0。（3）剔除超额雇员小于0的观测。（4）剔除2008~2009年的观测，控制金融危机的影响。表6-19、表6-20和表6-21的结果分别显示，本章的结果依旧不变。

表6-19 其他稳健性检验：其他因变量

变量	(1)	(2)	(3)	(4)	(5)	(6)	(7)	(8)
	ExStaff1	ExStaff1	ExStaff1_Ind	ExStaff1_Ind	ExStaff1_City	ExStaff1_City	ExStaff_Dum	ExStaff_Dum
Party	0.086** (2.04)	—	0.084* (1.76)	—	0.056** (2.28)	—	0.174*** (4.16)	—
Award	—	0.019 (1.22)	—	0.048** (2.49)	—	0.015** (2.16)	—	0.133** (2.36)
Size	3.354*** (60.80)	3.357*** (60.99)	3.277*** (56.59)	3.279*** (56.74)	2.765*** (55.50)	2.766*** (55.53)	0.808*** (20.98)	0.810*** (21.06)
Roa	3.445*** (3.16)	3.436*** (3.15)	4.322*** (4.07)	4.314*** (4.06)	2.925*** (3.46)	2.919*** (3.46)	3.702*** (5.15)	3.662*** (5.11)
Lev	2.219*** (6.33)	2.221*** (6.34)	2.191*** (6.48)	2.192*** (6.48)	1.602*** (5.72)	1.604*** (5.73)	0.801*** (5.98)	0.791*** (5.91)
Growth	0.803*** (10.53)	0.803*** (10.54)	0.784*** (9.29)	0.784*** (9.29)	0.671*** (9.43)	0.671*** (9.44)	0.063 (1.05)	0.064 (1.07)
PPE	0.770** (2.08)	0.778** (2.11)	0.857** (2.11)	0.866** (2.23)	0.393 (1.16)	0.399 (1.18)	0.731*** (2.95)	0.765*** (3.09)
Board	0.015 (0.65)	0.018 (0.77)	0.028 (1.07)	0.030 (1.15)	0.052** (2.13)	0.054** (2.21)	−0.059*** (−2.64)	−0.053** (−2.40)
Out	−0.663 (−0.94)	−0.642 (−0.91)	−0.154 (−0.20)	−0.140 (−0.18)	−0.491 (−0.69)	−0.477 (−0.67)	−0.998 (−1.53)	−0.972 (−1.49)
Exshr	−0.480*** (−2.90)	−0.488*** (−2.95)	−0.383* (−1.85)	−0.394* (−1.90)	−0.492** (−2.54)	−0.497** (−2.57)	0.134 (0.62)	0.114 (0.53)

续表

变量	(1)	(2)	(3)	(4)	(5)	(6)	(7)	(8)
	ExStaff1	ExStaff1	ExStaff1_Ind	ExStaff1_Ind	ExStaff1_City	ExStaff1_City	ExStaff_Dum	ExStaff_Dum
				其他因变量				
Fshr	1.192*** (3.63)	1.155*** (3.53)	1.108*** (2.79)	1.082*** (2.74)	1.058*** (3.05)	1.033*** (2.99)	0.393 (1.25)	0.332 (1.05)
ZIndex	0.167** (2.03)	0.163** (1.98)	0.144 (1.60)	0.142 (1.58)	0.206** (2.58)	0.203** (2.55)	0.126* (1.76)	0.120* (1.68)
Politic	0.102 (0.73)	0.094 (0.68)	0.041 (0.22)	0.034 (0.27)	0.038 (0.26)	0.033 (0.23)	0.170 (1.29)	0.156 (1.18)
Reform	−0.259** (−2.32)	−0.246** (−2.21)	−0.218* (−1.78)	−0.207* (−1.69)	−0.169 (−1.53)	−0.161 (−1.46)	−0.493*** (−4.98)	−0.461*** (−4.68)
Mkt	0.517 (1.11)	0.506 (1.09)	0.909 (1.58)	0.898 (1.56)	0.371 (0.81)	0.363 (0.79)	−0.068 (−0.14)	−0.088 (−0.19)
ListAge	0.169*** (2.63)	0.166*** (2.59)	0.235*** (2.96)	0.232*** (2.92)	0.102 (1.44)	0.100 (1.41)	0.145** (2.28)	0.140** (2.22)
NewsNum	0.015 (0.75)	0.033* (1.72)	0.039* (1.73)	0.054** (2.38)	−0.014 (−0.62)	−0.001 (−0.07)	0.007 (0.32)	0.036* (1.76)
Constant	−77.422*** (−15.96)	−77.369*** (−15.95)	−80.494*** (−13.44)	−80.443*** (−13.43)	−62.602*** (−13.10)	−62.568*** (−13.09)	−18.525*** (−3.78)	−18.384*** (−3.76)
N	8 513	8 513	8 513	8 513	8 513	8 513	8 455	8 455
R2_Adj/R2_Pseudo	0.68	0.68	0.56	0.56	0.54	0.54	0.16	0.16
F/Chi2	242.736***	241.465***	137.667***	136.584***	102.666***	102.598***	992.607***	991.051***
Ind & Year FE	√	√	√	√	√	√	√	√

注：第1～6列括号内为t值，第7～8列为z值，非经怀特异方差和公司层面的聚类调整；***、**、*分别表示1%、5%和10%的显著水平。

表6-20 其他稳健性检验：其他解释变量和剔除超额雇员小于0的观测

变量	(1)	(2)	(3)	(4)	(5)	(6)	(7)	(8)	(9)
	其他解释变量			ExStaff		剔除超额雇员小于0的观测			
	ExStaff	ExStaff_Ind	ExStaff_City			ExStaff	ExStaff_Ind	ExStaff_City	
Party	0.070***(3.03)	—	—	0.024**(2.52)	—	0.012*(1.80)	—	0.021**(2.50)	—
Award	—	0.061***(2.62)	—	—	0.087***(2.78)	—	0.092***(2.98)	—	0.030(1.10)
Party_Dum	—	—	0.058***(2.86)	—	—	—	—	—	—
Size	0.078***(6.20)	0.079***(6.43)	0.083***(8.11)	-0.120***(-7.25)	-0.149***(-9.62)	-0.112***(-6.96)	-0.135***(-9.14)	-0.074***(-5.47)	-0.089***(-6.96)
Roa	0.557**(2.56)	0.616***(2.96)	0.554***(3.24)	0.462*(1.80)	0.571**(2.18)	0.490*(1.92)	0.608**(2.34)	0.494**(2.31)	0.555**(2.48)
Lev	0.338***(5.40)	0.322***(5.51)	0.221***(4.42)	0.450***(6.30)	0.522***(7.53)	0.388***(5.59)	0.445***(6.63)	0.295***(5.20)	0.324***(5.78)
Growth	0.037**(2.41)	0.026*(1.71)	0.028**(2.11)	0.020(0.85)	0.023(0.99)	0.020(0.89)	0.024(1.08)	0.006(0.35)	0.008(0.46)
PPE	0.032(0.40)	0.002(0.02)	0.030(0.48)	0.457***(3.57)	0.486***(3.99)	0.549***(4.51)	0.554***(4.75)	0.253***(2.79)	0.222**(2.53)
Board	-0.013**(-2.08)	-0.015**(-2.42)	-0.015**(-2.79)	-0.031***(-3.66)	-0.020**(-2.49)	-0.021**(-2.44)	-0.011(-1.36)	-0.021***(-3.12)	-0.017**(-2.63)
Out	-0.537***(-2.66)	-0.509**(-2.59)	-0.654***(-3.95)	-0.477*(-1.65)	-0.406(-1.45)	-0.338(-1.27)	-0.320(-1.26)	-0.290(-1.23)	-0.256(-1.11)
Exshr	-0.044(-0.79)	-0.026(-0.47)	-0.069(-1.33)	-0.291***(-3.16)	-0.369***(-3.90)	-0.267***(-2.98)	-0.314***(-3.49)	-0.250***(-2.95)	-0.270***(-3.20)

续表

变量	(1)	(2)	(3)	(4)	(5)	(6)	(7)	(8)	(9)
	其他解释变量					剔除超额雇员小于0的观测			
	ExStaff	ExStaff_Ind	ExStaff_City	ExStaff	ExStaff	ExStaff_Ind	ExStaff_City		
Fshr	0.305*** (3.66)	0.269*** (3.21)	0.205*** (2.87)	0.341*** (2.82)	0.286** (2.37)	0.435*** (3.87)	0.397*** (3.56)	0.314*** (3.15)	0.303*** (3.07)
ZIndex	0.037* (1.82)	0.035* (1.75)	0.027 (1.50)	0.079*** (2.59)	0.067** (2.23)	0.094*** (3.25)	0.085*** (3.01)	0.076*** (2.80)	0.079*** (3.05)
Politic	0.019 (0.53)	0.008 (0.20)	-0.002 (-0.08)	-0.108** (-2.20)	-0.108** (-2.23)	-0.088* (-1.76)	-0.081* (-1.66)	-0.098** (-2.22)	-0.105** (-2.39)
Reform	-0.102*** (-3.58)	-0.084*** (-2.93)	-0.069*** (-2.85)	0.036 (0.83)	0.074* (1.80)	0.020 (0.50)	0.027 (0.71)	-0.051 (-1.48)	-0.041 (-1.22)
Mkt	0.047 (0.34)	0.141 (0.98)	0.151 (1.28)	-0.603*** (-2.89)	0.015** (2.21)	-0.271 (-1.56)	0.011* (1.78)	-0.567*** (-3.43)	0.017*** (2.83)
ListAge	0.007 (0.34)	0.013 (0.68)	0.013 (0.74)	-0.003 (-0.11)	-0.046* (-1.71)	0.021 (0.82)	-0.012 (-0.48)	-0.001 (-0.03)	-0.015 (-0.68)
NewsNum	0.008 (1.29)	0.008 (1.28)	0.005 (0.87)	-0.010 (-1.17)	-0.010 (-1.39)	-0.001 (-0.18)	-0.002 (-0.25)	-0.001 (-0.14)	-0.002 (-0.34)
Constant	-2.429* (-1.72)	-3.166** (-2.15)	-3.186*** (-2.59)	9.690*** (4.50)	3.734*** (11.17)	5.866*** (3.27)	3.216*** (10.17)	7.991*** (4.81)	2.270*** (8.78)
N	8 522	8 522	8 522	3 279	3 279	3 371	3 371	3 342	3 342
R^2_Adj	0.08	0.07	0.04	0.24	0.20	0.21	0.17	0.17	0.13
F	12.851***	9.900***	7.352***	9.786***	17.574***	8.727***	15.796***	6.209***	8.714***
Ind & Year FE	√	√	√	√	√	√	√	√	√

注：括号内为t值，并经怀特异方差和公司层面的聚类调整；***、**、*分别表示1%、5%和10%的显著水平。

表 6-21　其他稳健性检验：控制金融危机的影响

变量	(1) ExStaff	(2) ExStaff_Ind	(3) ExStaff_City
Party	0.058*** (4.62)	0.055*** (4.32)	0.041*** (3.67)
Size	0.078*** (5.79)	0.081*** (6.17)	0.081*** (7.34)
Roa	0.675*** (2.89)	0.704*** (3.15)	0.619*** (3.29)
Lev	0.374*** (5.30)	0.359*** (5.50)	0.254*** (4.51)
Growth	0.046*** (2.82)	0.035** (2.14)	0.036** (2.56)
PPE	0.079 (0.92)	0.058 (0.68)	0.077 (1.16)
Board	-0.012* (-1.80)	-0.014** (-2.12)	-0.013** (-2.26)
Out	-0.490** (-2.40)	-0.470** (-2.36)	-0.595*** (-3.41)
Exshr	-0.022 (-0.39)	-0.005 (-0.09)	-0.032 (-0.62)
Fshr	0.359*** (4.24)	0.328*** (3.85)	0.239*** (3.26)
ZIndex	0.047** (2.28)	0.047** (2.28)	0.034* (1.85)
Politic	0.034 (0.92)	0.024 (0.64)	0.003 (0.08)
Reform	-0.120*** (-3.99)	-0.100*** (-3.34)	-0.084*** (-3.25)
Mkt	0.077 (0.56)	0.165 (1.15)	0.165 (1.39)

续表

变量	(1) ExStaff	(2) ExStaff_Ind	(3) ExStaff_City
ListAge	0.019 (0.95)	0.024 (1.22)	0.021 (1.21)
NewsNum	0.003 (0.40)	0.002 (0.38)	0.002 (0.31)
Constant	-2.830** (-1.99)	-3.532** (-2.39)	-3.400*** (-2.75)
N	7 623	7 623	7 623
R^2_Adj	0.09	0.07	0.05
F	12.109***	9.845***	7.270***
Ind & Year FE	√	√	√

注：括号内为 t 值，并经怀特异方差和公司层面的聚类调整；***、**、* 分别表示 1%、5% 和 10% 的显著水平。

6.5 本章小结

　　就业是民生之本、和谐之基、安国之策，是党和政府十分关注的问题。党组织嵌入非公有制企业后，党组织的影响力是否会影响企业在雇员层面的决策呢？本章以 2014~2015 年非公有制上市企业为样本，检验了非公有制企业党组织的影响力对非公有制企业超额雇员的影响，研究发现：非公有制企业党组织的影响力越大，企业的超额雇员越多，而且与同行业或者同地区的超额雇员相比也较多；非公有制企业党组织基础更加稳固、管理层对党组织重视程度更高、政治敏感度更强时，非公有制企业党组织的影响力和更多的超额雇员之关联更加显著。进一步的研究还发现，非公有制企业党组织的影响力和更多的超额雇员之关联不受当地上市的非公有制企业数量多少、企业规模大小的影响。此外，本章还基于省级层面的失业数据和非公有制企业党组织影响力的数据进行分析，结果发现，该省非公有制企业党组织影响力越大，其省级层面的失业规模和失业率也显著降低。经过各种稳健性检验之后，本章的结论依然不变。

第 7 章

非公有制企业党组织的影响力与企业捐赠

7.1 概 述

本章进一步以非公有制企业社会捐赠为切入口来研究非公有制企业中党组织的经济后果。之所以选择社会捐赠视角（企业履行社会责任的重要方面），是因为一方面企业进行社会捐赠与党的宗旨和执政理念是一致的，党组织如果有战斗力和影响力的话，应该在非公有制企业中推行党的宗旨和执政理念，从而推动企业提升社会捐赠力度；另一方面，随着我国非公有制企业的发展壮大，非公有制企业的慈善捐赠逐渐成为我国社会公益事业的重要组成部分。根据中民慈善捐助信息中心发布的《2018年度中国慈善捐助报告》显示，2018年非公有制企业的捐赠总额为450.32亿元，而公有制企业捐赠金额为310.90亿元。① 而且自2007年有全国性的捐赠统计以来，非公有制企业的捐赠占比都在50%以上。这也使得社会捐赠的数据可获得性和数据质量比较高。因此，非公有制企业的社会捐赠就成为本章检验非公有制企业党组织影响力之经济后果的绝佳样本。

具体而言，本章以2004年到2015年A股非公有制上市企业为样本，检验非公有制企业党组织的影响力对企业社会捐赠的影响，结果发现：非公有制企业党组织的影响力越大，企业的社会捐赠力度越高；这种影响在非公有制企业党组织基础更加稳固的企业、管理层对党组织重视程度更高的企业和政治敏感期里更加显著。这些结论在解决了可能的内生性问题之后依然稳健成立。此外，本章研究还发现，非公有制企业党组织的影响力对企业捐赠的影响不受当地上市的非公有制企业数量多少、规模大小的影响，排除了政府干预的替代性解释。最后，本章

---

① 李昌禹：《全年现金捐赠总额破千亿创新高》，载《人民日报》2019年9月23日。

还基于省级层面的捐赠数据和非公有制企业党组织影响力的数据进行分析,本章发现,该省非公有制企业党组织影响力越大,其省级层面的捐赠规模也显著更大。经过各种稳健性检验之后,本章的结论依然不变。

本章的后续安排如下:7.2 节是文献综述和研究假说,7.3 节进行研究设计,实证结果在 7.4 节,7.5 节对本章进行了总结。

7.2 文献综述和研究假说

以往关于企业捐赠影响因素的理论研究可以归纳为以下四种:利他理论、利己理论、压力理论和代理理论(Galaskiewicz,1997)。利他理论认为企业具有高尚的公民意识,并以促进社会福利最大化为目标;而利己理论认为企业之所以进行捐赠,是为了获得税收优惠等经济收益,最终实现企业价值最大化;压力理论指出企业捐赠是出于外在的压力,捐赠有利于降低企业的政治和舆论等压力;代理理论则认为企业捐赠是管理层为获得经济利益和提高声誉等机会主义行为带来的。在这些理论基础上,学者们从企业的规模、业绩、成长性、税收政策、政治关联、媒体压力、股权结构和董事会治理等角度进行了实证检验(高勇强等,2011;徐莉萍等,2011;陈凌等,2014)。本书并不排除这些理论对于我国非公有制企业社会捐赠行为可能存在的解释力,但这肯定是不完整的,因为在具有中国特色的社会主义市场经济下,中国共产党作为长期执政的执政党,党组织和非公有制企业"双向嵌入"之后,对这些企业履行包括社会捐赠行为在内的社会责任应该是有着重要影响的。可惜的是,也许是由于观念认知缺位和数据的可获得性问题,对非公有制企业社会捐赠的这一重要影响因素的研究尚待展开。

中国共产党的宗旨是全心全意为人民服务,发展社会主义市场经济的最终目标是实现人民的共同富裕。为此,促进非公有制企业履行社会责任既是发挥非公有制企业党组织作用的目标之一,也是其发挥作用的手段和表现。按照党章和党的相关文件精神,"非公有制企业党组织要在职工群众中发挥政治核心作用,在企业发展中发挥政治引领作用,把贯彻党的路线方针政策、维护职工群众合法权益、引领建设先进企业文化、创先争优推动企业发展贯穿党组织活动始终,树立正确的理想信念,实践党的根本宗旨,并鼓励他们把企业获得的利润,用于扩大再生产,支持社会公益事业"。①

---

① 《切实加强非公有制企业党建工作 发挥党组织作用》,中国政府网,2012 年 3 月 22 日,http://www.gov.cn/jrzg/2012-03/22/content_2096935.htm。

党的基层组织嵌入单个非公有制企业后，其非经济行为会影响企业的经济行为。一旦党组织建立起来，则自动融入了全国党组织的网络体系，党组织网络在非公有制企业的嵌入就强化了社会网络中价值内化特征的体现（Portes，1998），具体表现为非公有制企业会自觉或者不自觉地把中国共产党的价值和理念内化到企业活动中，从而使得党组织活动与公司的行为活动进行融合与互相影响。而且从全国一盘棋这一更高更宏观的视野来看，单个的非公有制企业其实是被嵌入了全国性的党组织网络和基于此的企业网络之中，非公有制企业的经济行为自然会被嵌入党组织的非经济行为之中，从根本上深受党的宗旨和使命之影响。这种党组织网络的嵌入性能够给非公有制企业带来社会信用证明（social credentials）以及身份强化的认同等（Lin，2002），而认同感和社会信用证明恰恰是非公有制企业一直所缺乏和致力于追求的目标，因此企业也有动力通过党组织的影响力来获取这种信用、关系和身份的认同。在建立了党组织的非公有制企业中，虽然一些存在实际控制人和经理人"被动接受"党组织建立的企业，但也有很多是实际控制人和经理人认知到党组织对企业发展的助力而"主动认同"建立党组织的企业。万达集团形成的党委、董事长、党支部、党员四级党建模式，有利于实现党的组织覆盖和党的工作覆盖。董事长的一级推进保障了党建思想的统一、党组织体系的健全、党组织工作制度的落实、党组织活动资金的充足，进而从党委、党支部和党员等各个层级推进万达集团的公益慈善，正如本书 3.3.2 小节所述，万达集团的公益捐赠堪称中国非公有制企业的表率。

当然，企业的社会捐赠工作做得好也有助于提升党组织的威信，使得党组织在领导职工群众（包括工会）方面更加得心应手，有利于在优秀的员工中发展党员，壮大所在企业的党组织。当上级党组织号召党员和企业进行社会捐赠时，与没有建立党组织的非公有制企业相比，建立了党组织的非公有制企业（即使其实际控制人和经理人不是党员）更可能得到此类信息或者更快速地得到此类信息，更可能和更及时做出响应，从而就会有着相对更多的社会捐赠。

毫无疑问，党组织网络中的各个微观结点（即单个非公有制企业中的党组织）并非完全同质化，党组织的力量也不尽相同，发挥的作用自然是有所差异的。根据本书 3.3.2 小节的分析，2019 年中央巡视组巡视结果表明，央企存在着"重业务轻党建""管党治党不严（不力）""党风廉政建设责任制落实不到位"甚至"党的领导弱化、淡化"等问题。央企如此，可以想见部分非公有制企业党建也会存在战斗力不足等主、客观问题。在建立了党组织的非公有制企业之中，在控制了其他影响因素之后，党组织的战斗力和影响力越大，该企业履行社会责任的力度也会越大。因为按照规定，只要员工中党员人数达到 3 人及以上的就应该建立党组织，非公有制企业党组织应建已建率近乎 100%，仅仅从是否设立党组织的角度来衡量党组织参与公司治理的作用是远远不够的。因此，本书关于党组织影响力对非公有制企业社会责任行为的影响将限于已建立了党组织的非公有制企业之中，着重观察不同非公有制企业党组织战斗力和影响力差异对非公有制企业履行社会责任的影响。

基于上述的理论分析，本章提出以下待检验的研究假说。

假定其他条件相同，与党组织影响力较弱的非公有制企业相比，党组织影响力较强的非公有制企业社会捐赠力度更大。

7.3 研究设计

7.3.1 研究模型和变量定义

为了检验非公有制企业党组织的影响力对企业社会捐赠的影响，本章构建以下三个模型：

$$\text{Donate} = \beta_0 + \beta_1 \times \text{PartyEffect} + \beta_i \times \text{Controls} + \varepsilon \tag{7.1}$$

$$\text{PartyEffect} = \beta_0 + \beta_1 \times \text{PoliticalValue} + \beta_2 \times \text{DistanceBJ} + \beta_i \times \text{Controls} + \varepsilon \tag{7.2}$$

$$\text{Donate} = \beta_0 + \beta_1 \times \hat{\text{PartyEffect}} + \beta_i \times \text{Controls} + \varepsilon \tag{7.3}$$

其中，模型（7.1）为 OLS 回归模型。同时，本章也采用两阶段回归模型（2SLS）以控制潜在的遗漏变量[①]等内生性问题，选取世界价值观调查中关于中国各省公民政治价值观的调查数据和企业所在城市与我国政治中心（北京）的地理距离的自然对数作为工具变量[②]。模型（7.2）和模型（7.3）分别为 2SLS 回归模型的第一阶段和第二阶段回归模型[③]。

本章的解释变量为非公有制企业党组织的影响力（PartyEffect），采用企业党组织活动的情况来衡量，具体包括以下两个变量：（1）非公有制企业党组织的影响程度（Party），等于党组织活动次数的自然对数，党组织活动次数越多则表明党组织影响力越大；（2）非公有制企业党组织是否获得上级党委表彰的哑变量（Award），党组织受到上级党委表彰则表明党组织影响力较大。在稳健性检验

---

① 比如，企业规模、业绩和政府干预等遗漏变量的影响，因为企业规模大、业绩好、受到的政府干预多，从而导致其党组织影响力和企业捐赠金额同时更大。

② 政治价值观和地理距离的计算方式如前文第五章所述。

③ 2SLS 第一阶段的回归结果见附录 B。

中，本章也用党组织影响力哑变量（Party_Dum）来衡量，即当企业党组织活动次数多于当年所有存在党组织活动的企业的中位数则为1，否则为0。

本章的因变量为企业社会捐赠力度（Donate），包括以下六个变量：（1）企业每万元总资产的社会捐赠额（Donate1），等于企业捐赠总额乘以10000再除以总资产；（2）相对同行业的每万元总资产的企业社会捐赠额（Donate1_Ind），等于企业每万元总资产的捐赠总额与所在行业平均每万元总资产的捐赠总额的差额；（3）相对同地区的每万元总资产的企业社会捐赠额（Donate1_City），等于企业每万元总资产的捐赠总额与所在城市平均每万元总资产的捐赠总额的差额；（4）企业每万元营业收入的社会捐赠额（Donate2），等于企业捐赠总额乘以10 000再除以营业收入；（5）相对同行业的每万元营业收入的企业社会捐赠额（Donate2_Ind），等于企业每万元营业收入的捐赠总额与所在行业平均每万元营业收入的捐赠总额的差额；（6）相对同地区的每万元营业收入的企业捐赠（Donate2_City），等于企业每万元营业收入的捐赠总额与所在城市平均每万元营业收入的捐赠总额的差额。

本章的控制变量主要包括：（1）由于路径依赖，国有企业私有化改制而来的非公有制企业，其自愿承担的企业社会责任也可能更多，为此本章控制了国企私有化改制哑变量（Reform）；（2）如果企业具有政治关联或者受到的政府干预更多，则其企业社会捐赠也可能更多，为此本章也控制了政治关联哑变量（Politic）和所在地的市场化水平（Mkt）；（3）由于本章的数据来自公司主页披露党组织活动的新闻数据，为此本章还控制影响企业党组织活动披露的变量，即公司每年披露的新闻总数（NewsNum）；（4）公司基本面的变量：公司规模（Size）、资产负债率（Lev）、资产回报率（Roa）、营业收入增长率（Growth）、固定资产比例（PPE）、上市年龄（ListAge）；（5）公司治理的变量：董事会规模（Board）、独立董事比例（Out）、高管持股比例（Exshr）、第一大股东持股比例（Fshr）、股权制衡度（ZIndex）。最后，本章还控制了行业和年度固定效应。具体变量定义如表7-1所示。

表7-1   变量定义

变量	定义
Donate1	t年企业每万元总资产的捐赠总额，等于企业捐赠总额乘以10 000再除以总资产
Donate1_Ind	t年企业每万元总资产的捐赠总额与所在行业平均每万元总资产的捐赠总额的差额
Donate1_City	t年企业每万元总资产的捐赠总额与所在城市平均每万元总资产的捐赠总额的差额
Donate2	t年企业每万元营业收入的捐赠总额，等于企业捐赠总额乘以10 000再除以营业收入

续表

变量	定义
Donate2_Ind	t 年企业每万元营业收入的捐赠总额与所在行业平均每万元营业收入的捐赠总额的差额
Donate2_City	t 年企业每万元营业收入的捐赠总额与所在城市平均每万元营业收入的捐赠总额的差额
Party	t 年公司党组织活动的次数的自然对数，等于 ln(1 + 党组织活动次数)，其值越大表明党组织影响力较大
Award	t 年公司是否受到上级表彰哑变量，受到上级表彰则为 1，表明党组织影响力较大；否则为 0，表明党组织影响力较小
Size	t 年末公司规模，等于年末总资产的自然对数
Roa	t 年总资产报酬率，等于净利润除以年末总资产
Lev	t 年末资产负债率，等于年末总负债除以年末总资产
Growth	t 年营业收入增长率
PPE	t 年末固定资产比例，等于年末固定资产除以年末总资产
Board	t 年公司董事会人数
Out	t 年公司独立董事比例
Exshr	t 年末高管持股比例
Fshr	t 年末第一大股东持股比例
ZIndex	t 年末股权制衡度，等于第 2~5 大股东持股比例除以第 1 大股东持股比例
Politic	t 年公司董事长或者总经理是否具有政治关联，政治关联指的是董事长或者总经理曾在或正在政府部门、军队任职，以及曾经或现在仍担任党代表、人大代表或者政协委员
Reform	如果公司由国企改制而来则为 1，否则为 0
Mkt	樊纲市场化指数
ListAge	公司的上市年龄的自然对数，等于 ln(1 + 上市年龄)
NewsNum	t 年公司主页上披露的新闻总数的自然对数，等于 ln(1 + 新闻总数)

7.3.2 样本和数据

本章以 2004 年到 2015 年的 A 股非公有制上市企业作为样本，在剔除金融行业、ST 公司和缺失数据的观测后，共得到 8 543 个观测值（公司－年）。除了党组织影响力的变量的相关数据为手工收集之外，市场化指数来自樊纲等著的《中国市场化指数》，其他数据都是基于国泰安（CSMAR）数据库整理计算而得，并与万得（Wind）数据库和锐思（RESSET）金融数据库进行了交叉核对。本章所有数据的整理、计算和回归过程所使用的软件为 SAS9.3 和 STATA 14。为了避免极值的影响，本章对连续变量进行了上下 1% 的 winsorize 缩尾处理。

7.4 实证结果

7.4.1 描述性统计和相关系数分析

表 7-2 列示了主要变量的描述性统计，党组织活动的影响程度（Party）的均值为 0.453，中位数为 0，最大值为 4.007；上级党委表彰哑变量（Award）的均值为 0.103，中位数为 0。从这两个变量的描述性统计可以看出企业之间的党组织的影响力存在较大差异。企业每万元总资产的企业捐赠额（Donate1）的均值为 2.388，中位数为 0.356，最大值为 164.300；企业相对同行业的每万元总资产的企业捐赠额（Donate1_Ind）的均值为 0.041，中位数为 -1.097，最大值为 158.400；企业相对同地区的每万元总资产的企业捐赠额（Donate1_City）的均值为 0.170，中位数为 -0.487，最大值为 148.000；企业每万元营业收入的企业捐赠额（Donate2）的均值为 5.086，中位数为 0.659，最大值为 443.100；企业相对同行业的每万元营业收入的企业捐赠额（Donate2_Ind）的均值为 0.134，中位数为 -2.307，最大值为 427.000；企业相对同地区的每万元营业收入的企业捐赠额（Donate2_City）的均值为 0.453，中位数为 -1.127，最大值为 409.300。从这六个变量的描述性统计中可以看出企业之间的企业捐赠额也存在较大差异。其他变量与前人的统计结果基本一致。

表 7-2　　　　　　　　　　主要变量描述性统计

变量	N	均值	标准差	最小值	Q25	中位数	Q75	最大值
Donate1	8 543	2.388	7.156	0.000	0.000	0.356	2.056	164.300
Donate1_Ind	8 543	0.041	6.912	-9.691	-1.870	-1.097	-0.004	158.400
Donate1_City	8 543	0.170	6.347	-16.350	-1.430	-0.487	0.135	148.000
Donate2	8 534	5.086	16.750	0.000	0.000	0.659	4.002	443.100

续表

变量	N	均值	标准差	最小值	Q25	中位数	Q75	最大值
Donate2_Ind	8 534	0.134	16.250	-19.440	-4.010	-2.307	-0.142	427.000
Donate2_City	8 534	0.453	15.190	-33.890	-3.330	-1.127	0.146	409.300
Party	8 543	0.453	0.785	0.000	0.000	0.000	0.693	4.007
Award	8 543	0.103	0.304	0.000	0.000	0.000	0.000	1.000
Size	8 543	21.370	1.057	18.390	20.680	21.310	22.020	24.340
Roa	8 543	0.038	0.074	-0.435	0.014	0.039	0.068	0.258
Lev	8 543	0.437	0.324	0.036	0.235	0.404	0.573	2.730
Growth	8 543	0.229	0.635	-0.814	-0.031	0.129	0.314	4.712
PPE	8 543	0.212	0.149	0.000	0.097	0.189	0.301	0.916
Board	8 543	8.466	1.588	3.000	7.000	9.000	9.000	17.000
Out	8 543	0.372	0.054	0.000	0.333	0.333	0.429	0.667
Exshr	8 543	0.085	0.152	0.000	0.000	0.002	0.098	0.843
Fshr	8 543	0.323	0.140	0.022	0.218	0.298	0.411	0.900
ZIndex	8 543	0.766	0.602	0.033	0.302	0.624	1.072	2.883
Politic	8 543	0.049	0.215	0.000	0.000	0.000	0.000	1.000
Reform	8 543	0.249	0.432	0.000	0.000	0.000	0.000	1.000
Mkt	8 543	9.354	1.960	2.640	7.660	9.550	11.040	11.710
ListAge	8 543	1.845	0.747	0.000	1.386	1.792	2.485	3.091
NewsNum	8 543	1.807	1.690	0.000	0.000	1.946	3.219	6.686

从表7-3按有无党组织活动进行分组的差异检验中可以发现，存在党组织活动的公司和不存在党组织活动的公司相比，前者的企业捐赠额均显著较高，这些证据初步支持了本章的研究假说。此外，表7-4列示了主要变量的Spearman和Pearson相关性分析：党组织活动影响力变量均与企业捐赠变量呈显著正相关的关系，也初步支持了本章的研究假说。

表7-3　　　　　　　　　　　差异检验

变量	Party > 0			Party = 0			均值差异检验	中位数差异检验
	N	均值	中位数	N	均值	中位数		
Donate1	2 560	2.953	0.672	5 983	2.147	0.235	0.806***	109.115***
Donate1_Ind	2 560	0.385	-1.045	5 983	-0.107	-1.122	0.491***	3.778*
Donate1_City	2 560	0.407	-0.379	5 983	0.069	-0.531	0.338**	5.611**
Donate2	2 559	6.053	1.332	5 975	4.672	0.439	1.381***	120.684***
Donate2_Ind	2 559	0.717	-2.263	5 975	-0.116	-2.309	0.833**	0.849
Donate2_City	2 559	1.025	-0.833	5 975	0.208	-1.207	0.816**	5.694**

注：均值差异为 t 检验，中位数差异为 Wilcoxon 秩和检验。***、**、*分别表示1%、5%和10%的显著水平。

7.4.2　回归分析

表7-5列示了非公有制企业党组织的影响力与企业社会捐赠额的回归结果，其中，前（后）四列为 OLS（2SLS）模型的回归结果。不论是 OLS 回归模型还是 2SLS 回归模型，本章发现非公有制企业党组织的影响力程度（Party 或 $\hat{\text{Party}}$）及非公有制企业党组织受到上级表彰（Award 或 $\hat{\text{Award}}$）均与企业捐赠额（Donate1 或 Donate2）呈显著正相关的关系。从经济意义上来看，第一列和第三列里可以分别计算出党组织影响力程度（Party）每变动一个标准差，每万元总资产的捐赠额（每万元营业收入的捐赠额）会增加 0.785×0.360 = 0.283（0.785×0.753 = 0.591），每万元总资产的捐赠额（每万元营业收入的捐赠额）增长 0.283/2.388×100% = 11.851%（0.591/5.086×100% = 11.620%）。第二列和第四列里可以分别计算出党组织受到上级表彰（Award）每变动一个标准差，每万元总资产的捐赠额（每万元营业收入的捐赠额）会增加 0.304×1.506 = 0.458（0.304×3.332 = 1.013），每万元总资产的捐赠额（每万元营业收入的捐赠额）增长 0.458/2.388×100% = 19.179%（1.013/5.086×100% = 19.917%）。以上这些结果说明，与党组织的影响力较弱的非公有制企业相比，党组织的影响力较强的非公有制企业的社会捐赠力度更大，本章的研究假说得到验证。

表7-4 相关性分析

变量	Donate1	Donate1_Ind	Donate1_City	Donate2	Donate2_Ind	Donate2_City	Party	Award
Donate1	1.000	0.630***	0.580***	0.976***	0.600***	0.538***	0.135***	0.090***
Donate1_Ind	0.970***	1.000	0.530***	0.612***	0.869***	0.483***	0.035***	0.044***
Donate1_City	0.934***	0.929***	1.000	0.558***	0.507***	0.874***	0.032***	0.043***
Donate2	0.770***	0.747***	0.708***	1.000	0.618***	0.568***	0.135***	0.088***
Donate2_Ind	0.743***	0.767***	0.698***	0.975***	1.000	0.523***	0.028***	0.040***
Donate2_City	0.708***	0.703***	0.742***	0.952***	0.942***	1.000	0.042***	0.047***
Party	0.073***	0.054***	0.044***	0.057***	0.041***	0.042***	1.000	0.580***
Award	0.089***	0.074***	0.069***	0.074***	0.061***	0.066***	0.632***	1.000

注：左下方和右上方分别为Pearson和Spearman相关系数。***表示1%的显著水平。

表7-5 非公有制企业党组织的影响力与企业捐赠

变量	(1) Donate1_City	(2) Donate1_City	(3) Donate2_City	(4) Donate2_City	(5) Donate1_City	(6) Donate1_City	(7) Donate2_City	(8) Donate2_City
Party	0.360** (2.54)	—	0.753** (2.48)	—	—	—	—	—
Award	—	1.506*** (3.82)	—	3.332*** (3.67)	—	—	—	—
P̂arty	—	—	—	—	3.688*** (4.02)	—	5.020** (2.39)	—
Âward	—	—	—	—	—	11.479*** (3.22)	—	10.168** (2.09)
Size	0.083 (0.97)	0.096 (1.12)	0.100 (0.49)	0.129 (0.63)	-0.343*** (-3.34)	-0.180** (-2.00)	-0.573** (-2.44)	-0.326 (-1.49)
Roa	5.884*** (3.47)	5.843*** (3.46)	0.655 (0.23)	0.575 (0.20)	7.506*** (4.50)	6.760*** (4.07)	0.948 (0.30)	0.685 (0.21)
Lev	-0.066 (-0.18)	-0.086 (-0.23)	-2.775*** (-4.15)	-2.824*** (-4.20)	0.356 (1.00)	0.332 (0.93)	-2.021** (-3.09)	-2.174*** (-3.19)
Growth	-0.119 (-1.26)	-0.129 (-1.35)	-1.068*** (-3.34)	-1.089*** (-3.39)	-0.174* (-1.79)	-0.243** (-2.38)	-0.623** (-2.07)	-0.716** (-2.24)
PPE	-1.238** (-2.11)	-1.205** (-2.06)	-5.679*** (-4.09)	-5.603*** (-4.05)	-0.043 (-0.09)	0.186 (0.40)	-4.958*** (-4.21)	-4.628*** (-3.69)
Board	0.166*** (2.79)	0.165*** (2.80)	0.595*** (3.14)	0.593*** (3.14)	0.098 (1.50)	0.116* (1.72)	0.420** (2.09)	0.494** (2.31)
Out	0.376 (0.26)	0.310 (0.22)	7.600 (1.59)	7.436 (1.55)	-0.699 (-0.45)	-1.232 (-0.78)	7.730 (1.56)	7.147 (1.37)

续表

变量	(1) Donate1_City	(2) Donate1_City	(3) Donate2_City	(4) Donate2_City	(5) Donate1_City	(6) Donate1_City	(7) Donate2_City	(8) Donate2_City
Exshr	0.283 (0.65)	0.174 (0.40)	0.394 (0.43)	0.156 (0.17)	-0.449 (-1.05)	-1.150** (-2.40)	-0.573 (-0.60)	-1.345 (-1.20)
Fshr	0.128 (0.16)	0.229 (0.28)	-0.102 (-0.06)	0.136 (0.08)	2.733*** (2.87)	3.286*** (2.92)	6.114*** (2.91)	5.669** (2.05)
ZIndex	0.006 (0.03)	0.029 (0.16)	0.267 (0.61)	0.319 (0.74)	0.245 (1.38)	0.434** (2.04)	1.057** (2.20)	1.040* (1.69)
Politic	0.528 (1.41)	0.490 (1.32)	0.628 (0.75)	0.540 (0.64)	0.857** (2.42)	0.644* (1.81)	1.116 (1.38)	0.788 (0.90)
Reform	0.253 (0.91)	0.272 (0.98)	1.923*** (3.09)	1.960*** (3.13)	-0.409 (-1.54)	-0.222 (-0.87)	-0.060 (-0.10)	0.538 (0.84)
Mkt	-0.880* (-1.72)	-0.936* (-1.81)	-2.582 (-1.30)	-2.698 (-1.35)	0.112** (2.40)	0.091* (1.96)	0.085 (0.69)	0.044 (0.34)
ListAge	-0.444*** (-2.67)	-0.451*** (-2.72)	-1.230*** (-3.92)	-1.243*** (-3.95)	-0.316** (-2.16)	-0.384*** (-2.68)	-0.133 (-0.42)	-0.249 (-0.73)
NewsNum	0.069 (1.37)	0.068 (1.43)	0.136 (1.27)	0.124 (1.19)	-0.642*** (-3.16)	-0.457** (-2.35)	-0.951** (-2.01)	-0.396 (-0.76)
Constant	6.734 (1.25)	6.981 (1.29)	22.653 (1.11)	23.143 (1.13)	6.676*** (3.33)	3.420* (1.91)	8.557** (2.11)	3.850 (1.00)
N	8 543	8 543	8 534	8 534	8 543	8 543	8 534	8 534
R²_Adj	0.07	0.08	0.07	0.07	0.07	0.13	0.07	0.07
F	7.741***	7.708***	6.021***	5.998***	8.726***	8.341***	3.889***	3.180***
Ind & Year FE	√	√	√	√	√	√	√	√

注：括号内为 t 值，并经怀特异方差和公司层面的聚类调整，***、**、* 分别表示1%、5%和10%的显著水平。

表7-6列示了非公有制企业党组织的影响力与相对同行业的企业捐赠额的回归结果。本章发现非公有制企业党组织的影响力程度及非公有制企业党组织受到上级表彰,也均与相对同行业的企业捐赠额呈显著正相关的关系。从经济意义上来看,第一列和第三列里可以分别计算出党组织影响力程度(Party)每变动一个标准差,企业相对同行业的每万元总资产的捐赠额(相对同行业的每万元营业收入的捐赠额)会增加 $0.785 \times 0.359 = 0.282$($0.785 \times 0.749 = 0.588$),企业相对同行业的每万元总资产的捐赠额(相对同行业的每万元营业收入的捐赠额)增长 $0.282/0.041 \times 100\% = 687.805\%$($0.588/0.134 \times 100\% = 438.806\%$)。第二列和第四列里可以分别计算出党组织受到上级表彰(Award)每变动一个标准差,企业相对同行业的每万元总资产的捐赠额(相对同行业的每万元营业收入的捐赠额)会增加 $0.304 \times 1.465 = 0.445$($0.304 \times 3.189 = 0.969$),相对同行业的每万元总资产的捐赠额(相对同行业的每万元营业收入的捐赠额)增长 $0.445/0.041 \times 100\% = 1085.366\%$($0.969/0.134 \times 100\% = 723.134\%$)。

表7-7则列示了非公有制企业党组织的影响力与相对同地区的企业捐赠额的回归结果。不论是OLS回归模型还是2SLS回归模型,本章也发现非公有制企业党组织的影响力基本与相对同地区的企业捐赠呈显著正相关的关系。从经济意义上来看,第一列和第三列里可以分别计算出党组织影响力程度(Party)每变动一个标准差,企业相对同地区的每万元总资产的捐赠额(相对同地区的每万元营业收入的捐赠额)会增加 $0.785 \times 0.230 = 0.181$($0.785 \times 0.559 = 0.438$),企业相对同地区的每万元总资产的捐赠额(相对同地区的每万元营业收入的捐赠额)增长 $0.181/0.170 \times 100\% = 106.471\%$($0.438/0.453 \times 100\% = 96.689\%$)。第二列和第四列里可以分别计算出党组织受到上级表彰(Award)每变动一个标准差,企业相对同地区的每万元总资产的捐赠额(相对同地区的每万元营业收入的捐赠额)会增加 $0.304 \times 1.255 = 0.382$($0.304 \times 3.016 = 0.917$),相对同地区的每万元总资产的捐赠额(相对同地区的每万元营业收入的捐赠额)增长 $0.445/0.170 \times 100\% = 261.765\%$($0.969/0.453 \times 100\% = 213.907\%$)。

表7-6和表7-7的结果说明,与党组织的影响力较弱的非公有制企业相比,党组织的影响力较强的非公有制企业的捐赠力度与同行业(或同地区)企业的捐赠力度相比也更高,本章的研究假说进一步得到验证。

表7-6 非公有制企业党组织的影响力与企业捐赠（行业比较）

变量	(1) Donate1_Ind	(2) Donate1_Ind	(3) Donate2_Ind	(4) Donate2_Ind	(5) Donate1_Ind	(6) Donate1_Ind	(7) Donate2_Ind	(8) Donate2_Ind
Party	0.359** (2.55)	—	0.749** (2.48)	—	—	—	—	—
Award	—	1.465*** (3.74)	—	3.189*** (3.52)	—	—	—	—
P̂arty	—	—	—	—	2.175** (2.47)	—	3.938* (1.89)	—
Âward	—	—	—	—	—	6.298* (1.81)	—	6.567* (1.71)
Size	0.076 (0.90)	0.089 (1.05)	0.105 (0.52)	0.133 (0.66)	−0.074 (−0.76)	0.023 (0.27)	−0.196 (−0.86)	0.002 (0.01)
Roa	5.704*** (3.43)	5.664*** (3.41)	0.554 (0.20)	0.474 (0.17)	4.403*** (2.77)	3.994** (2.52)	−3.742 (−1.25)	−3.786 (−1.20)
Lev	−0.095 (−0.26)	−0.114 (−0.31)	−2.782*** (−4.19)	−2.829*** (−4.24)	0.190 (0.56)	0.184 (0.53)	−1.966*** (−3.08)	−2.095*** (−3.19)
Growth	−0.103 (−1.10)	−0.112 (−1.19)	−1.009*** (−3.17)	−1.028*** (−3.22)	−0.088 (−0.94)	−0.123 (−1.24)	−0.615** (−2.09)	−0.686** (−2.17)
PPE	−1.170** (−2.02)	−1.137** (−1.96)	−5.348*** (−3.90)	−5.273*** (−3.86)	−0.795* (−1.73)	−0.641 (−1.41)	−3.273*** (−2.86)	−2.989** (−2.45)
Board	0.157*** (2.69)	0.157*** (2.69)	0.568*** (3.04)	0.567*** (3.04)	0.082 (1.30)	0.096 (1.48)	0.380** (1.97)	0.449** (2.18)
Out	0.204 (0.14)	0.141 (0.10)	7.135 (1.52)	6.984 (1.49)	−0.554 (−0.38)	−0.839 (−0.56)	7.056 (1.49)	6.636 (1.33)

续表

变量	(1)	(2)	(3)	(4)	(5)	(6)	(7)	(8)
	Donate1_Ind	Donate1_Ind	Donate2_Ind	Donate2_Ind	Donate1_Ind	Donate1_Ind	Donate2_Ind	Donate2_Ind
Exshr	0.319 (0.73)	0.211 (0.48)	0.499 (0.55)	0.269 (0.30)	0.120 (0.29)	-0.259 (-0.55)	0.571 (0.61)	0.024 (0.02)
Fshr	0.098 (0.12)	0.192 (0.24)	-0.505 (-0.30)	-0.289 (-0.17)	1.471 (1.59)	1.689 (1.53)	3.584* (1.73)	2.930 (1.08)
ZIndex	-0.006 (-0.03)	0.016 (0.09)	0.232 (0.54)	0.281 (0.66)	0.193 (1.12)	0.285 (1.35)	1.005** (2.14)	0.929 (1.53)
Politic	0.532 (1.44)	0.493 (1.34)	0.666 (0.80)	0.580 (0.70)	0.754** (2.24)	0.632* (1.85)	1.285 (1.63)	1.030 (1.22)
Reform	0.294 (1.07)	0.314 (1.14)	1.970*** (3.18)	2.009*** (3.22)	-0.171 (-0.66)	-0.042 (-0.17)	0.087 (0.14)	0.631 (1.00)
Mkt	-0.610 (-1.23)	-0.666 (-1.33)	-2.455 (-1.26)	-2.571 (-1.31)	0.106** (2.35)	0.090** (1.97)	0.130 (1.08)	0.093 (0.73)
ListAge	-0.450*** (-2.74)	-0.457*** (-2.79)	-1.284*** (-4.14)	-1.298*** (-4.17)	-0.313** (-2.23)	-0.357** (-2.57)	-0.643** (-2.09)	-0.743** (-2.25)
NewsNum	0.057 (1.13)	0.057 (1.21)	0.108 (1.01)	0.102 (0.98)	-0.402** (-2.06)	-0.268 (-1.41)	-0.881* (-1.88)	-0.367 (-0.71)
Constant	3.294 (0.63)	3.539 (0.67)	20.882 (1.05)	21.364 (1.07)	-0.309 (-0.16)	-2.232 (-1.29)	-2.425 (-0.61)	-6.117 (-1.64)
N	8 543	8 543	8 534	8 534	8 543	8 543	8 534	8 534
R^2_Adj	0.02	0.03	0.03	0.03	0.02	0.03	0.03	0.03
F	5.289***	5.258***	3.956***	3.957***	4.992***	4.746***	4.366***	3.655***
Ind & Year FE	√	√	√	√	√	√	√	√

注：括号内为 t 值，并经怀特异方差和公司层面的聚类调整，***、**、* 分别表示 1%、5% 和 10% 的显著水平。

表7-7 非公有制企业党组织的影响力与企业捐赠(地区比较)

变量	(1)	(2)	(3)	(4)	(5)	(6)	(7)	(8)
	Donate1_Ind	Donate1_Ind	Donate2_Ind	Donate2_Ind	Donate1_Ind	Donate1_Ind	Donate2_Ind	Donate2_Ind
Party	0.230* (1.79)	—	0.559** (2.03)	—	—	—	—	—
Award	—	1.255*** (3.51)	—	3.016*** (3.65)	—	—	—	—
P̂arty	—	—	—	—	1.758* (1.74)	—	3.573 (1.43)	—
Âward	—	—	—	—	—	7.883* (1.93)	—	17.615* (1.71)
Size	0.034 (0.45)	0.043 (0.57)	−0.043 (−0.23)	−0.020 (−0.11)	0.089 (0.89)	0.013 (0.15)	0.083 (0.35)	−0.074 (−0.38)
Roa	5.007*** (3.30)	4.980*** (3.30)	0.985 (0.39)	0.924 (0.37)	6.223*** (4.16)	6.438*** (4.14)	2.620 (0.92)	3.064 (1.01)
Lev	0.190 (0.58)	0.171 (0.52)	−1.913*** (−3.15)	−1.960*** (−3.21)	0.022 (0.07)	0.061 (0.20)	−2.038*** (−3.37)	−1.952*** (−3.21)
Growth	−0.102 (−1.20)	−0.110 (−1.29)	−0.920*** (−3.07)	−0.940*** (−3.12)	−0.084 (−0.96)	−0.032 (−0.32)	−0.751*** (−2.64)	−0.635** (−2.18)
PPE	−1.096** (−2.15)	−1.075** (−2.12)	−4.653*** (−3.78)	−4.597*** (−3.75)	0.401 (0.94)	0.456 (1.01)	−4.103*** (−3.92)	−3.908*** (−3.56)
Board	0.150*** (2.91)	0.147*** (2.87)	0.577*** (3.29)	0.571*** (3.26)	0.201*** (3.41)	0.215*** (3.39)	0.633*** (3.37)	0.673*** (3.42)
Out	0.762 (0.63)	0.692 (0.57)	8.122* (1.90)	7.947* (1.86)	0.682 (0.51)	1.178 (0.81)	7.089 (1.62)	8.256* (1.83)

续表

变量	(1)	(2)	(3)	(4)	(5)	(6)	(7)	(8)
	Donate1_Ind		Donate2_Ind		Donate1_Ind		Donate2_Ind	
Exshr	-0.211 (-0.53)	-0.294 (-0.74)	-0.363 (-0.45)	-0.565 (-0.69)	-0.719* (-1.84)	-0.251 (-0.53)	-1.939** (-2.20)	-0.924 (-0.94)
Fshr	0.326 (0.44)	0.437 (0.60)	0.850 (0.57)	1.114 (0.75)	-0.339 (-0.35)	-0.975 (-0.80)	0.118 (0.05)	-1.434 (-0.49)
ZIndex	-0.014 (-0.09)	0.008 (0.05)	0.303 (0.77)	0.355 (0.91)	-0.169 (-0.94)	-0.322 (-1.36)	-0.017 (-0.03)	-0.378 (-0.59)
Politic	0.364 (1.07)	0.337 (1.00)	0.331 (0.42)	0.262 (0.34)	0.286 (0.89)	0.412 (1.19)	-0.027 (-0.04)	0.252 (0.32)
Reform	0.250 (1.00)	0.256 (1.02)	1.938*** (3.36)	1.953*** (3.37)	0.524* (1.82)	0.453* (1.67)	2.636*** (3.33)	2.519*** (3.48)
Mkt	-0.437 (-1.00)	-0.474 (-1.08)	-1.900 (-1.02)	-1.989 (-1.06)	-0.151*** (-2.96)	-0.147*** (-2.88)	-0.295** (-2.36)	-0.290** (-2.28)
ListAge	-0.399*** (-2.60)	-0.402*** (-2.64)	-1.095*** (-3.80)	-1.103*** (-3.82)	-0.360** (-2.64)	-0.334** (-2.41)	-0.667** (-2.18)	-0.619** (-1.98)
NewsNum	0.061 (1.35)	0.046 (1.09)	0.148 (1.53)	0.113 (1.19)	0.481** (2.11)	0.515** (2.27)	0.990* (1.73)	1.145* (1.97)
Constant	2.528 (0.55)	2.701 (0.58)	14.212 (0.74)	14.599 (0.76)	-1.833 (-1.00)	-0.400 (-0.24)	-4.163 (-1.12)	-1.222 (-0.37)
N	8 543	8 543	8 534	8 534	8 543	8 543	8 534	8 534
R²_Adj	0.03	0.03	0.04	0.04	0.04	0.17	0.03	0.14
F	2.004***	2.132***	2.250***	2.295***	3.856***	3.471***	4.146***	3.709***
Ind & Year FE	√	√	√	√	√	√	√	√

注: 括号内为 t 值, 并经怀特异方差和公司层面的聚类调整, ***、**、* 分别表示 1%、5% 和 10% 的显著水平。

进一步，本章检验了党组织基础稳定性、管理层对党组织重视程度、政治敏感期对非公有制企业党组织影响力与企业捐赠的交互影响。为此，本章设置了以下几个变量。（1）党组织基础稳定性：一般来说党组织的基础越稳定，党组织在非公有制企业中的影响力可能越大，本章用是否国企改制（Reform）来衡量党组织基础的稳定性。依据路径依赖理论，如果非公有制企业的前身是公有制企业的话，党组织的地位和影响力可能依旧很大。（2）管理层对党组织重视程度：一般来说，如果管理层积极参加党组织活动、担任党委书记，则表明管理层对党组织的重视程度越大。为此，本章设置两个变量来衡量，包括董事长或总经理是否参加党组织活动哑变量（Participant）、董事长或总经理是否担任党委书记哑变量（Secretary）。（3）政治敏感期：一般来说在五年一度的中国共产党全国代表大会期间，政治的敏感程度更强，此时党组织越可能发挥作用。为此，本章设置政治敏感期哑变量（NPC），如果该年度是2007年或2012年则为1（即党代会召开年），否则为0。表7-8列示了非公有制企业党组织的影响力、国企改制与企业捐赠额的回归结果。本章发现非公有制企业党组织的影响力与国企改制的交互项，基本与企业捐赠额呈显著正相关的关系。

表7-8　非公有制企业党组织的影响力、国企改制与企业捐赠

变量	(1)	(2)	(3)	(4)	(5)	(6)
	Donate1		Donate1_Ind		Donate1_City	
Party	0.385*** (3.03)	—	0.278** (2.26)	—	0.161 (1.43)	—
Party × Reform	0.691*** (3.19)	—	0.584*** (2.78)	—	0.475** (2.46)	—
Award	—	1.301*** (4.36)	—	1.038*** (3.59)	—	0.976*** (3.67)
Award × Reform	—	2.560*** (4.32)	—	2.486*** (4.33)	—	1.682*** (3.19)
Size	-0.127 (-1.55)	-0.106 (-1.30)	0.056 (0.70)	0.070 (0.89)	-0.018 (-0.25)	-0.009 (-0.12)
Roa	9.023*** (7.56)	9.037*** (7.59)	5.612*** (4.85)	5.620*** (4.86)	6.287*** (5.91)	6.306*** (5.94)
Lev	0.281 (1.00)	0.270 (0.97)	0.156 (0.57)	0.153 (0.56)	0.110 (0.44)	0.106 (0.42)

续表

变量	(1) Donate1	(2) Donate1	(3) Donate1_Ind	(4) Donate1_Ind	(5) Donate1_City	(6) Donate1_City
Growth	-0.157 (-1.26)	-0.172 (-1.38)	-0.081 (-0.67)	-0.095 (-0.79)	-0.096 (-0.86)	-0.107 (-0.96)
PPE	0.295 (0.55)	0.325 (0.61)	-0.684 (-1.32)	-0.668 (-1.29)	-0.107 (-0.23)	-0.118 (-0.25)
Board	0.194*** (3.38)	0.198*** (3.45)	0.137** (2.46)	0.139** (2.51)	0.151*** (2.94)	0.149*** (2.92)
Out	-0.781 (-0.47)	-0.638 (-0.39)	-0.688 (-0.43)	-0.547 (-0.34)	0.480 (0.33)	0.559 (0.38)
Exshr	-0.716 (-1.25)	-0.811 (-1.42)	-0.055 (-0.10)	-0.127 (-0.23)	-0.538 (-1.06)	-0.599 (-1.18)
Fshr	0.401 (0.49)	0.494 (0.61)	-0.043 (-0.05)	0.050 (0.06)	0.400 (0.55)	0.515 (0.71)
ZIndex	-0.169 (-0.92)	-0.144 (-0.79)	-0.082 (-0.46)	-0.059 (-0.33)	-0.059 (-0.36)	-0.034 (-0.21)
Politic	0.532 (1.48)	0.536 (1.50)	0.550 (1.58)	0.561 (1.62)	0.428 (1.34)	0.437 (1.37)
Reform	0.047 (0.19)	0.138 (0.61)	0.072 (0.30)	0.108 (0.49)	0.061 (0.28)	0.120 (0.59)
Mkt	-0.028 (-0.68)	-0.034 (-0.83)	0.009 (0.22)	0.004 (0.11)	-0.121*** (-3.29)	-0.123*** (-3.36)
ListAge	-0.523*** (-3.53)	-0.528*** (-3.57)	-0.450*** (-3.13)	-0.452*** (-3.16)	-0.298** (-2.26)	-0.299** (-2.27)
NewsNum	0.065 (1.21)	0.089* (1.79)	-0.000 (-0.00)	0.007 (0.15)	0.024 (0.49)	0.015 (0.34)
Constant	4.140** (2.20)	3.623* (1.94)	-1.585 (-0.87)	-1.956 (-1.08)	0.301 (0.18)	0.045 (0.03)
N	8 543	8 543	8 543	8 543	8 543	8 543
R^2_Adj	0.02	0.02	0.01	0.01	0.01	0.01
F	10.253***	12.285***	5.858***	7.913***	5.891***	7.632***
Ind & Year FE	√	√	√	√	√	√

注：括号内为 t 值，并经怀特异方差和公司层面的聚类调整，***、**、* 分别表示1%、5%和10%的显著水平。

表7-9列示了非公有制企业党组织的影响力、管理层重视程度与企业捐赠额的回归结果。本章发现非公有制企业党组织的影响力与管理层重视程度的交互项，基本与企业捐赠额呈显著正相关的关系（董事长或总经理是否参加党组织活动比其是否担任党委书记的作用更大）。

表7-9　非公有制企业党组织的影响力、管理层重视程度与企业捐赠

变量	(1)	(2)	(3)	(4)	(5)	(6)
	Donate1		Donate1_Ind		Donate1_City	
Party	0.040 (0.23)	—	0.086 (0.51)	—	0.107 (0.69)	—
Party × Participant	1.403*** (3.82)	—	1.454*** (4.08)	—	1.281*** (3.91)	—
Party × Secretary	0.870 (1.52)	—	0.825 (1.49)	—	0.998* (1.96)	—
Award	—	0.609 (1.30)	—	0.159 (0.35)	—	0.393 (0.94)
Award × Participant	—	1.751*** (2.69)	—	2.118*** (3.35)	—	1.562*** (2.69)
Award × Secretary	—	0.062 (0.08)	—	0.001 (0.00)	—	0.043 (0.06)
Size	-0.113 (-1.38)	-0.107 (-1.31)	0.071 (0.89)	0.071 (0.90)	-0.008 (-0.11)	-0.007 (-0.09)
Roa	9.083*** (7.61)	9.083*** (7.62)	5.643*** (4.88)	5.660*** (4.90)	6.337*** (5.96)	6.345*** (5.98)
Lev	0.241 (0.86)	0.211 (0.76)	0.123 (0.45)	0.095 (0.35)	0.087 (0.35)	0.067 (0.27)
Growth	-0.147 (-1.18)	-0.155 (-1.24)	-0.072 (-0.59)	-0.078 (-0.64)	-0.089 (-0.80)	-0.097 (-0.87)
PPE	0.286 (0.54)	0.363 (0.68)	-0.695 (-1.34)	-0.616 (-1.19)	-0.122 (-0.26)	-0.076 (-0.16)
Board	0.188*** (3.27)	0.185*** (3.23)	0.132** (2.37)	0.128** (2.30)	0.147*** (2.87)	0.143*** (2.79)

续表

变量	(1)	(2)	(3)	(4)	(5)	(6)
	Donate1		Donate1_Ind		Donate1_City	
Out	-0.974 (-0.59)	-0.872 (-0.53)	-0.886 (-0.55)	-0.752 (-0.47)	0.326 (0.22)	0.436 (0.30)
Exshr	-0.639 (-1.12)	-0.774 (-1.36)	0.030 (0.05)	-0.087 (-0.16)	-0.481 (-0.95)	-0.596 (-1.17)
Fshr	0.347 (0.43)	0.560 (0.69)	-0.118 (-0.15)	0.093 (0.12)	0.349 (0.48)	0.541 (0.75)
ZIndex	-0.185 (-1.01)	-0.151 (-0.82)	-0.097 (-0.54)	-0.064 (-0.36)	-0.068 (-0.42)	-0.036 (-0.22)
Politic	0.547 (1.53)	0.540 (1.51)	0.563 (1.62)	0.569 (1.64)	0.441 (1.38)	0.447 (1.40)
Reform	0.375* (1.71)	0.417* (1.90)	0.342 (1.60)	0.379* (1.78)	0.285 (1.46)	0.310 (1.59)
Mkt	-0.026 (-0.64)	-0.030 (-0.74)	0.011 (0.27)	0.007 (0.19)	-0.119*** (-3.23)	-0.122*** (-3.32)
ListAge	-0.527*** (-3.56)	-0.511*** (-3.46)	-0.456*** (-3.17)	-0.435*** (-3.03)	-0.303** (-2.30)	-0.288** (-2.19)
NewsNum	0.111** (2.04)	0.096* (1.86)	0.045 (0.85)	0.024 (0.48)	0.062 (1.27)	0.033 (0.72)
Constant	3.882** (2.07)	3.668* (1.96)	-1.836 (-1.01)	-1.961 (-1.08)	0.112 (0.07)	0.014 (0.01)
N	8 543	8 543	8 543	8 543	8 543	8 543
R^2_Adj	0.02	0.02	0.01	0.01	0.01	0.01
F	9.189***	10.168***	5.622***	6.565***	5.576***	6.450***
Ind & Year FE	√	√	√	√	√	√

注：括号内为t值，并经怀特异方差和公司层面的聚类调整，***、**、*分别表示1%、5%和10%的显著水平。

表7-10列示了非公有制企业党组织的影响力、政治敏感期与企业捐赠额的回归结果。本章还发现非公有制企业党组织的影响力与政治敏感期的交互项，也

基本与企业捐赠额呈显著正相关的关系。以上这些结果说明,党组织影响力与企业捐赠力度之间的正向关联在国企私有化改制的非公有制企业、管理层对党组织重视程度更高的非公有制企业和政治敏感的年度里更加显著。

表7-10 非公有制企业党组织的影响力、政治敏感期与企业捐赠

变量	(1)	(2)	(3)	(4)	(5)	(6)
	Donate1		Donate1_Ind		Donate1_City	
Party	0.110 (0.45)	—	0.114 (0.48)	—	0.202 (0.94)	—
Party×NPC	0.559*** (4.51)	—	0.418*** (3.48)	—	0.250** (2.26)	—
Award	—	0.127 (0.21)	—	0.137 (0.23)	—	0.206 (0.38)
Award×NPC	—	1.882*** (6.30)	—	1.594*** (5.50)	—	1.325*** (4.98)
Size	-0.130 (-1.58)	-0.104 (-1.27)	0.055 (0.69)	0.075 (0.94)	-0.017 (-0.23)	-0.005 (-0.06)
Roa	9.225*** (7.72)	9.155*** (7.68)	5.771*** (4.98)	5.716*** (4.94)	6.406*** (6.02)	6.363*** (5.99)
Lev	0.259 (0.92)	0.244 (0.87)	0.135 (0.50)	0.125 (0.46)	0.091 (0.36)	0.085 (0.34)
Growth	-0.153 (-1.22)	-0.165 (-1.32)	-0.078 (-0.64)	-0.088 (-0.73)	-0.092 (-0.83)	-0.102 (-0.92)
PPE	0.252 (0.47)	0.279 (0.52)	-0.717 (-1.39)	-0.708 (-1.37)	-0.130 (-0.27)	-0.143 (-0.30)
Board	0.191*** (3.31)	0.192*** (3.34)	0.133** (2.38)	0.133** (2.38)	0.146*** (2.85)	0.144*** (2.81)
Out	-0.711 (-0.43)	-0.822 (-0.50)	-0.633 (-0.40)	-0.732 (-0.46)	0.519 (0.35)	0.428 (0.29)
Exshr	-0.731 (-1.28)	-0.861 (-1.51)	-0.065 (-0.12)	-0.173 (-0.31)	-0.539 (-1.06)	-0.628 (-1.24)

续表

变量	(1)	(2)	(3)	(4)	(5)	(6)
	Donate1		Donate1_Ind		Donate1_City	
Fshr	0.444 (0.55)	0.538 (0.66)	-0.008 (-0.01)	0.092 (0.12)	0.431 (0.60)	0.542 (0.75)
ZIndex	-0.168 (-0.92)	-0.140 (-0.76)	-0.080 (-0.45)	-0.054 (-0.30)	-0.056 (-0.34)	-0.030 (-0.18)
Politic	0.540 (1.51)	0.500 (1.40)	0.558 (1.60)	0.528 (1.52)	0.434 (1.36)	0.416 (1.30)
Reform	0.398* (1.81)	0.433** (1.97)	0.364* (1.71)	0.388* (1.82)	0.294 (1.50)	0.306 (1.57)
Mkt	-0.028 (-0.67)	-0.031 (-0.76)	0.009 (0.22)	0.006 (0.16)	-0.121*** (-3.29)	-0.122*** (-3.32)
ListAge	-0.537*** (-3.62)	-0.550*** (-3.71)	-0.457*** (-3.17)	-0.467*** (-3.25)	-0.297** (-2.24)	-0.305** (-2.31)
NewsNum	0.086 (1.59)	0.111** (2.22)	0.016 (0.31)	0.026 (0.55)	0.037 (0.76)	0.027 (0.61)
NPC	-0.419 (-1.55)	-0.370 (-1.52)	-0.288 (-1.24)	-0.245 (-1.18)	-0.198 (-0.93)	-0.123 (-0.64)
Constant	4.140** (2.20)	3.623* (1.94)	-1.585 (-0.87)	-1.956 (-1.08)	0.301 (0.18)	0.045 (0.03)
N	8 543	8 543	8 543	8 543	8 543	8 543
R^2_Adj	0.02	0.02	0.01	0.01	0.01	0.01
F	9.298***	10.719***	5.187***	6.498***	5.285***	6.660***
Ind & Year FE	√	√	√	√	√	√

注：括号内为t值，并经怀特异方差和公司层面的聚类调整，***、**、*分别表示1%、5%和10%的显著水平。

7.4.3 进一步分析

在上述基本结果的基础上，本章进一步检验当地非公有制上市企业的数量、规模对党组织影响力和企业捐赠之正相关关系的影响。为此，本章设置以下几个哑变量：(1) 当地非公有制上市企业的数量多少哑变量（FirmNum），如果该市非公有制上市企业的数量大于或等于各市非公有制上市企业数量的中位数则为1，表明该市的非公有制上市企业的数量较多，否则为0；(2) 非公有制上市企业的规模大小哑变量（FirmSize），如果非公有制上市企业的总资产大于或等于所在市所有非公有制上市企业总资产的中位数则为1，表明该非公有制上市企业的规模较大，否则为0。

表7-11 和表7-12 列示了按当地非公有制上市企业数量多少进行分组的结果，本章发现非公有制企业党组织的影响力变量基本与企业捐赠额呈显著正相关的关系，组间差异检验也说明当地非公有制上市企业多的组和少的组之间没有显著的差异。

表7-11　按非公有制企业所在地区的上市公司数量的多少进行分组的回归结果

变量	(1)	(2)	(3)	(4)	(5)	(6)
	Donate1		Donate1_Ind		Donate1_City	
	公司多	公司少	公司多	公司少	公司多	公司少
Party	0.309** (2.12)	0.415** (2.32)	0.331** (2.29)	0.402** (2.27)	0.238* (1.68)	0.248 (1.61)
Chowtest (P值)	(1) vs (2) 0.699		(3) vs (4) 0.794		(5) vs (6) 0.968	
Size	0.085 (0.80)	0.078 (0.56)	0.082 (0.79)	0.069 (0.49)	0.074 (0.72)	-0.029 (-0.24)
Roa	5.168*** (3.43)	6.400*** (3.35)	4.911*** (3.29)	6.340*** (3.34)	4.891*** (3.33)	5.279*** (3.20)
Lev	-0.419 (-1.23)	0.199 (0.40)	-0.481 (-1.43)	0.201 (0.41)	-0.277 (-0.83)	0.653 (1.53)
Growth	-0.017 (-0.12)	-0.226 (-1.12)	-0.010 (-0.07)	-0.196 (-0.98)	-0.024 (-0.16)	-0.180 (-1.03)
PPE	-0.013 (-0.02)	-2.559*** (-2.75)	-0.048 (-0.06)	-2.435*** (-2.63)	0.117 (0.15)	-2.192*** (-2.73)
Board	0.045 (0.65)	0.287*** (2.94)	0.036 (0.53)	0.280*** (2.89)	0.055 (0.82)	0.227*** (2.69)

续表

变量	(1)	(2)	(3)	(4)	(5)	(6)
	Donate1		Donate1_Ind		Donate1_City	
	公司多	公司少	公司多	公司少	公司多	公司少
Out	-1.109 (-0.56)	2.637 (0.99)	-1.048 (-0.53)	2.285 (0.86)	-0.449 (-0.23)	2.100 (0.91)
Exshr	0.706 (1.09)	-0.520 (-0.49)	0.758 (1.19)	-0.530 (-0.50)	0.234 (0.37)	-0.788 (-0.86)
Fshr	0.794 (0.80)	-0.384 (-0.29)	0.934 (0.95)	-0.677 (-0.51)	0.944 (0.98)	-0.406 (-0.35)
ZIndex	0.025 (0.11)	0.193 (0.63)	0.048 (0.22)	0.136 (0.45)	0.052 (0.24)	0.043 (0.16)
Politic	0.797* (1.89)	0.110 (0.18)	0.742* (1.77)	0.206 (0.33)	0.778* (1.89)	-0.144 (-0.27)
Reform	-0.292 (-1.03)	0.591 (1.62)	-0.266 (-0.95)	0.637* (1.76)	-0.322 (-1.17)	0.548* (1.74)
Mkt	0.195 (0.18)	-1.289 (-0.77)	0.569 (0.52)	-1.360 (-0.82)	0.343 (0.32)	-0.553 (-0.38)
ListAge	-0.310 (-1.64)	-0.518* (-1.89)	-0.257 (-1.37)	-0.585** (-2.15)	-0.293 (-1.59)	-0.448* (-1.90)
NewsNum	0.094 (1.43)	0.014 (0.15)	0.074 (1.14)	0.007 (0.08)	0.101 (1.57)	0.018 (0.23)
Constant	-1.027 (-0.09)	9.729 (0.60)	-6.192 (-0.55)	9.754 (0.60)	-3.179 (-0.29)	3.006 (0.21)
N	4610	3933	4610	3933	4610	3933
R^2_Adj	0.07	0.09	0.03	0.04	0.02	0.04
F	6.308***	6.559***	3.474***	3.008***	2.666***	3.195***
Ind & Year FE	√	√	√	√	√	√

注：括号内为t值，并经怀特异方差和公司层面的聚类调整，***、**、*分别表示1%、5%和10%的显著水平。

表7-12 按非公有制企业所在地区的上市公司数量的多少进行分组的回归结果

变量	(1)	(2)	(3)	(4)	(5)	(6)
	Donate1		Donate1_Ind		Donate1_City	
	公司多	公司少	公司多	公司少	公司多	公司少
Award	1.557*** (4.83)	1.602*** (3.69)	1.536*** (4.82)	1.561*** (3.62)	1.322*** (4.21)	1.295*** (3.46)
Chowtest (P值)	(1) vs (2) 0.954		(3) vs (4) 0.974		(5) vs (6) 0.969	
Size	0.108 (1.03)	0.085 (0.61)	0.106 (1.02)	0.075 (0.54)	0.093 (0.91)	-0.027 (-0.22)
Roa	5.114*** (3.40)	6.431*** (3.37)	4.852*** (3.26)	6.371*** (3.36)	4.851*** (3.31)	5.304*** (3.22)
Lev	-0.455 (-1.34)	0.202 (0.41)	-0.516 (-1.53)	0.204 (0.41)	-0.308 (-0.93)	0.655 (1.53)
Growth	-0.031 (-0.21)	-0.231 (-1.15)	-0.023 (-0.16)	-0.201 (-1.00)	-0.035 (-0.25)	-0.184 (-1.06)
PPE	0.015 (0.02)	-2.517*** (-2.71)	-0.022 (-0.03)	-2.395*** (-2.60)	0.141 (0.18)	-2.184*** (-2.73)
Board	0.043 (0.62)	0.286*** (2.93)	0.035 (0.51)	0.279*** (2.88)	0.053 (0.78)	0.224*** (2.66)
Out	-1.277 (-0.64)	2.620 (0.98)	-1.201 (-0.61)	2.269 (0.85)	-0.603 (-0.31)	2.094 (0.91)
Exshr	0.617 (0.96)	-0.646 (-0.61)	0.668 (1.05)	-0.653 (-0.62)	0.161 (0.26)	-0.876 (-0.96)
Fshr	0.752 (0.76)	-0.164 (-0.12)	0.884 (0.90)	-0.463 (-0.35)	0.918 (0.95)	-0.188 (-0.16)
ZIndex	0.004 (0.02)	0.261 (0.86)	0.026 (0.12)	0.202 (0.67)	0.035 (0.16)	0.104 (0.40)
Politic	0.711* (1.69)	0.127 (0.20)	0.654 (1.57)	0.222 (0.36)	0.707* (1.72)	-0.124 (-0.23)
Reform	-0.282 (-1.00)	0.633* (1.74)	-0.252 (-0.90)	0.678* (1.87)	-0.316 (-1.15)	0.569* (1.81)

续表

变量	(1)	(2)	(3)	(4)	(5)	(6)
	Donate1		Donate1_Ind		Donate1_City	
	公司多	公司少	公司多	公司少	公司多	公司少
Mkt	0.091 (0.08)	-1.316 (-0.79)	0.464 (0.43)	-1.385 (-0.84)	0.257 (0.24)	-0.570 (-0.40)
ListAge	-0.331* (-1.75)	-0.517* (-1.89)	-0.278 (-1.49)	-0.583** (-2.15)	-0.310* (-1.68)	-0.443* (-1.88)
NewsNum	0.081 (1.31)	0.017 (0.20)	0.066 (1.08)	0.010 (0.11)	0.085 (1.41)	0.001 (0.02)
Constant	-0.198 (-0.02)	9.692 (0.60)	-5.371 (-0.48)	9.719 (0.60)	-2.479 (-0.22)	3.004 (0.21)
N	4 610	3 933	4 610	3 933	4 610	3 933
R^2_Adj	0.07	0.10	0.04	0.04	0.03	0.04
F	6.620***	6.684***	3.759***	3.122***	2.900***	3.329***
Ind & Year FE	√	√	√	√	√	√

注：括号内为 t 值，并经怀特异方差和公司层面的聚类调整，***、**、* 分别表示 1%、5% 和 10% 的显著水平。

表 7-13 和表 7-14 列示了按当地非公有制上市企业规模大小进行分组的结果，本章发现非公有制企业党组织的影响力变量基本与企业捐赠额呈显著正相关的关系，组间差异检验也说明当地非公有制上市企业规模大的组和规模小的组之间没有显著的差异。

以上这些结果说明，当地非公有制上市企业的数量、规模对党组织影响力和企业捐赠之正相关关系没有显著影响；同时也说明本章的结果并不是因为当地非公有制上市企业少、规模大，导致其受到政府关注或者干预更多而带来的，排除了这一替代性解释。

表 7-13　按非公有制企业在所在地区的规模大小进行分组的回归结果

变量	(1)	(2)	(3)	(4)	(5)	(6)
	Donate1		Donate1_Ind		Donate1_City	
	规模大	规模小	规模大	规模小	规模大	规模小
Party	0.394** (2.45)	0.285* (1.84)	0.416*** (2.62)	0.252 (1.63)	0.224 (1.54)	0.192 (1.35)

续表

变量	(1)	(2)	(3)	(4)	(5)	(6)
	Donate1		Donate1_Ind		Donate1_City	
	规模大	规模小	规模大	规模小	规模大	规模小
Chowtest（P值）	(1) vs (2) 0.688		(3) vs (4) 0.544		(5) vs (6) 0.894	
Size	0.005 (0.03)	0.213 (1.26)	0.006 (0.04)	0.190 (1.13)	-0.068 (-0.50)	0.041 (0.27)
Roa	13.426*** (6.39)	-0.295 (-0.23)	13.016*** (6.26)	-0.300 (-0.23)	9.947*** (5.21)	0.592 (0.50)
Lev	-0.933 (-1.50)	0.188 (0.63)	-0.927 (-1.50)	0.135 (0.45)	-0.745 (-1.32)	0.433 (1.58)
Growth	-0.068 (-0.37)	-0.044 (-0.29)	-0.046 (-0.25)	-0.040 (-0.26)	-0.045 (-0.27)	-0.046 (-0.33)
PPE	-0.459 (-0.51)	-1.213 (-1.55)	-0.353 (-0.40)	-1.140 (-1.46)	-0.561 (-0.69)	-0.867 (-1.21)
Board	0.157** (1.97)	0.180** (2.21)	0.155** (1.97)	0.161** (1.98)	0.123* (1.70)	0.212*** (2.84)
Out	0.714 (0.31)	0.267 (0.12)	0.614 (0.27)	0.036 (0.02)	1.174 (0.56)	1.047 (0.51)
Exshr	0.746 (0.83)	-0.357 (-0.53)	0.734 (0.82)	-0.287 (-0.42)	-0.080 (-0.10)	-0.330 (-0.53)
Fshr	-1.754 (-1.56)	1.977* (1.65)	-1.857* (-1.67)	2.066* (1.73)	-1.230 (-1.21)	2.016* (1.84)
ZIndex	-0.389 (-1.43)	0.265 (1.12)	-0.419 (-1.56)	0.292 (1.24)	-0.345 (-1.40)	0.272 (1.26)
Politic	0.533 (0.99)	0.490 (1.10)	0.464 (0.87)	0.591 (1.33)	0.211 (0.43)	0.545 (1.34)
Reform	0.498 (1.56)	-0.094 (-0.30)	0.564* (1.79)	-0.063 (-0.21)	0.448 (1.55)	-0.063 (-0.23)
Mkt	-1.321 (-1.07)	-0.352 (-0.31)	-1.259 (-1.03)	0.240 (0.21)	-0.870 (-0.78)	-0.074 (-0.07)

续表

变量	(1)	(2)	(3)	(4)	(5)	(6)
	Donate1		Donate1_Ind		Donate1_City	
	规模大	规模小	规模大	规模小	规模大	规模小
ListAge	-0.430* (-1.86)	-0.520** (-2.47)	-0.472** (-2.06)	-0.476** (-2.27)	-0.383* (-1.82)	-0.451** (-2.34)
NewsNum	0.012 (0.15)	0.191*** (2.63)	-0.012 (-0.16)	0.197*** (2.73)	0.034 (0.47)	0.133** (2.00)
Constant	13.515 (1.04)	-1.914 (-0.16)	11.665 (0.90)	-8.604 (-0.71)	9.672 (0.82)	-2.773 (-0.25)
N	5 006	3 537	5 006	3 537	5 006	3 537
R^2_Adj	0.08	0.09	0.03	0.04	0.04	0.03
F	6.744***	5.570***	3.181***	2.740***	3.504***	2.363***
Ind & Year FE	√	√	√	√	√	√

注：括号内为 t 值，并经怀特异方差和公司层面的聚类调整，***、**、* 分别表示1%、5%和10%的显著水平。

表7-14 按非公有制企业在所在地区的规模大小进行分组的回归结果

变量	(1)	(2)	(3)	(4)	(5)	(6)
	Donate1		Donate1_Ind		Donate1_City	
	规模大	规模小	规模大	规模小	规模大	规模小
Award	1.852*** (4.98)	0.697* (1.96)	1.832*** (4.98)	0.631* (1.78)	1.593*** (4.72)	0.516 (1.58)
Chowtest (P值)	(1) vs (2) 0.116		(3) vs (4) 0.110		(5) vs (6) 0.111	
Size	0.017 (0.11)	0.237 (1.41)	0.017 (0.12)	0.212 (1.26)	-0.059 (-0.43)	0.057 (0.37)
Roa	13.410*** (6.39)	-0.307 (-0.24)	12.991*** (6.26)	-0.310 (-0.24)	9.967*** (5.23)	0.584 (0.49)
Lev	-0.990 (-1.59)	0.194 (0.65)	-0.987 (-1.60)	0.139 (0.47)	-0.781 (-1.38)	0.435 (1.59)
Growth	-0.085 (-0.46)	-0.047 (-0.31)	-0.063 (-0.34)	-0.042 (-0.28)	-0.059 (-0.36)	-0.049 (-0.35)

续表

变量	(1)	(2)	(3)	(4)	(5)	(6)
	Donate1		Donate1_Ind		Donate1_City	
	规模大	规模小	规模大	规模小	规模大	规模小
PPE	-0.437 (-0.49)	-1.186 (-1.52)	-0.328 (-0.37)	-1.117 (-1.43)	-0.555 (-0.68)	-0.849 (-1.19)
Board	0.156** (1.96)	0.182** (2.23)	0.155** (1.97)	0.162** (2.00)	0.118 (1.64)	0.213*** (2.86)
Out	0.588 (0.26)	0.281 (0.13)	0.491 (0.22)	0.046 (0.02)	1.057 (0.51)	1.050 (0.51)
Exshr	0.690 (0.77)	-0.458 (-0.68)	0.681 (0.77)	-0.377 (-0.56)	-0.138 (-0.17)	-0.400 (-0.65)
Fshr	-1.591 (-1.42)	2.000* (1.67)	-1.705 (-1.54)	2.089* (1.75)	-1.042 (-1.03)	2.040* (1.86)
ZIndex	-0.348 (-1.28)	0.277 (1.17)	-0.380 (-1.41)	0.303 (1.28)	-0.301 (-1.22)	0.281 (1.30)
Politic	0.479 (0.89)	0.471 (1.06)	0.408 (0.77)	0.574 (1.29)	0.179 (0.37)	0.531 (1.30)
Reform	0.535* (1.69)	-0.086 (-0.28)	0.605* (1.93)	-0.057 (-0.19)	0.462 (1.60)	-0.060 (-0.21)
Mkt	-1.367 (-1.11)	-0.398 (-0.35)	-1.310 (-1.08)	0.199 (0.17)	-0.890 (-0.80)	-0.105 (-0.10)
ListAge	-0.447* (-1.94)	-0.520** (-2.47)	-0.489** (-2.14)	-0.476** (-2.27)	-0.395* (-1.88)	-0.450** (-2.34)
NewsNum	0.010 (0.13)	0.204*** (2.93)	-0.008 (-0.12)	0.209*** (3.00)	0.006 (0.10)	0.139** (2.19)
Constant	13.697 (1.05)	-2.054 (-0.17)	11.885 (0.92)	-8.726 (-0.72)	9.649 (0.82)	-2.859 (-0.26)
N	5 006	3 537	5 006	3 537	5 006	3 537
R^2_Adj	0.08	0.09	0.04	0.04	0.04	0.03
F	7.017***	5.577***	3.428***	2.747***	3.780***	2.372***
Ind & Year FE	√	√	√	√	√	√

注：括号内为t值，并经怀特异方差和公司层面的聚类调整，***、**、*分别表示1%、5%和10%的显著水平。

此外，本章从省级层面的捐赠数据和非公有制企业党组织影响力的数据进一步分析党组织影响力对社会捐赠的影响，具体模型如下：

$$Donate\_Province = \beta_0 + \beta_1 \times PartyEffect\_Mean\_Province + \beta_2 \times GDP\_Per\_Capita + \varepsilon \quad (7.4)$$

其中，省级层面的捐赠数据来自中国统计年鉴－社会服务－社会捐赠（2010～2015年），包括该省社会捐赠款物的自然对数（Donate_Province），省级层面的党组织影响力变量等于该省份所有非公有制上市企业党组织活动次数的平均值（Party_Mean_Province）和该省份受到上级表彰的非公有制企业的平均值（Award_Mean_Province），同时本章也控制了该省的人均国内生产总值（GDP_Per_Capita）和年度的影响，共得到185个省—年的观测。表7-15列示了非公有制企业党组织的影响力与地区捐赠的结果，本章发现该省非公有制企业的党组织影响力越大，其省级层面的捐赠规模也显著更大。

表7-15　非公有制企业党组织的影响力与地区捐赠

变量	(1) Donate_Province	(2) Donate_Province
Party_Mean_Province	0.252*** (2.76)	—
Award_Mean_Province	—	1.618** (2.36)
GDP_Per_Capita	1.521*** (6.47)	1.591*** (6.70)
Constant	-14.324*** (-5.70)	-15.228*** (-6.09)
N	185	185
R^2_Adj	0.20	0.20
F	28.635***	23.656***
Year	√	√

注：括号内为t值，并经怀特异方差的调整，*** 表示1%的显著水平。

7.4.4 稳健性检验

为了使得本章的结果更加稳健，本章采取了以下几种稳健性检验：

第一，正如 5.4.4 小节的介绍，非公有制企业党建在 2012 年之后愈加受到重视。本章以党的十八大召开及该《关于加强和改进非公有制企业党的建设工作的意见（试行）》（以下简称《意见》）的发布作为事件点，以 2012 年前后各两年的观测为样本，借鉴埃亨和底特马（2012）的 DID 模型进行稳健性检验。为此，本章设置虚拟变量 Post，如果该年为 2013 年或 2014 年则为 1，如果该年为 2010 年和 2011 年则为 0。本章根据 2011 年的党组织的影响力选取实验组和控制组，在《意见》出台前，企业的党组织影响力越大则该企业越可能受到这一《意见》的影响，具体包括以下两个变量：Party_2011，等于 $\ln(1 + $ 企业在 2011 年的党组织活动次数$)$；Award_2011，企业在 2011 年受到上级党组织的表彰则为 1，否则为 0。同时，本章也控制了公司和年度的固定效应，具体模型如下：

$$\text{Donate} = \beta_0 + \beta_1 \times \text{Post} \times \text{PartyEffect\_2011} + \beta_i \times \text{Controls} + \varepsilon \quad (7.5)$$

表 7-16 列示了 DID 模型的回归结果。本章发现交互项的系数均显著为正，这表明相对于该《意见》实施之前，该意见实施之后，与党组织的影响力较弱的非公有制企业相比较，党组织的影响力较强的非公有制企业与企业捐赠的正相关关系更加显著。这些结果表明本章的结果比较稳健。

表 7-16　　　　　　　稳健性检验：DID 模型

变量	(1)	(2)	(3)	(4)	(5)	(6)
	Donate1		Donate1_Ind		Donate1_City	
Post × Party_2011	0.354** (2.06)	—	0.372** (2.21)	—	0.256* (1.65)	—
Post × Award_2011	—	1.423*** (3.40)	—	1.403*** (3.41)	—	1.052*** (2.79)
Size	0.359*** (2.81)	0.375*** (2.94)	0.425*** (3.38)	0.442*** (3.53)	0.273** (2.37)	0.285** (2.48)
Roa	13.974*** (6.79)	13.857*** (6.75)	10.563*** (5.23)	10.434*** (5.18)	12.573*** (6.78)	12.490*** (6.74)
Lev	-0.541 (-1.12)	-0.548 (-1.14)	-0.509 (-1.07)	-0.518 (-1.09)	-0.404 (-0.93)	-0.409 (-0.94)

续表

变量	(1)	(2)	(3)	(4)	(5)	(6)
	Donate1		Donate1_Ind		Donate1_City	
Growth	0.016 (0.08)	0.017 (0.09)	0.091 (0.47)	0.092 (0.48)	-0.000 (-0.00)	0.001 (0.00)
PPE	0.516 (0.62)	0.530 (0.64)	-0.515 (-0.63)	-0.495 (-0.61)	0.306 (0.41)	0.315 (0.42)
Board	0.236** (2.54)	0.237** (2.56)	0.175* (1.92)	0.176* (1.94)	0.203** (2.43)	0.204** (2.44)
Out	-0.820 (-0.33)	-0.892 (-0.36)	-1.057 (-0.43)	-1.128 (-0.46)	-0.194 (-0.09)	-0.247 (-0.11)
Exshr	0.339 (0.44)	0.267 (0.35)	0.776 (1.03)	0.705 (0.94)	-0.001 (-0.00)	-0.054 (-0.08)
Fshr	-0.488 (-0.41)	-0.373 (-0.32)	-1.165 (-1.00)	-1.055 (-0.91)	-0.383 (-0.36)	-0.297 (-0.28)
ZIndex	-0.273 (-1.00)	-0.247 (-0.90)	-0.322 (-1.20)	-0.297 (-1.11)	-0.220 (-0.89)	-0.201 (-0.82)
Politic	0.259 (0.52)	0.261 (0.52)	0.347 (0.71)	0.346 (0.71)	0.285 (0.63)	0.287 (0.64)
Reform	0.110 (0.32)	0.118 (0.34)	0.220 (0.65)	0.229 (0.67)	0.195 (0.62)	0.201 (0.64)
Mkt	-0.172*** (-2.78)	-0.173*** (-2.82)	-0.072 (-1.19)	-0.075 (-1.23)	-0.174*** (-3.12)	-0.175*** (-3.15)
ListAge	-0.302 (-1.42)	-0.310 (-1.46)	-0.458** (-2.19)	-0.467** (-2.24)	-0.292 (-1.52)	-0.298 (-1.55)
NewsNum	0.032 (0.42)	0.029 (0.39)	0.015 (0.20)	0.015 (0.21)	0.030 (0.43)	0.027 (0.40)
Constant	-5.133* (-1.81)	-5.459* (-1.93)	-8.553*** (-3.07)	-8.895*** (-3.20)	-5.564** (-2.18)	-5.801** (-2.27)
N	3 975	3 973	3 975	3 973	3 975	3 973
R^2_Adj	0.61	0.61	0.60	0.60	0.59	0.59
F	7.193***	7.660***	5.724***	6.164***	6.613***	6.935***
Firm & Year	√	√	√	√	√	√

注：括号内为t值，并经怀特异方差和公司层面的聚类调整，***、**、* 分别表示1%、5%和10%的显著水平。

第二，为了解决有党组织活动和没有党组织活动的非公有制企业之间的系统性差别，本章采用了PSM配对的方式进行稳健性检验①。PSM配对后的非公有制企业党组织影响力与企业捐赠的回归结果如表7-17所示，本章发现党组织的影响力与企业捐赠仍然显著正相关。

表7-17　　　　　　　　稳健性检验：PSM配对模型

变量	(1)	(2)	(3)	(4)	(5)	(6)
	Donate1		Donate1_Ind		Donate1_City	
Party	0.337** (2.44)	—	0.340** (2.48)	—	0.209* (1.66)	—
Award	—	1.412*** (3.09)	—	1.351*** (2.98)	—	1.135*** (2.74)
Size	0.116 (1.09)	0.178 (0.63)	0.123 (1.15)	0.157 (0.56)	0.105 (1.11)	0.117 (0.46)
Roa	9.601*** (4.32)	16.858*** (4.11)	9.215*** (4.22)	16.449*** (4.03)	8.232*** (4.00)	14.306*** (3.85)
Lev	-0.719* (-1.78)	1.684 (1.56)	-0.716* (-1.77)	1.687 (1.57)	-0.379 (-1.05)	1.533 (1.56)
Growth	0.051 (0.30)	-0.290 (-0.73)	0.061 (0.37)	-0.301 (-0.76)	0.080 (0.56)	-0.172 (-0.48)
PPE	-0.247 (-0.37)	-2.180 (-1.07)	-0.228 (-0.34)	-2.135 (-1.05)	-0.245 (-0.42)	-1.628 (-0.88)
Board	0.254*** (3.15)	0.145 (0.82)	0.228*** (2.87)	0.114 (0.65)	0.222*** (3.29)	0.136 (0.85)
Out	2.903 (1.49)	-1.134 (-0.22)	2.548 (1.31)	-0.846 (-0.16)	2.918* (1.74)	-0.270 (-0.06)
Exshr	-0.560 (-0.92)	-3.269* (-1.79)	-0.514 (-0.85)	-3.398* (-1.88)	-0.928* (-1.70)	-3.543** (-2.15)
Fshr	-1.521 (-1.19)	2.116 (0.83)	-1.623 (-1.28)	2.390 (0.94)	-1.050 (-0.91)	2.929 (1.26)

① PSM配对的控制变量和模型（7.1）一致，配对的回归结果见附录D。

续表

变量	(1)	(2)	(3)	(4)	(5)	(6)
	Donate1		Donate1_Ind		Donate1_City	
ZIndex	-0.365 (-1.39)	0.843 (1.43)	-0.366 (-1.40)	0.931 (1.59)	-0.342 (-1.44)	0.735 (1.37)
Politic	0.647 (1.51)	0.692 (0.66)	0.670 (1.59)	0.767 (0.73)	0.404 (1.06)	0.691 (0.73)
Reform	0.295 (0.77)	0.500 (0.71)	0.277 (0.73)	0.551 (0.78)	0.202 (0.59)	0.163 (0.25)
Mkt	0.493 (0.34)	0.503 (0.04)	0.089 (0.07)	0.949 (0.07)	1.541 (1.31)	2.209 (0.18)
ListAge	-0.588** (-2.43)	-0.505 (-0.97)	-0.607** (-2.54)	-0.499 (-0.97)	-0.548** (-2.41)	-0.456 (-0.97)
NewsNum	0.195*** (2.76)	0.013 (0.07)	0.193*** (2.73)	0.005 (0.03)	0.201*** (3.18)	0.006 (0.04)
Constant	-9.755 (-0.67)	-16.283 (-0.12)	-6.700 (-0.49)	-21.840 (-0.16)	-20.363* (-1.69)	-30.832 (-0.25)
N	5 120	1 756	5 120	1 756	5 120	1 756
R^2_Adj	0.10	0.18	0.05	0.12	0.05	0.13
F	5.594***	6.302***	5.088***	4.370***	3.008***	4.658***
Ind & Year FE	√	√	√	√	√	√

注：括号内为 t 值，并经怀特异方差和公司层面的聚类调整，***、**、* 分别表示1%、5%和10%的显著水平。

第三，为了进一步控制反向因果的内生性问题，即企业捐赠更多的非公有制企业可能更加关注职工的权益，其党组织活动也可能更多，为此本章采用动态 GMM 模型来尝试解决反向因果的内生性问题。参考温特吉，林克和内特（2012）的研究，本章在动态 GMM 模型里假设除了年份和行业之外所有的自变量都是内生的，以滞后两期的所有自变量作为工具变量，并加入滞后两期的因变量。表 7-18 的结果显示，党组织的影响力与企业捐赠仍然显著正相关。

表7-18　　　　　　　　稳健性检验：动态GMM模型

变量	(1)	(2)	(3)	(4)	(5)	(6)
	Donate1		Donate1_Ind		Donate1_City	
Party	0.277*** (3.03)	—	0.046* (1.69)	—	0.059* (1.79)	—
Award	—	0.936*** (3.94)	—	0.482** (2.29)	—	0.230* (1.87)
Lag1_Dependent	0.442*** (48.55)	0.438*** (48.23)	0.462*** (49.96)	0.463*** (48.61)	0.448*** (44.46)	0.451*** (46.97)
Lag2_Dependent	0.188*** (31.26)	0.191*** (31.07)	0.183*** (27.20)	0.178*** (26.04)	0.205*** (27.29)	0.204*** (27.01)
Size	-0.366*** (-4.99)	-0.338*** (-4.64)	0.006 (0.11)	0.008 (0.15)	0.017 (0.30)	-0.012 (-0.22)
Roa	6.163*** (4.83)	6.172*** (4.85)	0.671 (0.60)	0.430 (0.38)	3.279*** (3.04)	3.163*** (2.97)
Lev	0.575** (2.30)	0.534** (2.15)	-0.403** (-2.01)	-0.282 (-1.46)	-0.294 (-1.27)	-0.201 (-0.88)
Growth	0.289** (2.37)	0.341*** (2.72)	0.243** (2.11)	0.302** (2.50)	0.147 (1.46)	0.243** (2.31)
PPE	1.298*** (3.01)	1.358*** (3.10)	0.261 (0.78)	0.406 (1.17)	0.741** (2.39)	0.763** (2.38)
Board	0.080 (1.22)	0.061 (0.95)	0.000 (0.00)	-0.041 (-0.68)	0.058 (1.01)	0.064 (1.10)
Out	0.889 (0.61)	0.272 (0.19)	1.480 (1.06)	0.855 (0.62)	3.714** (2.57)	3.574** (2.44)
Exshr	-3.483*** (-3.76)	-3.945*** (-4.20)	-1.490* (-1.89)	-1.536* (-1.91)	-1.351* (-1.90)	-1.024 (-1.42)
Fshr	0.995 (1.39)	0.831 (1.11)	-0.109 (-0.17)	-0.020 (-0.03)	0.560 (0.93)	0.354 (0.58)
ZIndex	0.360** (2.23)	0.380** (2.27)	0.214 (1.51)	0.264* (1.81)	0.079 (0.58)	0.122 (0.90)

续表

变量	(1)	(2)	(3)	(4)	(5)	(6)
	Donate1		Donate1_Ind		Donate1_City	
Politic	-0.300 (-1.00)	-0.373 (-1.21)	-0.206 (-0.74)	-0.326 (-1.14)	-0.000 (-0.00)	-0.030 (-0.12)
Reform	0.318 (1.24)	0.379 (1.48)	0.004 (0.02)	-0.080 (-0.38)	0.284 (1.63)	0.320* (1.83)
Mkt	0.049** (2.34)	0.050** (2.38)	0.060*** (3.47)	0.062*** (3.63)	0.004 (0.27)	0.009 (0.60)
ListAge	-0.292* (-1.91)	-0.378** (-2.44)	-0.126 (-0.97)	-0.124 (-0.90)	-0.163 (-1.42)	-0.148 (-1.26)
NewsNum	0.033 (0.61)	0.055 (1.07)	-0.038 (-0.81)	-0.053 (-1.15)	0.065 (1.46)	0.038 (0.88)
Constant	6.058*** (3.79)	6.072*** (3.79)	-1.079 (-0.76)	-0.702 (-0.49)	-2.559* (-1.93)	-2.075 (-1.55)
N	5 441	5 441	5 441	5 441	5 441	5 441
F	253.710***	247.904***	230.378***	230.144***	192.815***	196.381***
AR(1) test (P值)	0.00	0.00	0.00	0.00	0.00	0.00
AR(2) test (P值)	0.78	0.82	0.94	0.87	0.94	0.91
Hansen test of over-identification (P值)	0.18	0.17	0.20	0.11	0.14	0.20
Diff-in-Hansen tests of exogeneity (P值)	0.38	0.19	0.02	0.03	0.37	0.42
Ind & Year FE	√	√	√	√	√	√

注：括号内为t值，并经怀特异方差的调整，***、**、*分别表示1%、5%和10%的显著水平。

第四，本章还做了如下稳健性检验。（1）本章还使用以下两个因变量：每万元营业利润的企业捐赠额（Donate3、Donate3_Ind、Donate3_City）；企业捐赠哑变量（Donate_Dum），即当企业捐赠额大于0时则为1，否则为0。（2）本章还使用以下解释变量：党组织影响力哑变量（Party_Dum），即当企业党组织活动次数大于当年所有存在党组织活动的企业的中位数则为1，否则为0。（3）因为存在捐赠为0的观测，本章还使用Tobit回归模型进行检验。（4）剔除2008年的观测，控制2008年汶川大地震的影响。表7-19、表7-20和表7-21的结果分别显示，党组织的影响力与企业捐赠仍然显著正相关，本章的结果依旧不变。

表7-19 其他稳健性检验：其他因变量

变量	(1)	(2)	(3)	(4)	(5)	(6)	(7)	(8)
	Donate3	Donate3	Donate3_Ind	Donate3_Ind	Donate3_City	Donate3_City	Donate_Dum	Donate_Dum
Party	6.098*** (5.33)	—	5.231*** (3.04)	—	1.863 (1.33)	—	0.175*** (4.42)	—
Award	—	15.771*** (5.45)	—	14.116*** (3.20)	—	7.293** (2.08)	—	0.128 (1.30)
Size	4.443*** (6.03)	4.726*** (6.41)	4.933*** (4.11)	5.175*** (4.31)	2.048** (2.09)	2.131** (2.18)	0.716*** (23.43)	0.793*** (23.47)
Roa	26.502*** (3.88)	25.870*** (3.79)	20.744 (1.37)	20.196 (1.34)	17.459 (1.52)	17.242 (1.50)	2.048*** (5.02)	1.396*** (3.13)
Lev	−3.006* (−1.74)	−3.168* (−1.83)	0.808 (0.21)	0.670 (0.18)	3.104 (1.02)	3.060 (1.01)	−0.055 (−0.57)	−0.109 (−0.98)
Growth	−2.529*** (−2.76)	−2.624*** (−2.87)	0.838 (0.49)	0.752 (0.44)	−1.437 (−1.12)	−1.485 (−1.16)	−0.098** (−2.44)	−0.072* (−1.71)
PPE	4.392 (0.93)	4.944 (1.04)	−12.103 (−1.52)	−11.667 (−1.46)	4.001 (0.66)	4.011 (0.66)	0.776*** (4.21)	0.476** (2.22)
Board	1.879*** (3.43)	1.922*** (3.51)	1.797** (2.04)	1.829** (2.08)	3.329*** (4.99)	3.323*** (4.99)	0.056*** (2.85)	0.062*** (2.93)
Out	4.479 (0.29)	3.694 (0.24)	44.184* (1.83)	43.463* (1.80)	51.287*** (2.75)	50.847*** (2.73)	0.121 (0.22)	0.607 (1.06)
Exshr	3.939 (0.73)	2.789 (0.52)	2.021 (0.24)	1.011 (0.12)	1.126 (0.17)	0.674 (0.10)	0.603*** (3.26)	0.869*** (4.32)

续表

变量	(1)	(2)	(3)	(4)	(5)	(6)	(7)	(8)
	Donate3	Donate3	Donate3_Ind	Donate3_Ind	Donate3_City	Donate3_City	Donate_Dum	Donate_Dum
Fshr	-8.529 (-1.15)	-8.218 (-1.10)	5.218 (0.42)	5.581 (0.45)	3.532 (0.38)	4.032 (0.44)	-0.301 (-1.11)	-0.666** (-2.31)
ZIndex	-4.326*** (-2.67)	-4.161** (-2.57)	-3.510 (-1.35)	-3.350 (-1.29)	0.017 (0.01)	0.146 (0.07)	-0.036 (-0.62)	-0.028 (-0.46)
Politic	2.452 (0.73)	2.012 (0.60)	4.051 (0.79)	3.674 (0.72)	5.433 (1.32)	5.300 (1.29)	0.355*** (2.93)	0.291** (2.29)
Reform	1.284 (0.64)	1.719 (0.86)	7.091** (2.15)	7.455** (2.26)	3.265 (1.29)	3.357 (1.33)	-0.025 (-0.35)	-0.032 (-0.40)
Mkt	1.045*** (2.66)	0.998** (2.54)	2.346*** (3.72)	2.307*** (3.66)	-2.489*** (-4.95)	-2.497*** (-4.97)	0.032** (2.43)	0.652** (2.26)
ListAge	-6.261*** (-4.96)	-6.393*** (-5.06)	-3.464 (-1.63)	-3.575* (-1.68)	-6.361*** (-3.79)	-6.392*** (-3.81)	-0.296*** (-6.09)	-0.324*** (-5.61)
NewsNum	0.877* (1.74)	1.371*** (2.92)	-1.767** (-2.22)	-1.374* (-1.85)	1.007 (1.61)	1.027* (1.75)	0.065*** (3.67)	0.076*** (4.16)
Constant	-73.843*** (-4.36)	-79.248*** (-4.68)	-165.468*** (-6.01)	-170.084*** (-6.19)	-69.982*** (-3.16)	-71.540*** (-3.23)	-15.027*** (-21.26)	-23.055*** (-7.52)
N	8 543	8 543	8 543	8 543	8 543	8 543	8 543	8 543
R^2_Adj/R^2_Pseudo	0.03	0.03	0.01	0.01	0.01	0.01	0.12	0.17
F/Chi2	24.651***	24.888***	4.983***	5.079***	6.138***	6.252***	891.859***	1275.747***
Ind & Year FE	√	√	√	√	√	√	√	√

注：第1~6列括号内为t值，第7~8列为z值，并经怀特异方差和公司层面的聚类调整。***、**、*分别表示1%、5%和10%的显著水平。

表 7-20 其他稳健性检验：其他解释变量和 Tobit 回归模型

变量	(1)	(2)	(3)	(4)	(5)	(6)	(7)	(8)	(9)
	其他解释变量					Tobit 回归模型			
	Donate1	Donate1_Ind	Donate1_City	Donate1			Donate1_Ind	Donate1_City	
Party	0.862*** (3.32)	—	—	0.444*** (2.97)	—	1.153*** (3.60)	—	0.359 (1.34)	—
Award	—	0.699*** (2.77)	—	—	1.787*** (5.19)	—	3.468*** (4.80)	—	2.503*** (4.15)
Party_Dum	—	—	0.452** (1.96)	—	—	—	—	—	—
Size	-0.116 (-1.28)	0.064 (0.73)	-0.012 (-0.15)	1.365*** (11.33)	1.380*** (11.48)	1.051*** (4.03)	1.097*** (4.22)	1.225*** (5.68)	1.236*** (5.74)
Roa	9.155*** (5.30)	5.726*** (3.47)	6.380*** (4.28)	10.398*** (5.87)	10.344*** (5.85)	26.054*** (6.61)	25.798*** (6.56)	20.708*** (6.31)	20.632*** (6.30)
Lev	0.235 (0.65)	0.119 (0.34)	0.082 (0.27)	-0.823* (-1.82)	-0.858* (-1.90)	-1.780* (-1.78)	-1.835* (-1.83)	-0.931 (-1.13)	-0.965 (-1.17)
Growth	-0.153 (-1.58)	-0.078 (-0.83)	-0.093 (-1.09)	-0.258 (-1.48)	-0.269 (-1.55)	-0.649* (-1.68)	-0.656* (-1.70)	-0.386 (-1.23)	-0.396 (-1.26)
PPE	0.319 (0.70)	-0.672 (-1.52)	-0.101 (-0.26)	-0.636 (-0.76)	-0.577 (-0.69)	-1.341 (-0.73)	-1.133 (-0.62)	-2.407 (-1.57)	-2.360 (-1.55)
Board	0.191*** (3.27)	0.133** (2.39)	0.148*** (2.99)	0.287*** (3.66)	0.287*** (3.66)	0.661*** (3.89)	0.665*** (3.93)	0.623*** (4.39)	0.613*** (4.34)
Out	-0.732 (-0.47)	-0.648 (-0.44)	0.514 (0.40)	1.227 (0.55)	1.115 (0.50)	2.526 (0.52)	2.417 (0.50)	-0.317 (-0.08)	-0.503 (-0.12)

续表

变量	(1)	(2)	(3)	(4)	(5)	(6)	(7)	(8)	(9)
		其他解释变量				Tobit 回归模型			
	Donate1	Donate1_Ind	Donate1_City	Donate1	Donate1	Donate1_Ind	Donate1_Ind	Donate1_City	Donate1_City
Exshr	-0.749*	-0.080	-0.557	1.564**	1.444*	2.457	2.233	2.467*	2.346*
	(-1.73)	(-0.19)	(-1.46)	(2.06)	(1.91)	(1.52)	(1.38)	(1.82)	(1.74)
Fshr	0.348	-0.075	0.382	-1.147	-1.043	0.903	1.054	-0.648	-0.342
	(0.40)	(-0.09)	(0.50)	(-1.05)	(-0.96)	(0.38)	(0.44)	(-0.33)	(-0.17)
ZIndex	-0.179	-0.089	-0.063	-0.109	-0.088	0.123	0.165	0.192	0.237
	(-1.01)	(-0.51)	(-0.41)	(-0.44)	(-0.36)	(0.23)	(0.30)	(0.43)	(0.53)
Politic	0.535	0.555	0.432	0.909*	0.855*	1.289	1.160	1.171	1.138
	(1.49)	(1.64)	(1.39)	(1.92)	(1.81)	(1.28)	(1.15)	(1.40)	(1.36)
Reform	0.403	0.368	0.301	0.171	0.198	-0.068	0.017	0.146	0.144
	(1.59)	(1.50)	(1.34)	(0.56)	(0.65)	(-0.10)	(0.02)	(0.26)	(0.26)
Mkt	-0.032	0.006	-0.123***	-0.369	-0.439	-1.877	-2.024	-1.241	-1.310
	(-0.69)	(0.14)	(-3.06)	(-0.29)	(-0.35)	(-0.68)	(-0.74)	(-0.56)	(-0.59)
ListAge	-0.528***	-0.453***	-0.300**	-1.068***	-1.077***	-1.944***	-1.974***	-1.709***	-1.714***
	(-3.70)	(-3.29)	(-2.39)	(-4.95)	(-5.00)	(-4.13)	(-4.20)	(-4.37)	(-4.40)
NewsNum	0.128***	0.045	0.057	0.159**	0.161**	0.158	0.219	0.206	0.150
	(2.60)	(0.96)	(1.31)	(2.18)	(2.35)	(1.00)	(1.49)	(1.57)	(1.23)
Constant	3.889**	-1.767	0.151	-28.508**	-28.172**	-21.738	-21.341	-26.052	-25.593
	(2.15)	(-1.02)	(0.10)	(-2.18)	(-2.15)	(-0.76)	(-0.75)	(-1.13)	(-1.11)
N	8 543	8 543	8 543	8 543	8 543	8 543	8 543	8 543	8 543
R²_Adj	0.02	0.01	0.01	0.03	0.03	0.02	0.02	0.03	0.03
F	8.036***	4.879***	4.053***	1195.861***	1213.918***	525.055***	534.847***	606.893***	622.135***
Ind & Year FE	√	√	√	√	√	√	√	√	√

注：括号内为 t 值，并经怀特异方差和公司层面的聚类调整，***、**、*分别表示 1%、5% 和 10% 的显著水平。

表7-21　其他稳健性检验：控制2008年汶川大地震的影响

变量	(1) Donate1	(2) Donate1_Ind	(3) Donate1_City
Party	0.349** (2.52)	0.351** (2.54)	0.230* (1.82)
Size	0.147* (1.89)	0.139* (1.79)	0.088 (1.26)
Roa	5.108*** (3.27)	4.893*** (3.18)	4.642*** (3.33)
Lev	-0.080 (-0.23)	-0.091 (-0.27)	0.239 (0.78)
Growth	-0.191** (-2.12)	-0.177** (-1.97)	-0.174** (-2.13)
PPE	-1.216** (-2.10)	-1.124* (-1.95)	-1.034** (-2.06)
Board	0.196*** (3.63)	0.193*** (3.60)	0.176*** (3.75)
Out	0.914 (0.73)	0.768 (0.61)	1.058 (0.97)
Exshr	0.237 (0.54)	0.263 (0.60)	-0.186 (-0.46)
Fshr	-0.138 (-0.18)	-0.134 (-0.18)	0.102 (0.15)
ZIndex	-0.051 (-0.28)	-0.057 (-0.32)	-0.060 (-0.37)
Politic	0.245 (0.69)	0.261 (0.74)	0.227 (0.69)
Reform	0.066 (0.25)	0.108 (0.41)	0.091 (0.38)
Mkt	-0.922* (-1.81)	-0.634 (-1.28)	-0.373 (-0.85)

第7章 非公有制企业党组织的影响力与企业捐赠

续表

变量	(1) Donate1	(2) Donate1_Ind	(3) Donate1_City
ListAge	−0.491*** (−3.11)	−0.506*** (−3.23)	−0.445*** (−3.05)
NewsNum	0.060 (1.27)	0.049 (1.03)	0.052 (1.23)
Constant	6.219 (1.19)	2.198 (0.43)	0.913 (0.20)
N	8 117	8 117	8 117
R²_Adj	0.06	0.02	0.03
F	7.752***	6.301***	3.984***
Ind & Year FE	√	√	√

注：括号内为 t 值，并经怀特异方差和公司层面的聚类调整，***、**、* 分别表示1%、5%和10%的显著水平。

7.5 本章小结

中国特色慈善事业是中国特色社会主义伟大事业的一个重要内容。在历届党的代表大会报告中，慈善的概念最早见于党的十七大报告。2007年党的第十七次全国代表大会的报告，称"慈善事业"是加快完善社会保障体系的补充。而党的十八大报告在谈到推进城乡社会保障体系建设中，强调"支持发展慈善事业"，这充分说明了我们党已经把慈善事业摆在党和国家工作的重要位置，是一项长期稳定的事业。党组织嵌入非公有制企业之后，党的精神和指引也随之嵌入企业当中，非公有制企业党组织的影响力是否会也会影响企业的慈善捐赠行为呢？

本章以非公有制上市企业为样本，研究党组织嵌入非公有制企业后的战斗力和影响力是否对这些企业的社会捐赠行为产生影响。本章研究发现：非公有制企业党组织的影响力越大，企业的社会捐赠力度越大，而且与同行业或者同地区的企业社会捐赠力度相比也更大；在非公有制企业党组织活动基础更加稳固、管理层对党组织重视程度更高、政治敏感度更强时，非公有制企业党组织的影响力和企业社会捐赠之正相关关系更加显著。进一步的研究还发现，非公有制企业党组织的影响力和更多的企业捐赠之关联不受当地上市的非公有制企业数量多少、企业规模大小的影响。此外，本章还基于省级层面的捐赠数据和非公有制企业党组织影响力的数据进行分析，发现该省非公有制企业党组织影响力越大，其省级层面的捐赠规模也显著更大。经过各种稳健性检验之后，本章的结论依然不变。

第 8 章

研 究 结 论

8.1 主 要 结 论

2012 年以来党中央一直关注非公有制企业的党建工作,尤其是 2012 年《关于加强和改进非公有制企业党的建设工作的意见(试行)》的颁布明确了对非公有制企业党组织的功能定位和作用发挥,现在绝大多数符合党组织建立条件的非公有制企业也都建立了党组织。党的十九大提出了新时代党的建设总要求,党的基层组织是确保党的路线方针政策和决策部署贯彻落实的基础,要始终坚持"围绕发展抓党建、抓好党建促发展"的理念,把非公党建和企业发展结合起来。[①]但与公有制企业党组织的影响力受到各方关注不同,对非公有制企业党组织建设和发挥作用的效果并未有深入研究。

本书结合中国独特的政党制度的背景,基于嵌入理论、社会网络理论、利益相关者理论和政党理论等,以企业社会责任的视角为切入点,通过手工收集的党组织影响力的相关数据,系统地研究党组织嵌入非公有制企业对非公有制企业公司治理决策的影响。本书主要的研究内容和结论如下。

首先,本书根据相关文献和史料,整理了非公有制企业党组织发展的历史进程,非公有制企业党组织的功能与作用之规范,非公有制企业党组织与公司治理的核心理论基础、核心分析框架和作用机理分析。本书认为现阶段我国企业的治理结构中,企业内部党组织的参与一直贯穿始终,党组织(中国共产党)是我国企业中主要的利益相关者之一。根据中共中央的要求,党组织在非公有制企业中要在职工群众中发挥政治核心作用,在企业发展中发挥政治引领作用,特别强调

---

① 王逸秋:《如何完善党建工作,更好地促进非公经济发展?》,非公企业党建网,2022 年 2 月 17 日,http://www.fgdjw.com.cn/gd/yxt/202202/t20220215_23805181.shtml。

党组织的社会功能,这意味着非公有制企业党组织在非公有制企业中以维护职工权益、增加社会就业、支持社会公益事业等企业社会责任为主要内容。依据嵌入理论及社会网络理论,经济行为总是嵌入于非经济行为之中,并且受到各种非经济行为的影响,嵌入是非经济行为影响经济行为的过程,并且带入了非经济行为的治理作用,政党的非经济行为对企业的影响是无处不在的,作为执政党的中国共产党也不例外。从微观的角度来看,对于单个非公有制企业而言,成立党组织,是党的基层组织嵌入了非公有制企业,党组织的非经济行为会被嵌入到企业的经济行为之中并发挥作用。从宏观的角度来看,单个的非公有制企业其实是被嵌入了全国性的党组织网络和基于此的企业网络之中,非公有制企业的经济行为自然会被嵌入党组织的非经济行为之中,从根本上深受党的宗旨和使命之影响。这种党组织网络的嵌入性能够给非公有制企业带来社会信用证明以及身份强化的认同等,而认同感和社会信用证明恰恰是非公有制企业一直所缺乏和所致力追求的目标,企业也有动力通过党组织的影响力来获取这种信用、关系和身份的认同。但是,非公有制企业中的党组织作为网络中的单个结点,其自身而言肯定也会存在各种主观和客观问题,从而存在不同的战斗力,进而对企业社会责任行为有着不同的影响力。而基于制度嵌入理论及社会网络理论,从党组织网络整体来看,不同企业规模和不同党员人数的具体非公有制企业党组织结点在全国党组织网络中的中心度必然是不同的,这也意味着他们在信息和资源获取能力上是存在很大差异的,从而他们对所在企业履行社会责任行为的影响力自然也是不同的。无疑,在建立了党组织的非公有制企业之中,党组织的战斗力和影响力越大,该企业履行社会责任力度也会越大。

其次,基于文献分析、制度背景和理论分析,本书以2004年到2015年的A股非公有制上市企业为样本,整理了党组织影响力的相关变量,同时采用OLS回归模型和两阶段回归模型(2SLS),分别检验了非公有制企业党组织对企业高管—职工薪酬差距、超额雇员和企业捐赠等治理决策的影响。本书主要的实证结果如下:(1)非公有制企业党组织的影响力越大,非公有制企业的高管—职工薪酬差距越低、超额雇员和企业捐赠更多。(2)与同行业或者同地区企业相比,党组织影响力越大的非公有制企业的高管—职工薪酬差距也越低、超额雇员和企业捐赠也更多。(3)在非公有制企业党组织基础更加稳固、管理层对党组织重视程度更高、政治敏感度更强时,非公有制企业党组织的影响力和更低的高管—职工薪酬差距、更多的超额雇员、更多的企业捐赠之关联更加显著。(4)进一步的研究还发现,非公有制企业党组织的影响力和更低的高管—职工薪酬差距、更多的超额雇员、更多的企业捐赠之关联不受当地上市的非公有制企业数量多少、企业规模大小的影响,排除了政府干预这一替代性解释。(5)此外,在第6章和第7章,本书基于省级层面的失业数据、省级层面的捐赠数据和省级层面的非公有制企业党组织影响力的数据进行分析,发现该省非公有制企业党组织影响力越大,其省级层面的失业规模显著更小和失业率显著更低、捐赠规模显著更大。在控制内生性问题及经过各种稳健性检验之后,本书的结论依然不变。

8.2 主要贡献和政策建议

本书主要的贡献如下。

首先,本书根据相关文献和史料,系统梳理了我国非公有制企业党组织建设和发展的历史,分析整理了非公有制企业党组织的功能与作用之规范,并基于嵌入理论、社会网络理论和相关制度安排比较系统地构建和分析了非公有制企业党组织参与公司治理的分析框架和作用机制。随着党组织在非公有制企业中的不断壮大,党组织在非公有制企业中形成了以发挥政治核心为主的治理内容、以政治引领为主的治理方式,强调党组织在非公有制企业中的社会功能,从而增强非公有制企业的社会责任意识。而党组织的嵌入会影响非公有制企业决策者的认知框架,使得党组织在非公有制企业中的社会功能能够得以充分发挥,进而影响非公有制企业在维护职工权益、社会就业和社会捐赠等履行社会责任方面的治理决策。但是非公有制企业中的党组织作为网络中的单个结点,其自身而言肯定也会存在各种主观和客观问题,且不同的非公有制企业中的党组织在全国党组织网络中的中心度必然是不同,从而存在不同的战斗力,进而对企业的社会责任行为有着不同的影响力。

其次,由于数据较难获得等原因,现有关于非公有制企业党组织战斗力和影响力的定量研究很少见,已有的几篇文献仅是从非公有制企业是否成立党组织的角度进行研究,并未去深入研究党组织是否真正发挥了作用及其影响力差异的经济后果。而且在近几年大多数符合要求的非公有制企业都建立了党组织的背景下,是否成立党组织本身并不意味着有多大的研究意义,本书则从实质开展的党组织活动视角探究党组织的影响力对非公有制薪酬差距、超额雇员和企业捐赠等企业社会责任的影响,既丰富了党组织影响力的相关理论和实证研究,也为中国近年来越来越多非公有制企业履行社会责任的原因提供了新的解释,丰富了中国特色的治理制度的研究。

最后,本书的研究也具有较强的现实意义。结论显示党组织的嵌入和运行促进了非公有制企业履行社会责任的力度,这就说明中共中央关于加强非公有制企业党组织建设的决定是正确的,证据有力支持了《关于加强和改进非公有制企业党的建设工作的意见（试行）》等政策，同时有必要加强对非公有制企业党组织建设的理论研究，进一步总结经验和改进其制度安排。

本书可能的政策启示主要有以下三点。

第一，非公有制企业中的党组织战斗力和影响力确实差异很大，而这也对非公有制企业履行社会责任产生显著影响。既然非公有制企业党组织对于非公有制企业履行社会责任能够发挥正面的促进作用，那么，各级党委和党的组织部门就应高度重视和完善非公有制企业党建的制度安排，切实加强对非公有制企业党组织的领导与指导，加强非公有制企业党组织活动的信息报告工作和经验交流工作，完善全国党组织网络，提升网络的辐射力度和对结点的支持力度，使得网络中的每一个结点都健康运行起来。这样，非公有制企业的党组织才不会变成形式主义的存在。

第二，非公有制企业党组织既要发展员工中的先进代表入党，也要勇于做工作去发展还不是党员的非公有制企业实际控制人和经理人入党，或者至少通过工作使得他们更加认同党的宗旨和执政理念，这将会显著提升非公有制企业履行社会责任的力度。

第三，党和政府要加大对非公有制企业党组织战斗力和影响力的理论研究、案例研究和实地研究，进一步厘清非公有制企业党组织发挥影响力的作用机理，不断总结经验，积极探索党组织在非公有制企业中发挥影响力的路径和方式方法。

8.3 研究不足与后续研究方向

8.3.1 研究不足

由于非公有制企业党组织活动等影响力的数据较难获得等原因，本书可能存在以下几点不足。

第一，由于数据可获得性的限制，本书的研究样本仅限制于成立了党组织的非公有制上市企业之中，无法获得全部非公有制企业的党组织的相关数据。另外，在现有的数据里也很难区分企业党组织的级别、党员的具体人数等，限制了本书进一步分析党组织影响力的经济后果。

第二，本书未能全面地衡量党组织影响力这一变量，比如不能够计算出企业党组织在党组织网络中的中心度等综合变量，未能具体分析不同类别的党组织活动的不同影响，在党组织影响力变量的度量上存在改进的可能。

第三，虽然本书用了工具变量、PSM 配对、DID 模型和 GMM 动态模型等来控制潜在的内生性问题，仍无法完全排除本书结果的内生性问题。为提高本书研究结论的可靠性，仍需要进一步改善本书的研究方法。

第四，本书仅基于企业社会责任的角度研究了非公有制企业党组织的经济后果，可能无法全面地体现出党组织的治理效用，也没有去探讨非公有制企业党组织影响力的影响因素。

8.3.2 后续研究方向

正是因为存在上述的研究局限性，本书可能存在的后续研究方向有以下四点。

第一，在党组织数据的拓展上，可以通过查询公司年报里相关的有党组织的情况介绍、公司专门的党建网页和全国非公有企业党建网页的相关情况及 2007 年和 2012 年的中国民营企业的抽样调查数据，来进一步拓展研究样本，丰富研究变量。甚至，未来可以考虑通过对企业的问卷调查，走访企业党组织所在的地区，详细调查企业党组织的党员人数、级别、人事安排和党组织活跃程度等，使得本书的研究深度和广度都得到进一步提高。

第二，在详细调查清楚企业党组织规模、级别等情况后，可以依据社会网络分析法对党组织影响力的变量的测量进行改善，通过社会网络分析软件，计算党组织网络中心度等综合性变量，使得本书的研究更加可靠和丰富。

第三，未来可以通过采用外生的事件冲击等进行"准自然"实验的设计、寻找更加外生的工具变量，来尝试解决存在的内生性问题，以提高本书研究结论的可靠性。比如，以中央巡视组来访作为外生的事件，对比中央巡视组来访前后，该地区党组织作用的变化；可以当地的党员人数的比例、当地非公有制企业设立党组织的比例等作为工具变量。

第四，本书仅研究了非公有制企业党组织影响力的经济后果，未来可以去进一步研究非公有制企业党组织影响力的影响因素。另外，本书发现党组织有助于企业履行企业社会责任，那么党组织是否同时会给企业带来其他的经济效益呢？比如，非公有制企业党组织是否给企业带来信息优势、政治优势和资源优势，从企业的投资、融资、税收、政府补助等方面进一步研究党组织的经济后果则是未来十分有趣且重要的研究。

参 考 文 献

[1] 兰建平、苗文斌：《嵌入性理论研究综述》，载《技术经济》2009年第1期。

[2] 雷光勇、李书锋、王秀娟：《政治关联、审计师选择与公司价值》，载《管理世界》2009年第7期。

[3] 雷海民、梁巧转、李家军：《公司政治治理影响企业的运营效率吗——基于中国上市公司的非参数检验》，载《中国工业经济》2012年第9期。

[4] 黎文靖、胡玉明：《国企内部薪酬差距激励了谁?》，载《经济研究》2012年第12期。

[5] 李怀斌、马文成：《基于文化嵌入的农产品营销组织整合机制研究》，载《财经问题研究》2012年第12期。

[6] 李维安：《中国国有企业行政经济型治理：模式与展望》，载《财务管理研究》2019年第1期。

[7] 李维安：《公司治理理论与实务前沿》，中国财政经济出版社2003年版。

[8] 李维安、唐跃军：《上市公司利益相关者治理机制、治理指数与企业业绩》，载《管理世界》2005年第9期。

[9] 李增泉、余谦、王晓坤：《掏空、支持与并购重组》，载《经济研究》2005年第1期。

[10] 李正、官峰、李增泉：《企业社会责任报告鉴证活动影响因素研究——来自我国上市公司的经验证据》，载《审计研究》2013年第3期。

[11] 梁建、陈爽英、盖庆恩：《民营企业的政治参与、治理结构与慈善捐赠》，载《管理世界》2010年第7期。

[12] 林浚清、黄祖辉、孙永祥：《高管团队内薪酬差距、公司绩效和治理结构》，载《经济研究》2003年第3期。

[13] 林晓华、林俊钦、高燕：《大股东身份、生态社会责任与企业价值——基于化学原料及化学制品行业的研究》，载《宏观经济研究》2012年第8期。

[14] 林毅夫、李志赟：《政策性负担、道德风险与预算软约束》，载《经济研究》2004年第0期。

[15] 林毅夫、刘明兴、章奇：《政策性负担与企业的预算软约束：来自中国的实证研究》，载《管理世界》2004年第8期。

[16] 林泽炎：《转型中国企业人力资源管理：中国人力资源发展报告》，中国劳动社会保障出版社2004年版。

[17] 刘慧龙、张敏、王亚平，等：《政治关联、薪酬激励与员工配置效率》，载《经济研究》2010年第9期。

[18] 刘俊海：《公司的社会责任》，法律出版社1999年版。

[19] 刘茜：《基于嵌入理论的中国东西部中小企业创新绩效影响因素比较研究》，江苏大学工作论文，2013年。

[20] 刘瑞明、白永秀：《晋升激励、宏观调控与经济周期：一个政治经济学框架》，载《南开经济研究》2007年第5期。

[21] 刘振华：《目前影响国有企业党建工作的几个因素及对策》，载《理论探讨》1997年第4期。

[22] 龙小宁、杨进：《党组织、工人福利和企业绩效：来自中国民营企业的证据》，载《经济学报》2014年第2期。

[23] 卢昌崇：《公司治理机构及新、老三会关系论》，载《经济研究》1994年第11期。

[24] 卢锐：《管理层权力、薪酬差距与绩效》，载《南方经济》2007年第7期。

[25] 鲁海帆：《高管团队内部货币薪酬差距与公司业绩关系研究——来自中国A股市场的经验证据》，载《南方经济》2007年第4期。

[26] 罗党论、刘晓龙：《政治关系、进入壁垒与企业绩效》，载《管理世界》2009年第5期。

[27] 罗党论、甄丽明：《民营控制、政治关系与企业融资约束——基于中国民营上市公司的经验证据》，载《金融研究》2008年第12期。

[28] 马丽、马国钧：《论党的作用是经济增长的内生变量》，载《学术交流》2011年第4期。

[29] 马连福、王元芳、沈小秀：《中国国有企业党组织治理效应研究——基于"内部人控制"的视角》，载《中国工业经济》2012年第8期。

[30] 马连福、王元芳、沈小秀：《国有企业党组织治理、冗余雇员与高管薪酬契约》，载《管理世界》2013年第5期。

[31] 孟晓俊、肖作平、曲佳莉：《企业社会责任信息披露与资本成本的互

动关系——基于信息不对称视角的一个分析框架》,载《会计研究》2010年第9期。

[32] 倪昌红:《管理者的社会关系与企业绩效:制度嵌入及其影响路径》,吉林大学工作论文,2011年。

[33] 潘红波、夏新平、余明桂:《政府干预、政治关联与地方国有企业并购》,载《经济研究》2008年第4期。

[34] 潘松挺:《网络关系强度与技术创新模式的耦合及其协同演化》,浙江大学工作论文,2009年。

[35] 潘越、戴亦一、李财喜:《政治关联与财务困境公司的政府补助——来自中国ST公司的经验证据》,载《南开管理评论》2009年第5期。

[36] 钱颖一:《企业的治理结构改革和融资结构改革》,载《经济研究》1995年第1期。

[37] 权小锋、吴世农、尹洪英:《企业社会责任与股价崩盘风险:"价值利器"或"自利工具"?》,载《经济研究》2015年第11期。

[38] 任兵、区玉辉、林自强:《企业连锁董事在中国》,载《管理世界》2001年第6期。

[39] 任兵、区玉辉、彭维刚:《连锁董事与公司绩效:针对中国的研究》,载《南开管理评论》2007年第1期。

[40] 塞缪尔·亨廷顿:《变化社会中的政治秩序》,上海人民出版社2008年版。

[41] 沈永建、张天琴:《政府干预、冗余雇员与高管薪酬业绩敏感性——基于中国国有上市公司的实证研究》,中国会计学会2011学术年会论文,2011年7月。

[42] 石劲磊:《公司治理:理论、模式与中国上市公司的实践》,厦门大学工作论文,2003年。

[43] 宋献中、龚明晓:《社会责任信息的质量与决策价值评价——上市公司会计年报的内容分析》,载《会计研究》2007年第2期。

[44] 谭宏琳、杨俊:《公司社会责任对公司治理及其绩效影响的实证研究》,载《工业技术经济》2009年第7期。

[45] 田利辉:《国有产权、预算软约束和中国上市公司杠杆治理》,载《管理世界》2005年第7期。

[46] 田利辉、张伟:《政治关联影响我国上市公司长期绩效的三大效应》,载《经济研究》2013年第11期。

[47] 田志龙、高勇强、卫武:《中国企业政治策略与行为研究》,载《管理

世界》2003年第12期。

[48] 王惠岩，等：《政治学原理》，高等教育出版社2006年版。

[49] 王建琼、何静谊：《公司治理、企业经济绩效与企业社会责任——基于中国制造业上市公司数据的经验研究》，载《经济经纬》2009年第2期。

[50] 王浦劬：《政治学基础》，北京大学出版社1995年版。

[51] 王霞、徐怡、陈露：《企业社会责任信息披露有助于甄别财务报告质量吗?》，载《财经研究》2014年第5期。

[52] 王雄元、何捷、彭旋，等：《权力型国有企业高管支付了更高的职工薪酬吗?》，载《会计研究》2014年第1期。

[53] 王元芳、马连福：《国有企业党组织能降低代理成本吗？——基于"内部人控制"的视角》，载《管理评论》2014年第10期。

[54] 韦影：《企业社会资本与技术创新：基于吸收能力的实证研究》，载《中国工业经济》2007年第9期。

[55] 温素彬、方苑：《企业社会责任与财务绩效关系的实证研究——利益相关者视角的面板数据分析》，载《中国工业经济》2008年第10期。

[56] 吴惕安、俞可平：《当代西方国家理论评析》，陕西人民出版社1994年版。

[57] 夏宁、董艳：《高管薪酬、员工薪酬与公司的成长性——基于中国中小上市公司的经验数据》，载《会计研究》2014年第9期。

[58] 谢德仁、陈运森：《金融生态环境、产权性质与负债的治理效应》，载《经济研究》2009年第5期。

[59] 谢德仁、陈运森：《董事网络：定义、特征和计量》，载《会计研究》2012年第3期。

[60] 徐光华、陈良华、王兰芳：《战略绩效评价模式：企业社会责任嵌入性研究》，载《管理世界》2007年第11期。

[61] 徐光华、张瑞：《企业社会责任与财务绩效相关性研究》，载《财会通讯：学术版》2008年第12期。

[62] 徐莉萍、辛宇、祝继高：《媒体关注与上市公司社会责任之履行——基于汶川地震捐款的实证研究》，载《管理世界》2011年第3期。

[63] 徐清海、李兰芝：《中国经济的政治周期》，载《三峡大学学报：人文社会科学版》2006年第6期。

[64] 许冠南：《关系嵌入性对技术创新绩效的影响研究》，浙江大学工作论文，2008年。

[65] 薛云奎、白云霞：《国家所有权、冗余雇员与公司业绩》，载《管理世

界》2008 年第 10 期。

[66] 杨瑞龙、周业安：《论利益相关者合作逻辑下的企业共同治理机制》，载《中国工业经济》1998 年第 1 期。

[67] 姚伟、黄卓、郭磊：《公司治理理论前沿综述》，载《经济研究》2003 年第 5 期。

[68] 叶林祥、李实、罗楚亮：《行业垄断、所有制与企业工资收入差距——基于第一次全国经济普查企业数据的实证研究》，载《管理世界》2011 年第 4 期。

[69] 易法敏、文晓巍：《新经济社会学中的嵌入理论研究评述》，载《经济学动态》2009 年第 8 期。

[70] 余明桂、潘红波：《政府干预、法治、金融发展与国有企业银行贷款》，载《金融研究》2008 年第 9 期。

[71] 余明桂、潘红波：《政治关系、制度环境与民营企业银行贷款》，载《管理世界》2008 年第 8 期。

[72] 张厚义：《私营企业主阶层在我国社会结构中的地位》，载《中国社会科学》1994 年第 6 期。

[73] 张军、高远：《官员任期、异地交流与经济增长——来自省级经验的证据》，载《经济研究》2007 年第 11 期。

[74] 张军、王祺：《权威、企业绩效与国有企业改革》，载《中国社会科学》2004 年第 5 期。

[75] 张维迎：《博弈论与信息经济学》，上海人民出版社 1996 年版。

[76] 张维迎：《正确解读利润与企业社会责任》，载《江苏企业管理》2007 年第 11 期。

[77] 张兆国、靳小翠、李庚秦：《企业社会责任与财务绩效之间交互跨期影响实证研究》，载《会计研究》2013 年第 8 期。

[78] 张兆国、梁志钢、尹开国：《利益相关者视角下企业社会责任问题研究》，载《中国软科学》2012 年第 2 期。

[79] 张正堂：《企业内部薪酬差距对组织未来绩效影响的实证研究》，载《会计研究》2008 年第 9 期。

[80] 郑志刚：《法律外制度的公司治理角色——一个文献综述》，载《管理世界》2007 年第 9 期。

[81] 中共中央文献研究室：《十三大以来重要文献选编》，人民出版社 1991 年版。

[82]《列宁全集》，人民出版社 1988 年版。

[83]《毛泽东选集》，人民出版社1991年版。

[84]《邓小平文选》，人民出版社1994年版。

[85]《江泽民文选》，人民出版社2006年版。

[86]《马克思恩格斯选集》，人民出版社2012年版。

[87] 周黎安：《中国地方官员的晋升锦标赛模式研究》，载《经济研究》2007年第36期。

[88] 周业安：《中国制度变迁的演进论解释》，载《经济研究》2000年第3期。

[89] 朱慈蕴：《公司法人格否认法理与公司的社会责任》，载《法学研究》1998年第5期。

[90] 朱松：《企业社会责任、市场评价与盈余信息含量》，载《会计研究》2011年第11期。

[91] 祝继高、陆正飞：《产权性质、股权再融资与资源配置效率》，载《金融研究》2011年第1期。

[92] 宗河：《上海推行"双向进入、交叉任职"机制》，载《政工研究动态》1999年第19期。

[93] Aguilera R V, Filatotchev I, Gospel H, et al. An organizational approach to comparative corporate governance: Costs, contingencies, and complementarities. *Organization Science*, Vol. 19, No. 3, 2008, pp. 475 – 492.

[94] Aguilera R V, Rupp D E, Williams C A, et al. Putting the S back in corporate social responsibility: A multilevel theory of social change in organizations. *Academy of Management Review*, Vol. 32, No. 3, 2007, pp. 836 – 863.

[95] Ahern K R, Dittmar A K, The changing of the boards: The impact on firm valuation of mandated female board representation. *The Quarterly Journal of Economics*, Vol. 127, No. 1, 2012, pp. 137 – 197.

[96] Akerlof G A, The market for "lemons": Quality uncertainty and the market mechanism. *The Quarterly Journal of Economics*, 1970, pp. 488 – 500.

[97] Akerman J, Political economic cycles. *Kyklos*, Vol. 1, No. 2, 1947, pp. 107 – 117.

[98] Alchian A A, Demsetz H, Production, information costs, and economic organization. *The American Economic Review*, Vol. 62, No. 5, 1972, pp. 777 – 795.

[99] Allen F, Qian J, Qian M, Law, finance, and economic growth in China. *Journal of Financial Economics*, Vol. 77, No. 1, 2005, pp. 57 – 116.

[100] Andersson U, Forsgren M, Holm U, The strategic impact of external net-

works: subsidiary performance and competence development in the multinational corporation. *Strategic Management Journal*, Vol. 23, No. 11, 2002, pp. 979 – 996.

[101] Aschauer D A, Is public expenditure productive? . *Journal of Monetary Economics*, Vol. 23, No. 2, 1989, pp. 177 – 200.

[102] Barro R J, Government spending in a simple model of endogeneous growth. *Journal of Political Economy*, Vol. 98, No. 5, 1990, pp. S103 – S125.

[103] Bebchuk L A, Fried J M, Walker D I, Managerial power and rent extraction in the design of executive compensation. *National Bureau of Economic Research*, 2002.

[104] Becht M, Bolton P, Röell A, Corporate governance and control. *Handbook of the Economics of Finance*, No. 1, 2003, pp. 1 – 109.

[105] Bertrand M, Kramarz F, Schoar A, et al, Politically connected CEOs and corporate outcomes: Evidence from France. NBER Working Paper, 2004.

[106] Blanchard O, Shleifer A, Federalism with and without political centralization: China versus Russia. *Imf Economic Review*, Vol. 48, No. 1, 2001, pp. 171 – 179.

[107] Boubakri N, Cosset J, Saffar W, Political connections of newly privatized firms. *Journal of Corporate Finance*, Vol. 14, No. 5, 2008, pp. 654 – 673.

[108] Boycko M, Shleifer A, Vishny R W, A theory of privatisation. *The Economic Journal*, 1996, pp. 309 – 319.

[109] Buck T, Shahrim A, The translation of corporate governance changes across national cultures: The case of Germany. *Journal of International Business Studies*, Vol. 36, No. 1, 2005, pp. 42 – 61.

[110] Burt R S, *Structural holes: The social structure of competition*. Cambridge: Harvard University Press, 2009.

[111] Campbell D E, *A matter of faith: Religion in the 2004 presidential election*. Washington, DC: Brookings Institution Press, 2007.

[112] Carroll A B, A three-dimensional conceptual model of corporate performance. *Academy of Management Review*, Vol. 4, No. 4, 1979, pp. 497 – 505.

[113] Carroll A B, The pyramid of corporate social responsibility: Toward the moral management of organizational stakeholders. *Business Horizons*, Vol. 34, No. 4, 1991, pp. 39 – 48.

[114] Chang E C, Wong S M, Political control and performance in China's listed firms. *Journal of Comparative Economics*, Vol. 32, No. 4, 2004, pp. 617 – 636.

[115] Chen C J, Ding Y, Kim C F, High-level politically connected firms, corruption, and analyst forecast accuracy around the world. *Journal of International Business Studies*, Vol. 41, No. 9, 2010, pp. 1505 – 1524.

[116] Chih H, Shen C, Kang F, Corporate social responsibility, investor protection, and earnings management: Some international evidence. *Journal of Business Ethics*, Vol. 79, No. 1, 2008, pp. 179 – 198.

[117] Claessens S, Feijen E, Laeven L, Political connections and preferential access to finance: The role of campaign contributions. *Journal of Financial Economics*, Vol. 88, No. 3, 2008, pp. 554 – 580.

[118] Clarkson M B, Defining, evaluating, and managing corporate social performance: The stakeholder management model. *Research in Corporate Social Performance and Policy*, Vol. 12, No. 1, 1991, pp. 331 – 358.

[119] Coase R H, The nature of the firm. *Economica*, Vol. 4, No. 16, 1937, pp. 386 – 405.

[120] Coase R H, The Problem of social cost. *Journal of Law and Economics*, No. 3, 1960, pp. 1 – 44.

[121] Coffee J C, Do norms matter? A cross-country evaluation. *University of Pennsylvania Law Review*, Vol. 149, No. 6, 2001, pp. 2151 – 2177.

[122] Cole S, Fixing market failures or fixing elections? Agricultural credit in India. *American Economic Journal: Applied Economics*, Vol. 1, No. 1, 2009, pp. 219 – 250.

[123] Coval J D, Moskowitz T J, Home bias at home: Local equity preference in domestic portfolios. *The Journal of Finance*, Vol. 54, No. 6, 1999, pp. 2045 – 2073.

[124] Cowherd D M, Levine D I, Product quality and pay equity between lower-level employees and top management: An investigation of distributive justice theory. *Administrative Science Quarterly*, 1992, pp. 302 – 320.

[125] Cyert R M, March J G, A behavioral theory of the firm. *Englewood Cliffs*, No. 2, 1963.

[126] Dacin M T, Ventresca M J, Beal B D, The embeddedness of organizations: Dialogue & directions. *Journal of Management*, Vol. 25, No. 3, 1999, pp. 317 – 356.

[127] Davis G F, New directions in corporate governance. *Annual Review of Sociology*, Vol. 31, No. 1, 2005, pp. 143 – 162.

[128] Davis J H, Schoorman F D, Donaldson L, Toward a stewardship theory of management. *Academy of Management Review*, Vol. 22, No. 1, 1997, pp. 20 – 47.

[129] Davis K, Can business afford to ignore social responsibilities? *California Management Review*, Vol. 2, No. 3, 1960, pp. 70 – 76.

[130] Davis K, Understanding the social responsibility puzzle. *Business Horizons*, Vol. 10, No. 4, 1967, pp. 45 – 50.

[131] Davis K, Blomstrom R L, Business and its environment. *McGraw – Hill*, 1966.

[132] Demirgüç Kunt A, Maksimovic V, Law, finance, and firm growth. *The Journal of Finance*, Vol. 53, No. 6, 1998, pp. 2107 – 2137.

[133] Dewenter K L, Malatesta P H, State-owned and privately owned firms: An empirical analysis of profitability, leverage, and labor intensity. *The American Economic Review*, Vol. 91, No. 1, 2001, pp. 320 – 334.

[134] Dhaliwal D S, Radhakrishnan S, Tsang A, et al, Nonfinancial disclosure and analyst forecast accuracy: International evidence on corporate social responsibility disclosure. *The Accounting Review*, Vol. 87, No. 3, 2012, pp. 723 – 759.

[135] Dhanaraj C, Parkhe A, Orchestrating innovation networks. *Academy of Management Review*, Vol. 31, No. 3, 2006, pp. 659 – 669.

[136] DiMaggio P, Powell W W, The iron cage revisited: Collective rationality and institutional isomorphism in organizational fields. *American Sociological Review*, Vol. 48, No. 2, 1983, pp. 147 – 160.

[137] Donaldson L, Davis J H, CEO governance and shareholder returns, 1989.

[138] Donaldson L, Davis J H, Stewardship theory or agency theory: CEO governance and shareholder returns. *Australian Journal of Management*, Vol. 16, No. 1, 1991, pp. 49 – 64.

[139] Duverger M, Political parties: Their organization and activity in the modern state. Methuen, 1959.

[140] Faccio M, Politically connected firms. *The American Economic Review*, Vol. 96, No. 1, 2006, pp. 369 – 386.

[141] Faleye O, Mehrotra V, Morck R, When Labor Has a Voice in Corporate Governance. *Journal of Financial and Quantitative Analysis*, Vol. 41, No. 3, 2006, pp. 489 – 510.

[142] Faleye O, Reis E, Venkateswaran A, The determinants and effects of

CEO – employee pay ratios. *Journal of Banking and Finance*, Vol. 37, No. 8, 2013, pp. 3258 – 3272.

[143] Fama E F, Agency Problems and the Theory of the Firm. *Journal of Political Economy*, Vol. 88, No. 2, 1980, pp. 288 – 307.

[144] Fama E F, Jensen M C, Separation of ownership and control. *The Journal of Law and Economics*, Vol. 26, No. 2, 1983, pp. 301 – 325.

[145] Fan J P, Wong T J, Zhang T, Politically connected CEOs, corporate governance, and Post – IPO performance of China's newly partially privatized firms. *Journal of Financial Economics*, Vol. 84, No. 2, 2007, pp. 330 – 357.

[146] Ferguson T, Voth H, Betting on Hitler-the value of political connections in Nazi Germany. *The Quarterly Journal of Economics*, Vol. 123, No. 1, 2008, pp. 101 – 137.

[147] Fisman R, Estimating the value of political connections. *The American Economic Review*, Vol. 91, No. 4, 2001, pp. 1095 – 1102.

[148] Fracassi C, Tate G, External networking and internal firm governance. *The Journal of Finance*, Vol. 67, No. 1, 2012, pp. 153 – 194.

[149] Francis B B, Hasan I, Sun X, Political connections and the process of going public: Evidence from China. *Journal of International Money and Finance*, Vol. 28, No. 4, 2009, pp. 696 – 719.

[150] Freeman R E, Strategic management: A stakeholder approach. *Advances in Strategic Management*, Vol. 1, No. 1, 1983, pp. 31 – 60.

[151] Freeman R E, Reed D L, Stockholders and stakeholders: A new perspective on corporate governance. *California Management Review*, Vol. 25, No. 3, 1983, pp. 88 – 106.

[152] Frydman R, Murphy K, Rapaczynski A, Capitalism with a comrade's face: studies in the postcommunist transition. Kendall Hunt, 1998.

[153] Galaskiewicz J, An urban grants economy revisited: Corporate charitable contributions in the Twin Cities, 1979 – 81, 1987 – 89. *Administrative Science Quarterly*, 1997, pp. 445 – 471.

[154] Gelb D S, Strawser J A, Corporate social responsibility and financial disclosures: An alternative explanation for increased disclosure. *Journal of Business Ethics*, Vol. 33, No. 1, 2001, pp. 1 – 13.

[155] Goldman E, Rocholl J, So J, Does political connectedness affect firm value?. *SSRN Electronic Journal*, Vol. 21, No. 4, 2006, pp. 1607 – 1652.

[156] Granovetter M S, The strength of weak ties. *American Journal of Sociology*, Vol. 78, No. 6, 1973, pp. 1360 – 1380.

[157] Granovetter M, Economic action and social structure: The problem of embeddedness. American *Journal of Sociology*, No. 3, 1985, pp. 481 – 510.

[158] Granovetter M, The sociological and economic approaches to labor market analysis. *Sociological* and Economic Approaches, 1992, pp. 187.

[159] Griffin J J, Mahon J F, The corporate social performance and corporate financial performance debate: Twenty-five years of incomparable research. *Business and Society*, Vol. 36, No. 1, 1997, pp. 5 – 31.

[160] Hagedoorn J, Understanding the cross-level embeddedness of interfirm partnership formation. *Academy of Management Review*, Vol. 31, No. 3, 2006, pp. 670 – 680.

[161] Halinen A, Törnroos J, The role of embeddedness in the evolution of business networks. *Scandinavian Journal of Management*, Vol. 14, No. 3, 1998, pp. 187 – 205.

[162] Haunschild P R, Interorganizational imitation: The impact of interlocks on corporate acquisition activity. *Administrative Science Quarterly*, 1993, pp. 564 – 592.

[163] Henderson A D, Fredrickson J W, Top management team coordination needs and the CEO pay gap: A competitive test of economic and behavioral views. *Academy of Management Journal*, Vol. 44, No. 1, 2001, pp. 96 – 117.

[164] Hilary G, Hui K W, Does religion matter in corporate decision making in America? . *Journal of Financial Economics*, Vol. 93, No. 3, 2009, pp. 455 – 473.

[165] Hilson G, Corporate social responsibility in the extractive industries: Experiences from developing countries. *Resources Policy*, Vol. 37, No. 2, 2012, pp. 131 – 137.

[166] Holmstrom B, Moral hazard in teams. *The Bell Journal of Economics*, 1982, pp. 324 – 340.

[167] Hwang B, Kim S, It pays to have friends. *Journal of Financial Economics*, Vol. 93, No. 1, 2009, pp. 138 – 158.

[168] Jacobson C K, Lenway S A, Ring P S, The political embeddedness of private economic transactions. *Journal of Management Studies*, Vol. 30, No. 3, 1993, pp. 453 – 478.

[169] Jayachandran S, The jeffords effect. *The Journal of Law and Economics*, Vol. 49, No. 2, 2006, pp. 397 – 425.

[170] Jensen M C, Value maximization and the corporate objective function. *Breaking the Code of Change*, 2000, pp. 37 – 58.

[171] Jensen M C, Meckling W H, Theory of the firm: Managerial behavior, agency costs and ownership structure. *Journal of Financial Economics*, Vol. 3, No. 4, 1976, pp. 305 – 360.

[172] Jenssen J I, Koenig H F, The effect of social networks on resource access and business start-ups. *European Planning Studies*, Vol. 10, No. 8, 2002, pp. 1039 – 1046.

[173] Johnson H H, Does it pay to be good? Social responsibility and financial performance. *Business Horizons*, Vol. 46, No. 6, 2003, pp. 34 – 40.

[174] Johnson R A, Greening D W, The effects of corporate governance and institutional ownership types on corporate social performance. *Academy of Management Journal*, Vol. 42, No. 5, 1999, pp. 564 – 576.

[175] Johnson S, Mitton T, Cronyism and capital controls: evidence from Malaysia. *Journal of Financial Economics*, Vol. 67, No. 2, 2003, pp. 351 – 382.

[176] Julio B, Yook Y, Political uncertainty and corporate investment cycles. *The Journal of Finance*, Vol. 67, No. 1, 2012, pp. 45 – 83.

[177] Khanna T, Thomas C, Synchronicity and firm interlocks in an emerging market. *Journal of Financial Economics*, Vol. 92, No. 2, 2009, pp. 182 – 204.

[178] Khwaja A I, Mian A, Do lenders favor politically connected firms? Rent provision in an emerging financial market. *The Quarterly Journal of Economics*, Vol. 120, No. 4, 2005, pp. 1371 – 1411.

[179] Knight B, Are policy platforms capitalized into equity prices? Evidence from the Bush/Gore 2000 presidential election. *Journal of Public Economics*, No. 4, 2006, pp. 751 – 773.

[180] Krueger A O, The political economy of the rent-seeking society. *The American Economic Review*, Vol. 64, No. 3, 1974, pp. 291 – 303.

[181] Larcker D F, So E C, Wang C C, Boardroom centrality and firm performance. *Journal of Accounting and Economics*, Vol. 55, No. 2, 2013, pp. 225 – 250.

[182] Larson A, Network dyads in entrepreneurial settings: A study of the governance of exchange relationships. *Administrative Science Quarterly*, 1992, pp. 76 – 104.

[183] Lazear E P, Rosen S, Rank-order tournaments as optimum labor con-

tracts. *Journal of Political Economy*, Vol. 89, No. 5, 1981, pp. 841 – 864.

[184] Leuz C, Oberholzer – Gee F, Political relationships, global financing, and corporate transparency: Evidence from Indonesia. *Journal of Financial Economics*, Vol. 81, No. 2, 2006, pp. 411 – 439.

[185] Li H, Meng L, Wang Q, et al, Political connections, financing and firm performance: Evidence from Chinese private firms. *Journal of Development Economics*, Vol. 87, No. 2, 2008, pp. 283 – 299.

[186] Licht A N, Goldschmidt C, Schwartz S H, Culture, law, and corporate governance. International *Review of Law and Economics*, Vol. 25, No. 2, 2005, pp. 229 – 255.

[187] Lin B, Lu R, Managerial power, compensation gap and firm performance—Evidence from Chinese public listed companies. *Global Finance Journal*, Vol. 20, No. 2, 2009, pp. 153 – 164.

[188] Lin J Y, Cai F, Li Z, Competition, policy burdens, and state-owned enterprise reform. *The American Economic Review*, Vol. 88, No. 2, 1998, pp. 422 – 427.

[189] Lin N, *Social capital: A theory of social structure and action*. Cambridge University Press, 2002.

[190] Liu T, Institutional investor protection and political uncertainty: Evidence from cycles of investment and elections. Working Paper of Concordia University Montreal, 2010.

[191] Luo X, Bhattacharya C B, Corporate social responsibility, customer satisfaction, and market value. *Journal of Marketing*, Vol. 70, No. 4, 2006, pp. 1 – 18.

[192] March J G, Primer on decision making: How decisions happen. *Simon and Schuster*, 1994, Vol. , 1994.

[193] Micco A, Panizza U, Yañez M, Bank ownership and performance. *Journal of Banking and Finance*, Vol. 31, No. 1, 2004, pp. 219 – 241.

[194] Myers S C, Majluf N S, Corporate financing and investment decisions when firms have information that investors do not have. *Journal of Financial Economics*, Vol. 13, No. 2, 1984, pp. 187 – 221.

[195] Nee V, Ingram P, Embeddedness and beyond: institutions, exchange, and social structure. *The New Institutionalism in Sociology*, No. 19, 1998.

[196] Niessen A, Ruenzi S, Political connectedness and firm performance: Evidence from Germany. *German Economic Review*, Vol. 11, No. 4, 2010, pp. 441 – 464.

[197] Nordhaus W D, The political business cycle. *The Review of Economic Studies*, Vol. 42, No. 2, 1975, pp. 169 –190.

[198] North D C, *Institutions, institutional change and economic performance*. Cambridge: Cambridge University Press, 1990.

[199] Orlitzky M, Benjamin J D, Corporate social performance and firm risk: A meta-analytic review. *Business and Society*, Vol. 40, No. 4, 2001, pp. 369 –396.

[200] Pistor K, Xu C, Governing stock markets in transition economies: Lessons from China. *American Law and Economics Review*, Vol. 7, No. 1, 2005, pp. 184 –210.

[201] Porta R L, Lopez-de-Silanes F, Shleifer A, et al, Law and finance. *Journal of Political Economy*, Vol. 106, No. 6, 1998, pp. 1113 –1155.

[202] Portes A, Social capital: Its origins and applications in modern sociology. *Annual Review of Sociology*, Vol. 24, No. 1, 1998, pp. 1 –24.

[203] Powell W W, Koput K W, Smith – Doerr L, Interorganizational collaboration and the locus of innovation: Networks of learning in biotechnology. *Administrative Science Quarterly*, 1996, pp. 116 –145.

[204] Rajagopalan N, Zhang Y, Corporate governance reforms in China and India: Challenges and opportunities. *Business Horizons*, Vol. 51, No. 1, 2008, pp. 55 –64

[205] Rowley T, Behrens D, Krackhardt D, Redundant governance structures: An analysis of structural and relational embeddedness in the steel and semiconductor industries. *Strategic Management Journal*, 2000, pp. 369 –386.

[206] Sapienza P, The effects of government ownership on bank lending. *Journal of Financial Economics*, Vol. 72, No. 2, 2004, pp. 357 –384.

[207] Shleifer A, Vishny R W, Politicians and firms. *The Quarterly Journal of Economics*, Vol. 109, No. 4, 1994, pp. 995 –1025.

[208] Shleifer A, Vishny R W, A survey of corporate governance. *The Journal of Finance*, Vol. 52, No. 2, 1997, pp. 737 –783.

[209] Shleifer A, Vishny R W, *The grabbing hand: Government pathologies and their cures*. Cambridge: Harvard University Press, 2002.

[210] Stulz R M, Williamson R, Culture, openness, and finance. *Journal of Financial Economics*, Vol. 70, No. 3, 2003, pp. 313 –349.

[211] Tao Y, Rationalization of political business cycle in China. Working paper of National Chengchi University, 2003.

［212］Uzzi B, Social structure and competition in interfirm networks: The paradox of embeddedness. *Administrative Science Quarterly*, 1997, pp. 35 – 67.

［213］Uzzi B, Embeddedness in the making of financial capital: How social relations and networks benefit firms seeking financing. *American Sociological Review*, 1999, pp. 481 – 505.

［214］Verrecchia R E, Essays on disclosure. *Journal of Accounting and Economics*, Vol. 32, No. 1, 2001, pp. 97 – 180.

［215］Westphal J D, Khanna P, Keeping directors in line: Social distancing as a control mechanism in the corporate elite. *Administrative Science Quarterly*, Vol. 48, No. 3, 2003, pp. 361 – 398.

［216］Williamson O E, The economic intstitutions of capitalism. *Simon and Schuster*, 1985.

［217］Wintoki M B, Linck J S, Netter J M, Endogeneity and the dynamics of internal corporate governance. *Journal of Financial Economics*, Vol. 105, No. 3, 2012, pp. 581 – 606.

［218］Wood D J, Corporate social performance revisited. *Academy of Management Review*, Vol. 16, No. 4, 1991, pp. 691 – 718.

［219］Woodward D, Edwards P, Birkin F, Some evidence on executives' views of corporate social responsibility. *The British Accounting Review*, Vol. 33, No. 3, 2001, pp. 357 – 397.

［220］Wu M, Corporate social performance, corporate financial performance, and firm size: A meta-analysis. *Journal of American Academy of Business*, Vol. 8, No. 1, 2006, pp. 163 – 171.

［221］Yonce A T, Uncertain Growth Cycles, Corporate Investment, and Dynamic Hedging. Working paper of University of California, Berkeley, 2010.

［222］Zahra S A, Oviatt B M, Minyard K, Effects of corporate ownership and board structure on corporate social responsibility and financial performance, 1993. *Academy of Management*, 1993.

［223］Zukin S, DiMaggio P J, *Structure of capital*. Cambridge: Cambridge University Press, 1990.

附录 A

非公有制企业党组织活动举例

本书以浙江非公有制上市企业——A 股份有限公司（股票代码：300 ***）为例子，介绍本书衡量党组织影响力的原始新闻数据：党组织活动和上级党委表彰的原始新闻。浙江 A 股份有限公司发起设立于 2000 年 1 月，是一家集科研、生产、销售于一体的国家高新技术制药企业。2011 年 2 月 22 日，公司成功登陆创业板，成为湖州市第一家创业板上市公司。目前，公司拥有两家控股子公司。

浙江 A 股份有限公司于 1999 年 6 月组建党支部，2008 年 12 月升格为党委，下设三个党支部，现有党员 90 名。公司党委班子实行党的组织与行政组织交叉任职，配齐了 7 名班子成员，由公司董事长任党委书记，行政、生产、人事等各分管副总、经理及团总支书记进入党委班子，配设一名专职党委副书记主持党群日常工作。多年来，A 公司党委在上级党组织的关心支持下，始终坚持以企业生产经营为中心，以提高党员素质和能力为重点，牢固树立"围绕发展抓党建、抓好党建促发展"的理念，高度重视党员活动阵地建设，建起了规范化党员活动室和网吧、乒乓室、健身房、台球室、图书室等设施齐全的职工之家，利用 QQ 群、腾讯微博、移动管家等载体不断深化和拓展在职党员教育管理，创新在职党员教育管理模式，不断增强党员的责任感、使命感和自豪感，较好地发挥了基层党组织在推动发展、服务员工、凝聚人心、促进和谐方面的作用，实现了企业党建工作有序推进和企业蓬勃发展的双赢局面。公司党组织先后被授予"浙江省民企党建百家促和谐劳动关系示范典型"、湖州市先进基层党组织、非公企业党建工作示范点、"发展强、党建强"先进企业党组织、"五好"企业党组织、"活力和谐企业"党组织等荣誉。

一、党组织活动

本书从 A 公司主页的新闻中心获取以下新闻，并对其进行分类整理，具体如下。

（一）来访交流：中央调研组到公司调研团建工作

发布时间：2011-4-28

近日，由中央政策研究室党建局副局长唐方裕、全国总工会研究室一处处长李忠运带队的中央调研组，到我公司就"非公有制企业团建对构建和谐劳动关系的影响"进行调研。

调研组一行在团省委副书记王征、青工部部长李谙、团市委书记许小月等领导陪同下参观了公司展示厅、中央投资专项筹建组的"创先争优团员示范岗"、职工之家等，公司党委书记、董事长俞有强向唐方裕副局长一行介绍了公司和谐劳动关系建设情况，公司党委委员、团总支书记姚利明就公司团建工作进行了汇报。中央调研组对公司团总支开展志愿者服务等特色活动为构建和谐企业发挥积极作用作了充分肯定，并希望企业通过团建工作为青工队伍自我管理、自我服务、自我发展方面创建更多的平台，展示他们的长处和优势，让他们感受到更多的尊重和尊严。

（二）学习保先：公司党委组织开展"四个一"庆"七一"活动

发布时间：2012-7-6

请县委党校老师上一堂党课。公司党委专门邀请了县委党校高级讲师姚惠敏讲授党课《如何发挥党员先锋模范作用》，旨在进一步增强党员的荣誉感和责任感，引导全体党员履职尽责创先进、立足岗位争优秀。

（三）党组会议：公司召开四届一次职工（会员）代表大会

发布时间：2013-12-11

12月9日，四届一次职工（会员）代表大会在公司培训室召开，大会由公司党委副书记、工会副主席闻学勤主持，公司副总经理、工会主席郑学根作工作报告，工会副主席汪幸浩作第三届经费审查委员会工作报告，会议通过选举，产生第四届工会委员会、经费审查委员会以及第五届职工监事，郑学根再次当选工会主席，参加会议代表还对公司工会和工会主席进行了民主评议，评议结果：公司工会满意率达到96.2%，工会主席满意率达到97.5%。县总工会副主席杨琦到会并致贺词。

（四）慈善活动：一滴血一片心一份爱

发布时间：2013-3-25

2013年3月15日中午，由公司党委、工会、团总支联合组织的无偿献血活动，得到了广大员工的积极响应，当湖州市中心血站的采血车驶进公司厂区时，公司食堂一楼大厅里就已经有很多员工排起了长队，等候填表、登记、体检、验血，热情很是高涨。

据统计，此次报名参加献血的员工有 47 人，成功献血 28 人，献血总量达 7 300 毫升。六年来，我公司参加无偿献血的员工已达到 262 人次，献血总量超过 63 300 毫升。无偿献血是一种利人利己的社会公益行为，献一滴血，是一片心，更是一份爱。

（五）职工关怀：公司"三八"妇女节联谊活动隆重举行

发布时间：2013 - 3 - 8

3月3日下午，由公司工会、妇代会组织的"三八"妇女节联谊活动在新福大酒店隆重举行，200 多名女职工在这里欢聚一堂，共同庆祝即将来临的属于她们自己的节日。歌曲、舞蹈、乐器演奏、各类游戏、有奖竞答等丰富多彩的节目使得酒店的大厅里不时传来阵阵欢声笑语。一轮又一轮的抽奖活动更是一次又一次地把活动气氛推向高潮。

县、镇工会和镇妇联有关领导及公司党委副书记、工会副主席闻学勤等到会祝贺，并为广大女职工送上了节日的祝福，勉励她们魅力与努力同行；工作与家庭兼照顾；健康与快乐相伴。

一年一度的"三八"妇女节联谊活动，不仅充分展现了公司女职工的团结协作、奋力拼搏的巾帼风采，更是丰富了广大女职工文化生活，提升了女职工队伍的积极性，增强了女职工队伍的凝聚力。

（六）文体娱乐：公司党委举办"我为党旗添光彩，立足岗位作贡献"演讲比赛

发布时间：2011 - 8 - 8

8月3日中午，公司党委在培训室成功举办"我为党旗添光彩，立足岗位作贡献"演讲比赛，三个支部共选派 6 名选手参加了此次比赛。经过激烈角逐，二支部参赛选手林丽萍喜获一等奖，三支部参赛选手周佳佳喜获二等奖，一支部参赛选手谢丽丽喜获三等奖。武康镇党委领导胡炜、赵哲含、公司党建工作指导员冯建勇、"驻企服务促转型"干部邱建平及公司党委副书记陈瑞祥、副总经理郑学根担任本次比赛评委。

此次演讲比赛活动，既是公司党委开展庆祝建党 90 周年系列活动的延伸，也是积极配合公司开展"规范管理、保质保量、降本增效、提升形象"主题活动,将创先争优活动切实融入中心工作,注重活动针对性和实效性的一项重要举措。

(七) 节日庆祝:公司党委隆重举行建党90周年纪念大会

发布时间:2011-7-5

7月1日,公司党委在党群活动室隆重举行建党90周年纪念大会。会上,全体党员一起庄严地举起右手,重温入党誓词,面对党旗,庄严宣誓。县委党校高级讲师周津象应邀向公司全体党员讲授了一堂系统、生动的党史课,使全体与会党员对我们伟大的党又有了更深刻的认识。党委副书记陈瑞祥代表公司党委讲话,他号召全体党员要充分发扬党员的模范带头作用,立足本职、岗位建功、岗位奉献,树立共产党人干在前、想在前、走在前的光辉形象。紧密结合公司当前开展的"规范管理、保质保量、降本增效、提升形象"活动,以更饱满的热情、更昂扬的斗志、更务实的作风投入到当前的各项工作中,带动和影响周围更多的职工群众为佐力美好的明天而努力奋斗!

(八) 内部评优:市委常委、组织部部长高玲慧一行到我公司考察创先争优活动情况

发布时间:2011-5-26

近日,全市乡镇换届暨深化创先争优活动工作会议在我县召开。会议期间,市委常委、组织部部长高玲慧带领各区、县委副书记、组织部部长等与会代表到我公司考察创先争优活动情况。公司党委书记、董事长俞有强陪同高部长一行察看了我公司的党群活动室、党建宣传窗等创先争优活动阵地,高部长对我公司党委开展的创先争优活动给予了高度评价。她指出,佐力的创先争优活动特色鲜明,很有创新,宣传阵地也很活跃,确实发挥了党组织的战斗堡垒作用和党员的先锋模范作用。

(九) 发展党员:公司党委组织开展"四个一"庆"七一"活动

发布时间:2012-7-6

为庆祝中国共产党建党91周年,继承和弘扬党的优良传统和作风。"七一"期间,公司党委开展"四个一"系列活动,庆祝党的91岁生日。举办一期入党积极分子培训班。为入党积极分子和递交了入党申请书的39名员工上了一堂生动的入党知识课,使他们对入党程序、党员的权利与义务等相关情况作了较为全面的了解,为他们将来能够从组织上和思想上全面入党,奠定坚实的基础。

二、上级表彰

（一）公司荣获"民企党建百家促进和谐劳动关系示范典型"称号

发布时间：2011-7-1

6月27日下午，2010年度浙江省百强民营企业新闻通报会暨"党徽在民企闪光"主题实践活动总结表彰大会在省人民大会堂召开，我公司荣获"民企党建百家促进和谐劳动关系示范典型"称号。

（二）党委书记、董事长俞有强喜获"民企党员百名闪光典型"称号

发布时间：2011-7-1

6月27日，在浙江省工商行政管理局、浙江省民营企业发展联合会举行的"党徽在民企闪光"主题实践活动先进表彰大会上，公司党委书记、董事长俞有强喜获"民企党员百名闪光典型"称号。

（三）公司团总支荣获"浙江省非公有制企业创先争优先进团组织"称号

发布时间：2011-8-15

2011年8月4日～5日，全省非公有制企业团组织深入开展创先争优活动现场推进会暨先进表彰会在宁波隆重召开，共青团浙江省委副书记、党组副书记（主持工作）周艳，共青团浙江省委副书记苗伟伦、王征，共青团浙江省委青工部部长李谙，共青团浙江省委组织部副部长盛乐，全省各市、县（区）共青团负责人，宁波市委等相关领导参加了会议，全省20家受表彰的非公有制企业团组织负责人也参加了会议并领奖，公司团总支书记姚利明作为湖州市唯一一家受表彰的非公有制企业代表上台领取了荣誉。

去年以来，公司团总支在上级团委的统一部署下，扎实开展"争当助推转型升级先锋、争创提升团建活力标兵"的"双争创先"活动，通过富有成效的活动开展，有效调动广大团员青年的积极性和创造性，增强公司团组织的影响力、凝聚力和战斗力。此次作为湖州市唯一一家受表彰的非公有制企业团组织，是对公司团建工作的极大肯定。公司团总支书记姚利明表示：在会议期间，通过与正泰集团团委、传化集团团委等全省非公企业的交流、探讨，发现了自身的不足，公司团总支也将以获奖为契机，紧紧依托"党建带团建"，扎实深入推进创先争优活动和团建工作。

附录 B

2SLS 模型第一阶段的回归结果

表 B-1 为工具变量的描述性统计，表 B-2 为各章 2SLS 模型第一阶段的回归结果。关于中国各省公民政治价值观（Political Value）的数据来源于世界价值观的调查数据，等于 2007 年和 2012 年世界价值观调查数据中我国各省公民关于政治重要程度、对政治的感兴趣程度和对政党的信任程度三者得分的平均分，由于原始数据的值越小代表政治意识越强，本书将其乘以 -1，表示该值越大则政治意识越强。企业所在城市与我国政治中心（北京）的地理距离的自然对数（Distance BJ）则根据 Coval and Moskowitz 的研究进行计算。从表 B-2 可以看出，Weak IV Test 的 F 值也均大于 10，这说明本书所使用的工具变量不是弱工具变量，而且政治价值观和与北京的地理距离均与非公有制企业党组织的影响力显著正相关，这也说明当地公民的政治意识越强、与北京的地理距离越近，非公有制企业越可能有更多的党组织活动，党组织的影响力越大。

表 B-1 描述性统计

变量	N	均值	标准差	最小值	Q25	中位数	Q75	最大值
DistanceBJ	8 543	6.560	1.770	0.000	6.787	7.009	7.408	8.016
PoliticalValue	8 543	-6.917	0.579	-7.866	-7.390	-6.829	-6.730	-4.547

附录B 2SLS模型第一阶段的回归结果

表B-2　　　　　　　　2SLS模型第一阶段的回归结果

变量	(1)	(2)	(3)	(4)	(5)	(6)
	第5章		第6章		第7章	
	Party	Award	Party	Award	Party	Award
DistanceBJ	0.018*** (4.33)	0.003* (1.92)	0.018*** (4.24)	0.003* (1.93)	0.018*** (4.23)	0.003* (1.92)
PoliticalValue	0.123*** (7.45)	0.040*** (5.54)	0.123*** (7.50)	0.039*** (5.52)	0.123*** (7.51)	0.039*** (5.53)
Weak IVs test (F值)	38.088***	17.325***	32.577***	16.647***	38.165***	17.268***
Size	0.049*** (6.25)	0.000 (0.12)	0.047*** (6.03)	0.000 (0.10)	0.047*** (6.12)	0.000 (0.13)
Roa	-0.073 (-0.65)	0.015 (0.34)	-0.092 (-0.85)	0.005 (0.12)	-0.096 (-0.90)	0.004 (0.10)
Lev	-0.043* (-1.79)	-0.004 (-0.35)	-0.036 (-1.63)	-0.003 (-0.33)	-0.037* (-1.65)	-0.003 (-0.34)
Growth	0.009 (0.83)	0.008* (1.75)	0.008 (0.78)	0.009* (1.92)	0.009 (0.84)	0.009* (1.96)
PPE	0.220*** (4.28)	0.054*** (2.59)	0.208*** (4.07)	0.053** (2.52)	0.210*** (4.10)	0.053** (2.55)
Board	0.027*** (4.69)	0.008*** (3.21)	0.027*** (4.72)	0.008*** (3.27)	0.027*** (4.73)	0.008*** (3.29)
Out	0.091 (0.55)	0.087 (1.28)	0.095 (0.57)	0.087 (1.29)	0.089 (0.54)	0.085 (1.27)
Exshr	-0.061 (-1.14)	0.047** (1.98)	-0.060 (-1.13)	0.047** (1.99)	-0.059 (-1.12)	0.047** (2.00)
Fshr	-0.388*** (-4.83)	-0.169*** (-4.93)	-0.380*** (-4.73)	-0.166*** (-4.86)	-0.380*** (-4.74)	-0.166*** (-4.87)
ZIndex	-0.054*** (-3.03)	-0.031*** (-4.32)	-0.054*** (-3.01)	-0.031*** (-4.33)	-0.054*** (-3.02)	-0.031*** (-4.34)
Politic	-0.084*** (-2.62)	-0.001 (-0.04)	-0.075** (-2.27)	0.001 (0.05)	-0.074** (-2.27)	0.001 (0.06)

续表

变量	(1) 第5章 Party	(2) 第5章 Award	(3) 第6章 Party	(4) 第6章 Award	(5) 第7章 Party	(6) 第7章 Award
Reform	0.112*** (5.42)	0.016* (1.88)	0.113*** (5.48)	0.016* (1.89)	0.113*** (5.51)	0.016* (1.89)
Mkt	0.007 (1.24)	0.005* (1.93)	0.007 (1.28)	0.004* (1.87)	0.007 (1.28)	0.004* (1.87)
ListAge	−0.032** (−2.45)	−0.003 (−0.56)	−0.032** (−2.43)	−0.003 (−0.59)	−0.032** (−2.46)	−0.004 (−0.61)
NewsNum	0.217*** (40.27)	0.052*** (22.93)	0.217*** (40.34)	0.053*** (23.04)	0.217*** (40.39)	0.053*** (23.06)
Constant	−0.399* (−1.89)	0.178** (2.08)	−0.359* (−1.70)	0.178** (2.09)	−0.362* (−1.72)	0.177** (2.10)
N	8 472	8 472	8 522	8 522	8 543	8 543
R^2_Adj	0.25	0.09	0.25	0.10	0.25	0.10
F	137.136***	39.278***	138.171***	39.617***	138.817***	39.717***
Ind & Year FE	√	√	√	√	√	√

注：括号里为 t 值，并经怀特异方差和公司层面的聚类调整，***、**、* 分别表示 1%、5% 和 10% 的显著水平。

附录 C

估计超额雇员模型的回归结果

表 C-1 和表 C-2 显示了第 6 章估计超额雇员的回归模型的主要变量的描述性统计及回归结果。其中,Staff 为企业的员工分数,Staff_Asset 为每百万资产的员工人数,Staff_Sale 为每百万主营业收入的员工人数,LnAsset 为总资产的自然对数,LnSale 为主营业收入的自然对数,PPE 为企业固定资产比例,Growth 为企业营业收入增长率。表 C-2 显示了对应的回归结果,各个模型的残差即超额雇员。

表 C-1　估计超额雇员模型的主要变量的描述性统计

变量	N	均值	标准差	最小值	Q25	中位数	Q75	最大值
StaffAsset	8 543	0.999	0.916	0.033	0.394	0.752	1.290	5.281
StaffSale	8 543	2.155	2.393	0.071	0.844	1.544	2.613	18.100
LnAsset	8 543	21.35	1.067	18.390	20.650	21.280	22.000	24.340
LnSale	8 543	20.59	1.429	9.044	19.810	20.620	21.450	25.680
PPE	8 543	0.212	0.147	0.002	0.097	0.189	0.302	0.636
Growth	8 543	0.229	0.651	−0.814	−0.035	0.127	0.313	4.712

表 C-2　估计超额雇员模型的回归结果

变量	(1) Staff_Asset	变量	(2) Staff_Sale
LnAsset	−0.170*** (−19.73)	LnSale	−0.836*** (−25.43)
PPE	1.023*** (15.24)	PPE	1.680*** (7.99)

续表

变量	(1) Staff_Asset	变量	(2) Staff_Sale
Growth	-0.005 (-0.38)	Growth	-0.236*** (-5.80)
Constant	4.608*** (23.04)	Constant	20.452*** (26.08)
N	8 543	N	8 543
R^2_Adj	0.22	R^2_Adj	0.33
F	74.675***	F	48.102***
Ind & Year FE	√	Ind & Year FE	√

注：括号里为 t 值，并经怀特异方差和公司层面的聚类调整，*** 表示 1% 的显著水平。

附录 D

PSM 配对模型的回归结果

表 D-1 显示了第 5 章至第 7 章稳健性检验中 PSM 配对模型的回归结果,表 D-1 的第 1 列为第 5 章 PSM 配对模型的回归结果,表 D-1 的第 2 列为第 6 章 PSM 配对模型的回归结果,表 D-1 的第 3 列为第 7 章 PSM 配对模型的回归结果。其中,表 D-1 的 PartyD 变量为哑变量,即当 PartyD > 0 时为 1,否则为 0。

表 D-1　　　各章 PSM 配对模型的回归结果

变量	(1)	(2)	(3)	(4)	(5)	(6)
	第 5 章		第 6 章		第 7 章	
	PartyD	Award	PartyD	Award	PartyD	Award
Size	0.108*** (3.18)	-0.034 (-0.80)	0.108*** (3.21)	-0.083* (-1.90)	0.110*** (3.28)	-0.081* (-1.88)
Roa	-0.509 (-0.96)	-0.334 (-0.52)	-0.652 (-1.28)	0.046 (0.07)	-0.657 (-1.29)	0.035 (0.05)
Lev	0.097 (0.76)	0.033 (0.20)	0.079 (0.66)	0.323** (2.11)	0.078 (0.65)	0.322** (2.10)
Growth	0.024 (0.52)	0.120* (1.79)	0.024 (0.53)	0.134** (2.04)	0.026 (0.57)	0.136** (2.08)
PPE	0.481** (2.00)	0.301 (1.07)	0.451* (1.89)	0.148 (0.48)	0.456* (1.92)	0.155 (0.50)
Board	0.112*** (4.57)	0.076*** (2.74)	0.115*** (4.71)	0.105*** (3.44)	0.114*** (4.69)	0.105*** (3.43)
Out	0.665 (0.99)	0.645 (0.80)	0.694 (1.03)	1.656* (1.93)	0.664 (0.99)	1.636* (1.91)

续表

变量	(1) 第5章 PartyD	(2) 第5章 Award	(3) 第6章 PartyD	(4) 第6章 Award	(5) 第7章 PartyD	(6) 第7章 Award
Exshr	-0.346 (-1.51)	0.678** (2.42)	-0.348 (-1.52)	0.749** (2.56)	-0.346 (-1.51)	0.752** (2.57)
Fshr	-2.008*** (-6.27)	-1.651*** (-3.94)	-1.974*** (-6.18)	-1.743*** (-3.90)	-1.979*** (-6.20)	-1.751*** (-3.92)
HIshr	-0.199*** (-2.74)	-0.304*** (-3.29)	-0.192*** (-2.65)	-0.276*** (-2.76)	-0.193*** (-2.66)	-0.278*** (-2.78)
Politic	-0.087 (-0.66)	-0.035 (-0.20)	-0.071 (-0.54)	0.146 (0.75)	-0.071 (-0.53)	0.147 (0.76)
Reform	0.309*** (3.64)	0.185* (1.69)	0.318*** (3.74)	0.234** (1.99)	0.320*** (3.76)	0.234** (1.99)
Mkt	-1.155*** (-2.59)	-0.011 (-0.50)	-1.193*** (-2.76)	-0.944 (-0.86)	-1.191*** (-2.76)	-0.941 (-0.86)
ListAge	-0.244*** (-3.83)	0.021 (0.26)	-0.243*** (-3.83)	-0.005 (-0.06)	-0.245*** (-3.85)	-0.008 (-0.09)
NewsNum	0.732*** (32.39)	0.642*** (20.41)	0.733*** (32.48)	0.630*** (18.23)	0.734*** (32.52)	0.630*** (18.24)
Constant	5.532 (1.19)	-3.091*** (-3.31)	6.037 (1.34)	4.850 (0.43)	9.537* (1.87)	8.454 (0.66)
N	8 472	8 472	8 522	8 522	8 543	8 543
R^2_Pseudo	0.29	0.16	0.29	0.22	0.29	0.22
Chi2	1 990.884***	701.334***	2 008.029***	877.982***	2 015.327***	881.693***
Ind & Year FE	√	√	√	√	√	√

注：括号里为z值，并经怀特异方差和公司层面的聚类调整，***、**、* 分别表示1%、5%和10%的显著水平。

后　　记

　　时光如梭，我博士毕业至今已经四年半，非公有制企业党组织治理不仅是我的博士论文的主题，也是我申请国家自然科学基金——青年项目和教育部人文社科青年基金的选题方向。而今，静下心来，将博士论文整理成书，既是对自己在党组织治理方面的研究成果的总结，也是两个基金项目的研究成果。此时，我的内心非常激动，这也是我的第一本独著！

　　我应该是国内较早从非公有制企业的视角研究"党组织和公司治理"的学者。从2015年开始至今已有七年，在《金融研究》《会计研究》《管理评论》等国内权威期刊上发表多篇该主题的相关论文。"党组织和公司治理"的研究属于政治学、社会学、经济学和管理学的交叉领域的研究，其实是不太容易展开研究的，在博士导师谢德仁教授的指导、支持和鼓励下，我逐步攻克了该选题的两大难点：梳理制度背景和寻找理论基础。

　　这一选题需要我首先去理清党组织的发展历史，党组织在每个阶段的不同特征。通过查阅诸多的党史资料和文献，我梳理了1978年改革开放以来非公有制企业党组织建设的制度演进过程，并根据自己的理解将其分为四个阶段，梳理各个阶段的重大事件、关键政策和意义。通过对党组织制度的厘清，我进一步梳理了党组织在非公有制企业中的作用规范，为后文从理论和实证层面研究党组织在非公有制企业中的治理效用提供制度上的支撑。

　　但我面临的最难的问题是用什么样的理论去解释党组织在非公有制企业中的治理作用。西方传统的公司治理理论，比如代理理论和契约理论，在中国可能并不完全适用，中国历史形成的社会结构、人际关系的逻辑和传统文化的特点决定我们不能忽视各种"网络"在解释公司行为时的作用，比如校友网络、老乡网络、血缘网络、董事网络，等等，这些纵横交错的"网"构成了资本市场里错落有致的"街道"和秩序体系，在深层次上发挥着独特的效能，从各个方面引导和强制公司做出行为的选择和妥协。而对于党组织而言，从全国一盘棋这一更高更宏观的视野来看，建立党组织的非公有制企业都被嵌入了全国高度统一发达的"党组织网络"之中，从而和党组织发挥着更大决定性影响力的公有制企业在党组织网络中实现了融合，共同构成我国社会经济发展的企业网络，实现了市场网络、企业网络和党与政府网络的多重网络叠加、共振与融合。从社会网络理论来

非公有制企业党组织与公司治理

看,单个非公有制企业只是企业网络中的一个结点,而微观非公有制企业的党组织则是全国党组织网络中的一个结点。为此,我最终选择利用社会网络理论中的"嵌入理论"来解释党组织的治理作用。"嵌入理论"认为经济行为(公司治理)总是嵌入于非经济行为(党组织)之中,并且受到各种非经济行为的影响,嵌入是非经济行为(党组织)影响经济行为(公司治理)的过程,并且带入了非经济行为的治理作用。

在解决了上述两大难点后,剩下的便是数据搜集和实证分析,于我自身而言,得益于在本科和博士期间严谨踏实的学术态度、系统全面的学术训练,我已经具备了处理超大数据和独立进行实证研究的能力,后续的实证研究开展也相对比较顺利。我总是相信,只要方向对,专注且努力,总会走出属于自己的"大道",我的博士论文也获得了清华大学2017年优秀博士学位论文一等奖的荣誉。

时至今日,在博士论文出版之际,我首先要感谢我的博士导师谢德仁教授,能够被先生收入门下,且得到先生一直以来在学术研究上的言传身教、人格思想上的谆谆教诲、日常生活上的关心爱护,都将是我此生的财富!先生经常牺牲周末的时间组织学术组会,不辞辛苦地与我们一起讨论所读论文,帮助我们修改和完善手头上的研究,令我受益匪浅。甚或一天的组会结束之后,先生在当天晚上仍需给周末班的学生连续讲几小时的课,这般敬职敬业的先生是我终身学习的榜样。先生之付出,将永记心间!在给先生做助教的过程中,深为先生认真、专注、严谨的治学态度所折服。记得第一次和先生见面,先生对我说:"每一篇文章都有独特的生命力",这句话时时在我脑海中涌现,终生难忘!记得每一次将论文初稿发给先生,先生返回之修改和批注贯穿全文,给我带来新的思路与指引。先生之文笔描述能力、逻辑思维能力和严谨的态度是我毕生之所求!记得博士论文答辩前到先生办公室交谈论文修改,先生再次与我聊起读书之重要性:多读书,"乱"读书,学而思,体系化。我将谨记和践行先生之教诲,并以此教导我的学生!

同时,我也要感谢在本科和博士阶段遇到的所有老师、同窗和同门们,他们都给予了我非常大的帮助和照顾。最后,我也要感谢我的妻子和家人,特别是我的妻子,从读博开始到博士毕业,从论文写作到论文出版,她为家庭付出了很多牺牲,我们现在也已育有一儿一女,凑成一个"好"字,这些年一起经历的酸甜苦辣是我们一辈子共同的回忆,愿来日我们的生活更加美好。

整理书稿期间,回望在清华经管读博的四年,是极其富有挑战的四年,是不断突破自我的四年,是逐步实现梦想的四年。这四年,虽有忧愁但亦有欢喜,忧愁让我认清自己、反省自身,欢喜让我懂得感恩、学会报答。这四年,不仅有专业科研能力的提高,更有人格上的塑造,让我更加明德明理,领悟大学之道。学术不仅是一种探究，更是一种追溯，我们需要摆脱已有框架的束缚、抛开传统思维的枷锁，跳进历史长河之中，寻觅那最本质的"真"，以照亮现时及未来前行的道路！此心光明，亦复何言！

是以为记。

郑登津

2021年10月1日于中财大